西部地区农村体育
创新发展的困境与法制对策研究

吴文平　李长友　著

中南大学出版社
www.csupress.com.cn
·长沙·

图书在版编目(CIP)数据

西部地区农村体育创新发展的困境与法制对策研究 /
吴文平,李长友著. —长沙:中南大学出版社,2020.4
　ISBN 978 – 7 – 5487 – 3531 – 1

Ⅰ.①西… Ⅱ.①吴… ②李… Ⅲ.①农村—体育事
业—研究—中国 Ⅳ.①G812.42

中国版本图书馆 CIP 数据核字(2018)第 298214 号

西部地区农村体育创新发展的困境与法制对策研究

吴文平　李长友　著

□责任编辑	沈常阳	
□责任印制	易红卫	
□出版发行	中南大学出版社	
	社址:长沙市麓山南路	邮编:410083
	发行科电话:0731 – 88876770	传真:0731 – 88710482
□印　　装	湖南省众鑫印务有限公司	

□开　　本	710 mm×1000 mm 1/16　□印张 14　□字数 267 千字
□版　　次	2020 年 4 月第 1 版　□2020 年 4 月第 1 次印刷
□书　　号	ISBN 978 – 7 – 5487 – 3531 – 1
□定　　价	126.00 元

图书出现印装问题,请与经销商调换

前　言

农村体育是群众体育的重要组成部分，在我国体育强国的建设中占据着重要的地位。党的十六届六中全会明确指出：各级政府要把基础设施建设和社会事业发展的重点转向农村，逐步实现公共服务的均衡化。扎扎实实推进服务型政府建设，全面提高为人民服务的能力和水平，缩小地域差异，实现国家均衡发展，必须加大对公共服务领域的财政资金投入，尤其是加大农村、基层、西部贫困地区及欠发达地区的公共服务设施投入，提高政府公共服务水平。2016年习近平总书记提出："要倡导健康文明的生活方式，树立大卫生、大健康的观念，把以治病为中心转变为以人民健康为中心，建立健全健康教育体系，提升全民健康素养，推动全民健身和全民健康深度融合。"农村体育有着强身健体的基本功能、乡村振兴的经济功能、修心养性的文化功能、沟通交流的和谐功能。农村体育事业不发展，我国公民整体素质就不可能提高，我国体育事业的发展就不完整，广大城乡人民群众的根本利益就得不到充分保障，提高乡村振兴的目标也就难以全面实现。

本书从农村体育释义展开，对农村体育的国内外研究进行了较全面的梳理和较深入的镜鉴分析，挖掘指出农村体育发展的理论基石——可持续发展理论、城乡统筹理论、公共产品理论、文化生态理论、体育现代化理论。我国农村体育经过中华人民共和国成立初期、"大跃进"时期、"文革"时期、改革开放、市场经济、后奥运时代等纵深发展，目前农村体育得到各级政府政策支持、农民有了一定程度的参与，特别是我国中东部地区的农村体育发展积累了一定的经验：政府职能的强化与体育建设意识相结合、健全的组织机构与目标管理相结合、以健身基地推动特色体育的发展、以体育品牌建设推动体育产业的发展、不断提升体育公共服务水平、多类型推动传统体育与现代体育的结合、以传统节日促进体育发展的宣传。但我国西部地区的农村体育实现创新发展还存在诸多瓶颈和较为深层次的问题。制约其创新发展有着社会因素、经济因素、意识因素、体制因素、法制因素等。如何实现我国西部地区农村体育的创新发展，本书从增强农民体育意识、维护农民体育权利、优化农村体育公共产品供给机制、加快农村体育社会指导员队伍建设、加强农村体育场地设施建设、着力发展农村中小学体育教育、弘扬民族传统体育、完善我国农村体育法律法规体系等方面展开论述。

本书在实践调研、分析探索、总结论证的基础上，就如何实现西部地区农村体育的创新发展进行了较全面的研究。全书内容翔实、材料真实、观点鲜明、论证充分，丰富了农村体育理论体系，对农村体育的从业人员和相关研究者具有一定的参考意义和借鉴价值。

目　录

第一章

农村体育释义

第一节　农村体育的定义及特征

一、农村体育的定义

早在 1919 年 1 月，现代奥林匹克运动之父顾拜旦（Le baron Pierre De Coubertin）就提出了大众体育的理念，随着人们对大众体育的不断关注和研究，其概念也越来越清晰。大众体育有时被称群众体育或社会体育，一般来说，以强身健体、消遣娱乐、增进交流为目的，是普通大众广泛参与且形式多样的体育活动①。它是体育事业的有机体，是反映一个国家体育水平的重要标志。我国体育专家樊炳在其所著的《体育公共服务》一书中明确提出，体育公共服务是体育公共产品和服务行为的总称，主要内容包括职工体育、农民体育、社区体育、老年人体育、妇女体育、伤残人体育等。针对体育公共服务，刘艳丽、苗大培等人认为，体育公共服务以满足社会公共需求为目标，是一种公共产品，具有非竞争性和非排他性公共物品的特点，强调的是体育的公共服务性。也有学者根据农村体育活动的特征将农村体育定义为休闲体育。休闲体育是指在余暇时间或特定时间所进行的一种以愉悦身心为目的的体育活动。内容一般有球类游戏、活动性游戏、棋类以及传统民族体育活动等。

关于农村体育的概念，百度百科定义为：农村体育是指在农村中由农民参与，运用简易体育设施和器材，或者依托自然环境，通过符合农村地域环境特

---

① 马宣建.论中国群众体育政策[J].成都体育学院学报，2005(6)：35－37.

点的传统项目、乡土项目或者形式灵活的现代项目来实现强身健体、休闲娱乐、社会教育、社会交往的群众体育活动。① 农村体育是与城镇体育相对的一个概念。农村体育是大众体育、群众体育的一部分。但这一概念也存在值得人深思的不足。首先，农村的概念如何界定？随着我国城乡一体化建设的步伐不断加快，城市与农村已无明显的地域界线划分。其次是农民概念的界定问题。目前，研究者对农民概念的界定存在着比较大的争议。有的学者认为，居住在我国传统村落的人是农民，并且"农民"的含义具有双重性质，即表征其身份和社会地位②。当然，也有学者认为，从事农业生产的人是农民③。还有学者从思想观念的角度提出，具有农民思维意识的人是农民④。随着我国经济的发展和社会的进步，上述对农民的认识已明显跟不上时代的步伐，我国现阶段已出现一个特殊的农民阶层：农民工阶层。这一阶层户籍在农村地域，而却在城市务工，并且已不仅仅局限于农业生产领域，已扩展到工业生产和服务等多个领域，但他们仍然是农民群体的一部分。以上学者关于农村体育界定已明显存在着时代的局限性。本书认为，农村体育地域应限定为广大农村，包括农村、乡镇；农村体育活动的主体是在农村居住的农民；活动的形式为系列群众体育活动（也包括学校体育）。

二、农村体育的特征

农村体育与时代发展紧密相连，不同时期具有不同的时代特征。关于农村体育基本特征的研究，有的学者认为在我国社会发展的现阶段，农村体育的特征主要有以下几个方面：①农民消费能力弱，体育消费水平低。这是农村的整体经济比较落后，农民不敢消费，也不能消费的结果。②农民体育意识不强。这与我国农业文明、农业生产进步进程相关。③农村体育地域发展不平衡。经济发达地区与不发达地区农村体育的发展水平差别很大。④农村体育形式多样化。农村体育既有中国传统的体育方式，也有与西方体育方式相交融的形式。⑤农村体育发展现状与农民日益增长的物质文化需要相矛盾等。其代表性人物为吴声光⑤。有学者认为在我国全面建设小康社会的进程中农村体育的特征主要表现为：①体育观念较为保守。②参与对象的分散性及参与度不高。③资金投入的滞后性与活动场地的天然性。④农村体育活动形式的灵活性和随意性。

---

① 百度百科. 农村体育[EB/OL]. http://baike.baidu.com/view/186187.htm.
② 孙津. 中国农民与中国现代化[M]. 北京：中央编译出版社，2004：36-37.
③ 冯治. 中国农村现代化道路与规律[M]. 北京：人民出版社，2004：42.
④ 徐勇. 农民理性的扩张："中国奇迹"的创造主体分析[J]. 中国社会科学，2010(1)：103-118.
⑤ 吴声光. 试论社会主义初级阶段农村体育的特征[J]. 体育科技，1999(1)：21-23.

⑤农村体育活动开展的季节性和组织的自发性。⑥农村体育活动项目的传统性、民俗性等。其代表性人物为林克明。①

本书认为农村体育是农民在生产、生活中非常普遍的体育现象，与竞技体育相比还具有以下特征：①健身娱乐性。农民在自愿的基础上，通过自身所喜好的体育运动形式，达到强身健体的目的，在强身健体的同时，还愉悦了身心、陶冶了情操。②形式多样性。农村体育从生产生活中吸收与提炼，表现出对自然的崇拜与喜爱，如登山、滑雪、打腰鼓、舞龙灯等户外运动。农村体育活动的组织方式可分个人的、家庭的和集体的，形式灵活多样。③广泛参与性。农村体育形式多样且参与方式比较灵活，往往带有群体性，不同年龄、不同爱好的人都能找到适合自身的锻炼项目。这里要特别强调的是，随着我国城乡一体化建设的不断提速与提质，农村体育将不仅限于农村和农民，其发展目标是逐步实现体育城乡一体化。

第二节　农村体育的功能

党的十八大以来，以习近平同志为核心的党中央高度重视关心体育工作，亲自谋划推动体育事业改革发展，将全民健身上升为国家战略，广泛开展全民健身运动，推动全民健身和全民健康深度融合。② 运动使生活更美好的全民健身理念深入人心。全民健身国家战略的实施，使全民健身发展开启了新征程。

自 1995 年 6 月国务院颁布实施《全民健身计划纲要》以来，地方政府开始重视大众健身设施的建设、管理和使用问题。在中央政策的引领下，国家体育总局开始积极探索公共体育服务均衡发展的途径，不断加大对我国经济欠发达地区尤其是西部地区体育设施的建设和支持力度，我国体育硬件设施建设有了较大改善。特别是在党的十六届六中全会后，我国加快农村建设步伐，促进城乡统筹一体化发展的目标建设，加快新时期新型农民的培养，发挥农民群众在新农村建设中主力军的作用，扎实推进社会主义新农村文化建设。社会主义新农村文化建设必须以提高农民整体素质为重点，其中身体素质是一个很重要方面。从这个意义上说，发展新农村体育是我国社会主义新农村建设背景下体育和谐发展的必然要求。我们应弘扬农村体育文化在新农村建设中的作用，充分发挥农村体育的功能。

---

① 林克明.建设小康社会进程中我国农村体育现状、特征及发展对策的初步研究［J］.安徽体育科技，2005(1)：18－20.

② 中国新闻网转自央视新闻的央视快评：体育是人民健康幸福的重要组成部分.2019 年 9 月 1 日.

农村体育具有明显的时代特征，在社会主义新时期，农村体育具有健身、教育、休闲娱乐、交流沟通等基本功能。除了这些基本功能之外，还有经济、政治、文化等功能。

一、强身健体的基本功能

强身健体是农村体育最主要的功能之一。国家从立法的高度倡导广大人民群众参加体育运动，强健国民体质。《中华人民共和国体育法》（简称《体育法》）明确指出公民参加体育活动可以增进身心健康，提高身体素质。同时强调农村体育活动的开展应当发挥农村委员会、民间团体、基层文化组织的作用，根据农村实际条件，开展适合农民的体育活动。《全民健身计划纲要》也把发展农村体育、提高农民的体质与健康水平作为民族复兴计划的一项内容来抓，发挥村委会和农民体育协会等一切民间团体的作用，全力推动农村体育的发展。《关于〈实施农民体育健身工程〉的意见》要求各级政府广泛开展农村体育活动，这对促进和增强广大农民体质发挥了重要作用。2013 年 8 月 31 日，习近平总书记会见参加全国群众体育先进单位和先进个人表彰会、全国体育系统先进集体和先进工作者表彰会的代表时强调，全民健身是全体人民增强体魄、健康生活的基础和保障，人民身体健康是全面建成小康社会的重要内涵，是每一个人成长和实现幸福生活的重要基础。总书记深刻指出，体育在提高人民身体素质和健康水平、促进人的全面发展，丰富人民精神文化生活、推动经济社会发展，激励全国各族人民弘扬追求卓越、突破自我的精神方面，都有着不可替代的重要作用。把全民健身事业作为全面建成小康社会的重要组成部分，能更好发挥全民健身在实现中华民族伟大复兴中国梦中的积极作用。运动是良医，推进健康关口前移，意味着能更为充分地释放全民健身的综合价值和多元功能。

二、乡村振兴的经济功能

我国经济社会发展不平衡、不充分的问题在乡村表现得最为突出，乡村发展整体水平有待提高。实施乡村振兴战略，是人民日益增长的美好生活需求和不平衡、不充分的社会发展之间矛盾的有效解决方法，是实现全体人民共同富裕的必然途径。2014 年国务院发布的《关于加快发展体育产业促进体育消费的若干意见》（国发〔2014〕46 号）提出，要推动体育产业成为经济转型升级的重要力量，促进竞技体育与群众体育全面发展，加快体育建设，不断满足人民群众日益增长的物质文化需求和体育健身的需求。引导全民热爱体育，大力开展全民体育健身运动，促进人民健康水平的不断提升，也是推动乡村振兴战略建设的现实需求，更是体育服务于乡村振兴建设的首要任务。提高和完善农村公共体育服务供给是乡村振兴战略的重要组成部分，是建设美丽乡村的重要抓手。2017 年中央农村工作会议首次提出走中国特色社会主义乡村振兴道路，农村的发展受到了越来越多的重视，农村也将变得更加宜居。乡村振兴战略明确提出了振兴农村的"七条路"，无论是"重塑城乡关系"还是"精准扶贫"都与公共体育服务供给有着千丝万缕的联系。随着我国农村的不断发展，农民对生活质量和基础设施建设提出了更高的要求，公共体育、健身、健康等概念在农村越来越广泛地流行起来，完善农村公共体育服务供给成了全面振兴农村的重要部分。①

　　针对城市公共体育供给不足的情况有许多良好的解决办法，而我国乡村的公共体育供给的空白还较大，城乡发展很不均衡。由于城市用地紧张加剧和城市交通的飞速发展，城市人口开始渐渐向乡村转移，但我国农村的公共体育基础设施建设还比较落后，公共体育服务的发展比较单一。为了保护城市的环境，减轻城市的环境负荷，很多高污染、高耗能的企业开始瞄准农村，这样的发展与"乡村振兴战略"中的"人与自然和谐共生"环节相违背，而大力发展公共体育和体育旅游路线不仅可以带动农村经济发展，还能够减少对环境的污染，并减少对耕地的占用。发展公共体育服务是建设美丽乡村的有效方式。随着农民生活水平的提高，对农村体育基础设施进行完善的呼声越来越高，政府为满足农民的需求不断发展和完善乡村体育基础设施建设，不仅是为了实现乡村全面振兴的目标，还可以帮助农村实现文化建设，通过乡村文化建设来提高农村的吸引力和凝聚力，从而减少农村人口的流失，提高农民的社会阶级地位，让农民真正成为一个有吸引力的职业。除此之外，农村往往土地资源比较丰富，因此吸引了大量的工厂前来立足，这不仅污染了环境，破坏了宝贵的耕地，还严重制约了我国农村的可持续发展，因此在不占用耕地、坚持传承发展提升农耕文明的同时，在农村寻找废弃的零散用地大力建设公共体育设施，可以实现资源的充分利用，走绿色乡村发展之路。

　　全面推进农村公共体育服务治理转型是实现乡村振兴战略的需要。党的十九大以来，"新经济"的刺激逐步形成"新动能"，带动了经济的发展。实现城乡一体化迎来了新契机，同时农村体育事业的发展也迎来了新格局。体育产业对农村而言作为"新鲜血液"被引入融合，从而带动农村第三产业的发展。农村因地制宜，深刻分析当地的特色产业，并借助当地的传统文化和特色自然资源，将体育特色融入其中，实现产业转型。农村公共体育服务的发展就是一个很好的创业方向和发展模式，可根据当地的情况进行合理的"体育产业农村化"，

---

① 冯华艳.农村公共服务供给研究［M］.北京：中国政法大学出版社，2015：1.

从而形成成功的创业模式。尤其是城郊村，有着得天独厚的条件，不仅有靠近城市的地理优势，还有独特的乡村风景和充足的土地资源，城郊村可以借助发达的交通网络与邻近城市达成资源共享的共识，城市居民可以在节假日前往城郊村度假，这对农村基础设施包括公共体育服务的建设水平提出了新的要求；而城市的专业、完善的公共体育基础服务设施则向农民敞开，从而实现公共体育资源的重复利用。现如今在政府的组织领导下，城市的社区文化开始逐渐向农村渗透。例如，风靡城市每个角落的广场舞，在很大程度上丰富了退休老人的日常生活，且起到了很好的强身健体和娱乐的作用，目前广场舞在农村中也流行起来，实现了城市与农村共舞，缩小了城乡之间的文化隔阂，也丰富了农村居民的日常生活。"体育产业农村化"在带动农民在模仿城市热门体育活动的同时，也能融合农村的文化特性，发展出更加符合农民意愿和审美的体育活动。近年来，安徽省黟县围绕"建设现代国际乡村旅游综合示范区"的战略目标，推进体育、旅游深度融合发展，致力打造"体育＋"新业态，目前已形成集健身观光、运动体验、休闲度假和体育赛事为主要内容的户外体育运动产业体系，着力打造体育旅游特色产业助力当地乡村振兴。根据县情实际，着力发展山地车、公路车、滑翔伞、徒步穿越、登山、漂流、攀岩、宿营、自驾车等户外运动业态。① 江西省莲花县通过开展体育活动，特别是结合美丽中国·美丽乡村马拉松联赛这一国家体育健身休闲产业重大项目，加快运动休闲基地培育、特色小镇规划和国内知名四季花海旅游目的地建设，助力"体育旅游示范区""全域旅游示范区"发展和全县乡村振兴工作。在乡村振兴大潮中，体育小镇积极探索体育扶贫新模式，带动区域内贫困村庄和居民增加收入、脱贫致富，在家门口实现创业就业梦想。

体育对带动乡村振兴战略建设的作用日趋凸显，与此同时，乡村振兴战略也赋予了体育工作更高的职能，为体育事业的发展开辟了更为广阔的空间。应加强对农村体育文化活动的宣传力度，突破农村体育文化活动瓶颈，进一步推动全民健身活动的开展，促进公共体育文化活动城乡均衡发展，支撑乡村振兴战略长远发展。

三、修身养性的文化功能

农村体育是我国社会主义新农村建设中精神文明建设的重要内容，对正确引导农民业余文化生活起着重要作用。目前，农村中打牌、地下六合彩等不正之风还大量存在，农村的体育活动可以引导农民从这些活动中走出来，参加体

---

① http://news.ifeng.com/a/20180720/59303369_0.shtml

育锻炼，利人、利己、利家庭。农村体育运动对树立参与者的自信心、决心和恒心，锤炼刚毅的品质具有重要意义。

随着农村经济水平和生活水平的不断提高，农民群众的休闲时间正逐渐增加，如何引导农民合理分配和利用多余的时间、提高生活水平是有关部门需要认真思考的重要问题。只有进行科学的筹划与安排，才能使农村体育活动的娱乐功能得以充分体现。因此，选择体育健身方式无疑是一项明智的选择。选择合适的体育运动项目，合理利用和打发休闲时间，寻求健康的生活方式，是社会广义新农村建设的重要内容。

四、沟通交流的和谐功能

在农业劳作之余，农民群众常常一起进行体育锻炼，相互切磋体育技术，相互帮助和支持，相互提高体育技能。这样，通过体育活动，增加人们之间的沟通和交流，达到相互了解、增进感情、融洽关系、减少矛盾冲突、稳定社会关系的目的。

当然，农村体育是大众体育的一个重要方面，和竞技体育一样，具有政治、经济、文化和社会等功能。这些功能随着社会发展和体育事业的发展而逐步增强。农村体育是农村社会政治、经济、文化发展的重要组成部分。目前，农村体育的研究范围不断扩大，农村体育对我国政治、经济、文化等方面都产生一定的影响，其功能的范围也不断扩大。《全民健身计划纲要》明确指出，体育包含农村体育在提高全民整体素质，促进社会主义精神文明和物质文明建设方面所发挥的重要作用。学者陈梦周等人（1995）[①]认为，农村体育对促进农村经济建设越来越重要，农村体育对农村精神文明建设具有重要影响力，对提高农民身体素质，挖掘潜在的农业生产力具有重要作用。

第三节　农村体育的相关概念

一、社会体育

社会体育是群众体育主体部分，是体育的基本环节之一。它与竞技体育属同一层次，为体育的主要组成部分。社会体育是指职工、农民、街道居民等普通民众自愿参加的，以强身、健体、娱乐、休闲、社交等为目的，内容丰富、灵

---

① 陈梦周.农村体育与农村经济发展关系研究[J].天津体育学院学报，1995（4）：66－70.

活多样的体育活动。社会体育一般不追求达到高水平的运动成绩。[①] 在我国，社会体育通常是与竞技体育相对而言的，是除竞技体育之外的包括学校体育和军事体育在内的整个体育运动。社会体育参与者为全体社会成员，以增强体质、丰富余暇生活、调节社会情感为目的。

社会体育以开展群众性的娱乐体育活动为目的。其任务是扩大体育人口，提高人的身体素质和精神素质，丰富人民群众的余暇生活，调节社会感情，预防和治疗职业病或因职业养成的生理缺陷和机能障碍。

社会体育根据不同的区分标准可分为如表 1 – 1 所示类别。

表 1 – 1　社会体育分类

分类依据	类别
区域特征	城市体育、乡镇体育、农村体育
年龄	婴幼儿体育、儿童少年体育、青年体育、中年体育、老年体育
性别	女子体育、男子体育
职业	职工体育、农民体育、军人体育
健康状况	正常人体育、亚健康体育、病患者体育、残障人体育
组织形式	家庭体育、社区体育、企业体育、俱乐部体育
场所	室内体育、室外体育、野外体育

社会体育的参与对象广泛，以全体社会成员为对象。无论年龄、性别、爱好、职业，都可以参与社会体育。近年来，弱势群体和特殊群体的体育活动不断开展，在实践上更为拓展了社会体育的这一内涵。

活动时间的业余性。伴随着民众生活水平的提高和闲暇时间的增多，社会体育发展迅猛，成为业余文化活动的主要内容之一。

活动内容的娱乐性。社会体育的活动内容以群众喜闻乐见为前提，在自在、自愿的基础上进行选择，是非功利性的体育活动，活动以追求娱乐性为主。

参与目的的多样性。由于主体或需要的不同，社会体育活动可以满足健身、健美、康复、休闲娱乐、社会交往、陶冶情操等多种需要。

组织形式的灵活性。社会体育是主体自愿参加，具有自发性和松散性特征；参与者人数多、范围广、素质水平差异较大，组织管理难度较大。

---

① 体育概论编写组.体育概论[M].北京：北京体育大学出版社，2013：60.

在我国社会体育是由国家体育总局、地方体育局中的相应部门对群众体育进行宏观管理的。人民团体中的群众体育组织管理本部门系统的群众体育，体育群体与社团在前两种组织的支持下承担和落实一些具体活动。一般地，社会体育多以个人和家庭、锻炼小组、单位、街区或健身俱乐部为载体实施。

1995年实施的《体育法》中多次提到"社会体育"（8次使用）这个概念，而"全民健身"和"群众体育"等概念则较少被提到。几乎全部使用并以"社会体育"区别"竞技体育"和"学校体育"，并成为《体育法》第二章的名称，对应第三章"学校体育"与第四章"竞技体育"，说明社会体育这一概念已有了较为准确的法律界定。①

二、群众体育

群众体育含义十分丰富，有广义和狭义的区分。广义的群众体育是指与高水平的竞技体育并存的现代体育的重要组成部分。所以，广义的群众体育对应于高水平的竞技体育。在英文中大致对应的称谓为 mass sports 或 sport for all。在本质上，群众体育是在广大社会成员余暇广泛开展的，以身体运动作为主要手段，对自己的身心进行改造，获得娱乐享受，提高健康水平，在身心健全发展上不断超越自我，并促进社会物质和精神文明进步的大规模社会实践活动。

狭义群众体育则是指除在学校和武装力量（军、警部队）中开展的体育活动之外，在社会一切其他行业或活动领域，在人们的余暇开展的体育活动。

近年来，狭义的"群众体育"在国内逐渐被广义的"群众体育"所取代。群众体育的参加对象具有广泛性。不论年龄、职业、民族、性别、信仰以及社会地位如何，都可以因人而异地参加体育活动。由此群众体育是人民大众在余暇自愿参加的，以健美、消遣、医疗、健身、娱乐和社交为目的的内容广泛、形式多样的体育活动。

群众体育的活动方式具有灵活性。群众体育建立于自觉自愿基础上，具有自主性，参加者可因人、因地、因时制宜，依据个人爱好灵活地选择方法手段和组织形式等。群众体育的活动时间具有业余性。作为业余文化活动之一，群众体育服从并服务于生产和生活，一般在工余或节假日进行。这个概念的表述，使群众体育具有四层含义：①以社会全体成员为对象；②活动形式多样化；③以健身娱乐为主要目的；④业余时间进行。

《中华人民共和国宪法》（简称《宪法》）第21条规："国家发展体育事业，开展群众体育活动，增强人民体质。"《体育法》也明确规定体育工作要以群众

---

① 卢元镇.社会体育学［M］.北京：高等教育出版社，2004：9.

体育为基础，表明我国重视群众体育的开展。早在 1951 年，毛泽东同志就提出了"发展体育运动，增强人民体质"的口号。邓小平同志在 20 世纪 70 年代提出中国的体育就是群众体育。胡锦涛在北京奥运会、残奥会总结表彰大会上强调，要继续发展群众体育事业，把北京奥运会、残奥会激发的群众体育热情保持下去，增强人民特别是广大青少年的体育健身意识，培养人民的健身习惯。

党的十八大以来，以习近平同志为核心的党中央高度重视关心体育工作，谋划、推动体育事业改革发展，将全民健身上升为国家战略，推动全民健身与全民健康深度融合。

2013 年 8 月 31 日，习近平在会见全国群众体育先进单位、先进个人代表和全国体育系统先进集体、先进工作者代表时强调："全民健身是全体人民增强体魄、健康生活的基础和保障，人民身体健康是全面建成小康社会的重要内涵，是每一个人成长和实现幸福生活的重要基础。"2014 年 8 月 15 日，习近平在看望南京青奥会中国体育代表团时指出："一个健全的人既要有丰富的知识和文化内涵，还要有健康的精神和强健的身体，要通过发展体育运动以不断提高全民族身体素质与健康。"2016 年 8 月 25 日，习近平在会见第三十一届奥林匹克运动会中国体育代表团全体成员时叮嘱："希望同志们充分认识体育对提高人民健康水平的积极意义，落实全民健身国家战略，普及全民健身运动，促进健康中国建设。"

2017 年 8 月 27 日，习近平在会见全国体育先进单位和先进个人代表等时强调："加快建设体育强国，就要坚持以人民为中心的思想，把人民作为发展体育事业的主体，把满足人民健身需求、促进人的全面发展作为体育工作的出发点和落脚点，落实全民健身国家战略，不断提高人民健康水平。"在习近平看来，"全民健身是全体人民增强体魄、健康生活的基础和保障"。据此推动全民健身的文件政策相继发布，全民健身事业发展呈现良好局面。

群众体育的别称是大众体育。现在在许多学术论文和实际工作中"群众体育"和"大众体育"两词经常被混用，但在国际场合还是习惯用"大众体育"，如由国际奥委会主办的世界大众体育大会，就是以"大众体育"冠名。首届大会于 1986 年在德国法兰克福举行。北京于 2011 年获得了第 14 届世界大众体育代表大会的举办权。

三、社区体育

社区是若干社会群体或社会组织聚集在某一个领域里所形成的一个生活上相互关联的大集体，是社会有机体最基本的内容，是宏观社会的缩影。"社区"一词最初是由德国的社会学家滕尼斯应用到社会学的研究中的。20 世纪 50 年代，随着世界各国经济、文化、科学技术的迅速发展和人民生活水平的日益提高，体育由学校扩展到社会，走进千家万户，逐渐深入社会的每一个角落，成为人们日常生活中不可缺少的重要组成部分。体育在内容形式上不断丰富，其影响与作用远远超出了学校中身体教育的范畴。于是体育的外延被扩大，社区体育应运而生。

社区体育是以基层社区为区域范围，以社区内的自然环境和体育设施为物质基础，以社区成员为主体，以满足社区内成员的体育需求和增进社区情感为目的，就地就近开展的区域性体育活动。

社区体育由体育组织、社区活动、社区成员、体育指导员、体育场地设施、经费等要素构成。社区体育的主要任务是提供门类众多的体育服务，提高社区成员身心健康水平和生活质量，建立健康、文明、科学的社区生活。

社区体育标志着城市体育的活力，直接影响着群众体育活动的整体进程。社区体育主要是指成年人针对自身，以其身体运动为基本手段，以获得健康、健美、快乐为目标的一种社会文化现象。它是我国体育事业的重要组成部分，直接关系到占全国人口绝大多数的成年人的身心健康、体格健美与快乐幸福的生活。成年人是一个国家或民族的中流砥柱，其身心健美、快乐幸福的生活与健康长寿，又直接关系到国家或民族的社会稳定与繁荣昌盛，因而也必然成为一个国家社会制度优越和民族文明程度高的一个重要标志。因此深入持久地开展社区体育实践，必然对我国社会主义物质文明和精神文明建设产生积极的现实作用和深远影响。概括说来，社区体育具有以下几个方面的直接作用。

（1）能有效地帮助人们健身，促使体格健壮、体态优美，形成并保持各种良好的身体技能，增强体力；保持头脑清醒，思维敏捷，利于提高人们的学习、工作、生产效率和生活质量。

（2）能有效地促进人们健心，调节与消除各种不良情绪，促进人际交往，增进彼此的了解与友谊，使人们精神更美好，生活更快乐。

（3）能够丰富社区文化生活，提高人们体育文化素质，利于移风易俗，建立健康的生活方式，促进精神文明建设。

社区体育不同于学校体育、农村体育、军队体育。其主要特点表现为：

（1）健美性与娱乐性。社区体育的主要对象是成年人，而成年人参与体育锻炼的目的，既不是为了提高运动技术水平当运动员，也不是为了促进自身的生长发育。成年人进行体育的目的是在其生长发育基本完成且已经定型成年的基础上，保持健身健康，追求形体美、姿态美、动作美。概括地说，就是为了"健、乐、美"。事实上，考察成年人参加体育活动时的动机亦不难发现，他们或为了强身健体，或为了美形、美姿、美态、美化动作，或为了玩一玩，图个心情舒畅、精神愉悦。有时动机单一，有时多位一体，相得益彰，完全由具体的人、具体的内容与形式、具体的环境来决定。换言之，离开了上述动机与目的，成年人一般是不会过问体育的。这就决定了社区体育必须具有健美性与娱乐性特点，并以此区别于其他社区文化现象，决定其独特的社会地位。

（2）自控性与个人针对性。社区体育的实践活动，是成年人在其业余时间，自愿自觉、主动坚持经常的基础上展开的。由于社区所辖成年人中，种族、性别、年龄、职业、生活习惯、兴趣爱好、体质健康、个人需求、业余时间以及所处的地位、社会环境等均存着异，给社区体育实践中集体性活动的组织与实践带来极大困难。因此社区成年人以其身体运动实现"健、美、乐"目标，则主要表现为针对个人体质、健康、需求、心情、兴趣爱好及特长等具体情况，选择合适的内容与形式，在允许的时间与环境条件下的自我调控。换言之，虽然成年人所处的社区也不时组织开展一些集体性体育活动，以激发人们的兴趣与热情，交流体育信息，推动社区体育工作开展，但在大多数情况下，对于绝大多数的成年人，"健、美、乐"目标的实现，主要不是依靠他人控制（即他控性），而是靠自己针对自己的自我调节与控制来实现的。

（3）随意性与自觉性。社区体育的对象极其复杂，内容极其丰富，形式不拘一格、千变万化，其实施过程十分复杂，难以集中统一，而且社区成员中的个体则显得十分随意。换言之，在社区的每一个角落，凡有人群的地方，无论是在体育场馆、公园绿地，还是在高山草原、江河湖海，也无论是在厂矿机关，还是街道、乡村，只要人们具有浓烈的健身意识，就可随意选择与之相应的内容与形式进行身体锻炼。因此，随意性与自觉性也是社区体育的显著特点之一。

四、民俗体育

《体育科学词典》将民俗体育定义为"在民间民俗文化以及民间生活方式中流传的体育形式，是顺应和满足人们多种需要而产生和发展起来的文化形态"[1]。民俗体育起源于农业社会，是指由民众根据不同地区的农耕方式、生活习俗、文化节日所创造出具有传统性、表演性、健身性、娱乐性的体育活动。民俗体育对场馆的要求不高，很多民俗体育项目只要有一块空地就可以进行，例如秧歌、高跷、风筝等。很多民俗体育活动都是自发开展的庆祝丰收、民俗节日的活动或者是婚丧活动，民俗体育是由一定民众所创造，为一定民众所传承和享用，并融入和依附于民众日常生活的风俗习惯（如节日、礼仪等）之中的

---

① 中国体育科学学会，香港体育学院. 体育科学词典[M]. 北京：高等教育出版社，2000：60.

一种集体性、模式性、传统性、生活化的体育活动，它既是一种体育文化，也是一种生活文化。

民俗体育是指在民间风俗或民间文化以及民间生活方式中流传的体育形式，是顺应和满足人们多种需要而产生和发展起来的一种特殊的文化形态。

作为人类体育文化的组成部分，它以吸引、推动、渗透、融合、感染、凝聚、净化等多种方式影响着人们的社会生活。它本身也是一个种、属、类、目结构庞大的综合系统。

民俗体育的特点：①人们参加民俗体育活动的观念和意向比较明确，主要出自信仰和有倾向的激情；②有相当时空跨度的传统性；③有比较严格的规范性，参与者能够自觉遵从和维护；④有一定的普遍性；⑤以群众活动方式为主，极具竞技特色；⑥社会效益明显；⑦多数项目有或多或少的宗教色彩。

民俗体育的主要内容是具有全民性的、有悠久的传统历史、民族色彩和民俗文化气息浓厚的传统体育项目；各少数民族传承下来的体育运动项目；在不同历史时期，经过民族交流传入，通过消化和吸收而在民间广泛流传的民俗体育活动等。

任何一项民俗体育活动的萌芽和成长，都是顺应其诞生地区社会现实的政治、经济和教育发展的需要，符合该地区大部分人的信仰、风尚习俗、观念、情趣和生活方式的特点的。因此，在体育实践中，一项民俗体育活动一经形成，其自身就具有了内在的生命力。在其机制与客观因素相适应的过程中，它产生积极作用的功能就能够发挥，而通过举办民俗体育活动所取得的效果和收益，又是其效益之所在。可以说，民俗体育的活力是与其自身同步产生的，活力决定着功能的高与低，功能影响着效益的多与少，而效益又能够增强或削弱活力。

第四节　农村体育相关研究概述

一、国内农村体育研究概况

农村体育在牛津词典中英译为"rural sports"。在对外文期刊进行检索时，以"农村体育"为主题的研究并不多，特别是在明确了"rural sports"为代名词的前提下，国外学者也很少研究这一选题。而扩大检索范围即"农村公共产品服务"后，相关的研究文章仍不多见。究其原因：一是不同国家对农村、公共服务等词的界定范围不同；二是东西方文化的差异，使二者所具有的内涵也大不相同；三是经济社会发展水平的差异，欧美等发达国家经济发展水平高，所以发达国家的学者对农村体育的相关研究并不是很多。

在体育全球化的趋势下，我国体育实践活动非常丰富，相关体育研究也非常多，很多研究成果具有现实意义和理论价值，指导着我国的体育事业健康、持续发展。国内体育研究主要包括竞技体育、职业体育、群众体育等内容。这些研究从政治、经济、文化、组织、政策、历史传统等角度加以阐述，分析了体育对我国政治、经济、文化等各方面的影响，如体育能够促进人们的沟通交流，化解矛盾，促进社会和谐稳定。同时，发展体育带动体育产业和体育服务产业的发展，可以带动体育消费，促进我国经济发展。如2008北京奥运会，一方面在国际上展示了我国的政治稳定、经济发展和文化软实力，提升了我国的国际地位，增进了国际友谊；另一方面也促进了我国体育相关产业的发展进步，包括体育产业和体育服务产业的发展，如体育场馆、交通等基础设施的建设，带动了经济投资，促进了体育休闲、体育旅游产业的发展。鸟巢已经成为我国的标志性建筑。

我国是一个农业大国，农村体育是我国体育事业发展的关键。农村体育研究是体育研究的一个重要方面。关于农村研究的文章比较多，内容较丰富，主要涉及农村体育供给状况、农村体育政策、农村体育管理、农村体育文化、农村体育发展困境以及农村体育发展法制对策等方面的内容；使用的研究方法主要有文献综合研究、农村实证调查、逻辑分析等，关注农村体育现状与支持对策。

关于农村体育供给。我国城乡体育公共产品供给的差距依然明显，发展农村体育，使全民健身在全国有效实施，必须加大体育公共产品的有效供给。针对纯农村体育公共产品，政府供给必然是主要力量，特别是准体育公共产品的供给就显得尤为重要。但为了满足农村居民日益增长的体育活动需求，农村体育准公共产品的供给，仅靠政府供给已不能满足，现实中还需要引入市场机制及社会第三部门，甚至采取与政府结合的混合供给模式等，以提高供给效率。同时，需要重新定位政府职能、采用政策激励手段以及实行政府与农民的联合决策，来塑造地方政府的领导者角色，进一步完善需求表达机制，并构建有序的新型供给模式。① 我国农村准体育公共产品供给模式可以借鉴美国农村准体育公共产品供给经验。美国农村准体育公共产品市场化已经成熟，其供给模式呈现多样化，对我国农村准体育公共产品供给模式的构建有着重要的启示和借鉴意义。

随着全民健身活动的兴起与展开，全国人民不分男女老少，体力增强，耐力与柔韧性增加，控制身体各部分的能力普遍提高，人民的身体强健起来。但

① 刘应，万陈.我国农村准体育公共产品供给模式的构建——基于公共事业管理理论视角[J].北京体育大学学报，2016(7)：15.

新时代我国全民健身领域中发展的城乡不平衡、不充分问题依然存在。全民健身公共供给绩效作为我国新时代体育事业发展的标尺，对于研判新时代全民健身公共服务的新需求，确立匹配提升百姓"获得感"的全民健身公共服务新目标具有重大意义。党的十八大以来，我国体育事业改革力求创新发展，构建了全民健身公共服务绩效评价体系必须遵循的"以人民为中心"的基本原则，旨在解决不同地域、不同人群、不同部门间全民健身公共服务绩效不均衡等问题。当前，完善全民健身公共服务的供给模式、完善绩效评估制度、创新工作机制等都是全面推动全民健身公共服务绩效治理的新实践。新时代全民健身公共服务也需要将"以人民为中心"的价值理念贯穿在整个绩效测量过程中。[1]

关于农村体育基础设施。由于我国经济基础落后，城市与农村发展不均衡，相比之下，农村体育基础设施严重落后。同时我国实行二元制经济体制，农村公共财政投入不足，政策难以落实，限制了农村体育事业的发展[2]。《第五次全国场地普查数据公报》（2005）：我国体育场地有67.70% 集中在校园，广大农村仅占8.18%。[3] 近年来，虽然农村体育基础设施得到改善，但是还远落后于城市，西部农村地区更加缺乏。体育发展资金是推进农村体育事业得以持续发展的重要因素。目前我国农村经济发展相对落后，各级政府在农村体育方面投入资金的总量不多，没有资金就难以满足农民体育活动所需的场地、器材和指导人员等方面的需求，而场地和器材是人们进行体育运动的必要条件。缺乏经费是乡镇开展体育活动所面临的最大困难，这严重制约了我国农村体育的发展。近年来，国家在"三农"资金的安排上总量有所提高，投入的比例也逐年上升，但是我国农村地域广阔，这些资金与实际需求还是相差甚远，从而使农村的体育资源严重匮乏。[4]

关于农村体育文化。国家工业化的极速发展，为农村体育发展提供了坚实的物质基础，农村经济发生了迅猛的变化，农村文化受到了巨大的冲击和挑战。农村体育文化因为当地农村经济的结构、社会构成和当地人文文化结构的变迁而受到严重的冲击并出现断裂，彻底打破了当今农村传统体育文化的结构，进而导致农村体育文化的严重缺失。[5] 农村体育观念、体育功能受我国传统文化的影响非常大，农民的体育观念存在一定的偏差。农民认为体育运动不

① 史小强，戴健.新时代全民健身公共服务绩效 结构模型的构建与实证研究——基于"以人民为中心"价值取向的量度[J].体育科学，2018(3)：12－13.

② 王辉.新农村体育设施建设研究[J].体育文化导刊，2012(1)：41.

③ 陈尧，王晓明.我国农村体育现状研究的文献综述[J].体育世界，2014(3)：37.

④ 苏凯.城镇化背景下我国农村体育发展的瓶颈与对策研究[J].农业经济，2017(11)：114.

⑤ 刘巍.新农村体育事业发展问题研究[M].北京：中国物资出版社，2009：159.

适宜自身，长期的体力劳动需要休息，而不是体育运动。他们认为体育运动不利于生产劳动，或者认为"农村生产劳动可以代替体育运动"，"体育与自己无关，是有钱人的事"等①。农民对体育运动的价值、功能认识不足和受其自身健康观念的制约，缺乏体育运动的意识和动机②。有学者探究体育文化的作用，认为农村体育文化，特别是我国传统村落的体育文化具有文化隐喻、文化承载、文化建构的功能③。现代体育文化拥有极强的规则性与技术性。学校体育课程是现代体育文化获取的主要平台。然而农村地区，特别是偏远贫困地区，文化教育水平相对滞后。由于城乡文化教育的非均衡发展，我国农村体育教学水平落后，农村居民对体育教学的认识不足，加之农村体育教师严重缺乏、教学运动场地不足、体育设施短缺等诸多问题，导致农村体育教学发展迟缓，有些学校体育教学形同虚设。近年来，随着国家城市建设的加速，城镇化率的攀升，许多农民工离开乡村，参与到城市建设中来，导致农村的青壮年精英过度流失，体育人口锐减，这直接影响着农村体育文化的传播，阻碍着我国农村体育事业的顺利发展。④

文化环境亦是农村体育发展的重要影响因素。乡村中传统中庸思想、男尊女卑、三纲五常、小农经济思想等对农村体育活动有着阻碍的消极影响。解决这些问题要从以下方面着手：脚踏实地，从规范农村体育组织管理入手，加强农村体育管理机构的建设；强化政府职能，提高政府对体育文化的重视，以媒体作为推广普及的保障；注重传统体育文化的传承与创新，使传统和现代体育文化更好地融合，积极开创拥有中国特色的符合时代发展的农村体育文化新景象。⑤

关于农村体育组织管理。提高农民的体质与健康水平是农村社会发展的一项重要内容。因此要充分发挥村民委员会和各级农民体育协会的作用，并与文化站协同配合，做好农村体育工作；继续开展评选全国体育先进县活动，推动农村体育的发展。广大农村乡镇领导在唯 GDP 的绩效考核标准的引导下，单纯地追求 GDP，忽视了农村体育事业的发展。特别是计划经济条件下转化而来的农村体育管理模式，建立的组织管理体系难以适应市场经济下广大农民体育活动的新常态。当前，乡镇体育管理以体育协会行使宣传、教育、发展等管理职能。但是，在农村很难找到具有专业水准的专业指导人员对农村体育进行合

---

① 刘胜.我国农村体育人口偏少的成因及对策研究[J].武汉体育学院学报，2002(3)：32.
② 陈尧，王晓明.我国农村体育现状研究的文献综述[J].体育世界，2014(3)：38.
③ 罗湘林.对一个村落体育的考察与分析[J].体育世界，2006(4)：94.
④ 张晓山，李周.新中国农村六十年的发展与变迁[M].北京：人民出版社，2009.
⑤ 唐伟，张大志.解构与重构：农村体育发展中文化环境的影响研究[J].体育科技体育，2017(3)：49.

理指导和管理。农村体育的有效指导是农村体育合理发展的基础条件，也是农村体育科学、有效、广泛发展的重要保障。目前，农村体育管理队伍整体素质较低，管理创新能力不足，缺乏科学的激励机制和组织保障①，应加强农村体育组织管理，建立从上而下、具有梯度的管理结构，加强体育非政府组织建设；同时，加强各部门之间的联动性，具体落实多部门的协作关系，发挥社会精英的积极性、主动性，发展全民体育②。

关于农村体育发展对策。除了加大公共财政投入、组织管理创新、加强农村体育服务之外，以吕树庭等为代表的学者认为农村体育发展的地域选择应以小城镇为中心，全面推进，寻求小城镇与城市体育接轨。③ 而以田雨普为代表的学者认为，地域选择应该以农村村落为重点，这是农村体育发展的基础，是农村体育的重点，农村体育工作必须下沉到村庄，才能解决发展的根本问题。④尹杰采用SWOT分析对河南省农村体育发展进行了更深一步的探索。他指出，河南省农村体育发展有优势和机会，但同时也存在劣势和威胁。其最佳发展战略是SO（优势—机会）战略，要努力发挥农村体育的内部优势，紧密结合外部的机会，克服内部劣势并消除外部威胁，对此战略要加以充分利用。河南省农村体育发展需要在选择正确发展战略的前提下，各方高度重视，共同努力，实现农村体育健康可持续发展目标⑤。

关于加强政府职能及完善政策法规。党的十八大会议报告中明确了新时期社会经济、文化和体育发展的目标，需要我国立法机关、各级政府和相关部门积极制定相应的法规政策，进一步推进我国农村体育经济建设顺利发展。各级地方政府及体育局要加强对农村体育活动负责人的培训和指导，可以不定期地组织农村体育检查和督促工作，确保农村体育事业发展得更加顺利。通过组织农村群众参与体育知识培训班以及体育文化专题讲座，起到对农民群众体育活动知识宣传的作用。通过政府的公共政策行为，地方政府可以组织各种公益体育、健身活动，以村、乡或者县为单位进行农村体育运动会和民族传统体育活动；组织体育工作者和体育爱好者研究和交流学习农村体育建设发展。

以城带乡、城乡联动，实现城乡、区域均衡发展。如今我国新型城镇化发展进程不断推进，城乡区域平衡发展，农村体育事业发展也可以走城镇化发展道路，实现经济社会发展相互协调一致，以城带乡、城乡联动，积极利用城市

---

① 陈尧，王晓明.我国农村体育现状研究的文献综述[J].体育世界，2014(3)：36.
② 周建新.我国农村体育组织管理特征[J].体育文化导刊，2012(4)：17-18.
③ 吕树庭，等.以小城镇为重点的中国农村体育发展研究[J].体育学刊，2005(3)：2-4.
④ 田雨普.全面建设小康背景下我国农村体育的发展策略[J].体育学刊，2006(5)：9.
⑤ 尹杰.基于SWOT视角的河南省农村体育发展研究[J].体育科技，2018(1)：60.

体育事业发展的示范作用，使得农村体育建设在城市人力、物力以及财力的支持上快速发展，不断缩短城市与农村体育事业发展的差距和农村不同区域之间体育发展的差距，使城市与农村共享体育文化事业发展成果。综观农村新型城镇化工作开展，不仅需要统筹规划、全面推进，还要切实结合农村体育工作开展现状，从农民利益出发，解决突出问题，突破艰难险阻，使体育活动在农村市场得到推广。随着社会经济的快速发展，我国成为世界经济大国，人们生活水平发生了根本性的变化，对健康以及高品质生活的需求也越来越高。我国体育事业的发展成为未来发展的主要方向。与其他西方发达国家相比，我国体育事业的发展还存在较大差距，只有重视我国农村体育活动的开展，才能使我国体育活动开展的质量整体提高。①

农村体育的研究范围非常广泛，博大精深，远不止这几个方面。很多学者对我国农村体育发展沿革②、农村体育理论、农村体育消费③、民族传统体育与农村体育相结合发展④等从不同角度进行了解读，提出了发展对策。

关于西部农村体育发展研究。世界发达国家现代化水平高，基本不存在农村体育和城市体育的巨大差别。发达国家经济发展速度快，城乡发展差距不大，农村也逐步完善了相关体育设施，为广大农村提供了必备的体育锻炼场所。⑤ 这就使城乡体育设施的差距逐步缩小。另外，由于发达国家农村人口比较少，主要是一些农场主。其经济实力比较强，不存在经济压力，农场主体育锻炼和体育休闲的意愿比较强，购置的相关体育设施也成为其生活必需品，同时也可供农业工人使用。

而在我国，城市和农村在体育设施和观念上都存在很大的差距。我国西部农村体育与城市相比，差距更大。西部农村在体育设施、体育活动、体育思想等方面远远落后于城市。整体而言，在经济、文化、体育等方面，我国西部发展远远落后于沿海发达地区，也落后于我国中部地区。而西部广大农村地区的发展与我国东部和中部城市相比差距更大，也较东部和中部的农村差。广大西部农村处于偏远地区，自然条件恶劣，限制体育设施大规模的发展，很难发挥其规模效益。同时，广大西部农村地广人稀，即使建立相关体育设施，也不能

① 刘涛. 新型城镇化背景下农村体育经济的发展研究[J]. 绥化学院学报，2017(5)31.
② 郭琴. 我国农村体育研究综述及其思考[J]. 上海体育学院学报，2010(7)34.
③ 牛鹏飞，陈焱. 我国农村体育消费研究综述[J]. 体育文化导刊，2008(6)：19.
④ 马东顺. 民族传统体育与农村体育的融合发展研究[D]. 曲阜：曲阜师范大学，2012.
⑤ Sport industry Research Centre. Definition and Size of the Sport Market, Sport Market Forecast 2009 – 2013：7.

得到有效利用，易造成浪费，效益成本比很低。① 当然，大众体育设施属于准公共产品，西部财政是吃饭财政，很难承担相关的体育设施建设。西部农村经济落后，农户收入很低，也无力投入资金建设体育设施。此外，西部农民忙于生计，生活艰辛，进行体育锻炼的思想观念比较淡薄，追求各种体育运动的意志和要求不高。

我国西部农村体育与当地经济发展速度和社会管理与文明程度密切相关。表现出创新管理不足，该放的权力不予下放，审批权限制太大。体育领域必要的法律法规以及政策制度不完善，导致管理不健全、水平低下。同时，体育专业管理人才比较缺乏，很难适应市场经济改革所带来的变化和挑战。② 随着改革开放的不断深入，国家经济实力不断增强，我国政府体育管理职能转变不到位，体育产业化的新思维必须及时转变。总的说来，我国西部农村经济基础差，体育专业管理人才缺乏，管理创新能力不足，广大民众体育观念淡薄，发展西部农村体育地方政策环境不够优化。学者文烨等在考察四川省凉山彝族自治州木里农村体育基础之上，指出西部农村体育的发展和建设存在很多制约因素，其中最重要的是缺乏完整的指导机制。因为缺乏专业的体育指导人员，政府和村民们得不到科学的指导，使得活动缺乏趣味性和创新性。同时，政府引导不足、公共设施老化、经费较为有限、竞赛项目过于传统等，阻挡了农村体育发展的脚步。管理组织不健全是西部民族县广大农村体育发展遇到的问题之一。县、乡、村基本没有专门的社会体育指导员队伍，县级体育部门的学校体育科主要负责竞技体育赛事的组织、训练和参赛，农村体育、健身体育基本处于管理盲区。体育管理运行的不规范、体育组织机构的不健全，导致农村民族体育发展停滞不前。大多数农村民族传统体育活动处于自发状态，缺乏科学组织，活动地点通常在大院、田埂、公路旁、广场上。由于没有组织管理团队和相应的运行经费，民族县农村民族传统体育面临价值观念落后、体育场地设施短缺、后备体育人口匮乏、社会力量支持力度不足等诸多问题。当地开展一些带有体育运动形式的活动或者民族体育项目，囿于完成上级任务这一目的，组织过程不具备专业性和有序性，同时缺乏趣味性和主动性，因此鲜有实效和价值。③

① 张金桥，史兵.西部地区要素禀赋与体育产业发展的关系研究[J].武汉体育学院学报，2008(1)：43－47.
② 饶远，张云钢.发展少数民族体育产业的政策与社会环境分析[J].北京体育大学学报，2003(7)：441－443.
③ 文烨，王德志.西部少数民族地区农村体育发展研究——以木里"民族体育"为例[J].成都理工大学学报，2017(4)：92－93.

西部地区体育产业还不成规模。而在发达国家和我国发达地区，体育已经成为一个重要的支柱产业，已成为政治、经济、文化、社会发展的重要推动力量。体育运动是促进人们身心健康、提高身体素质和预防疾病的主要方法，也是提高人们生活水平和质量的重要途径。在当前环境下，西部农村体育产业化发展任重道远，只有结合西部农村经济、社会的实际情况，选择西部地方特色的具有比较优势的资源和产品进行产业开发，以合适的发展路径带动全局性的发展，才能改变目前的不利态势。

二、国外农村体育研究概况

在国外，对体育公共产品概念给出较早界定的是英国的 Joseph。Joseph 在其 *Public Products of Mass Culture* 中提出了体育公共物品的概念，并将其定义为具有非竞争性和非排他性的公共物品。体育公共物品大多由政府提供，是具有公共属性的体育设施和服务。体育公共物品对社会产生着正外部效应。

对于农村体育公共产品的研究，法国的公共管理学专家 M. K. Worhthington 是较有影响的专家。他提出，政府应该在农村体育公共文化发展中承担更多责任和义务。[1] 法国的 Teresa 宣称，农村体育经费的筹集机制不应只限于政府，应重视社会和私人投入的结合。[2]

国内学者孙锋、羌霞[3]（2012）对发达国家的农村体育公共产品供给之模式进行考察分析，认为：发达国家农村体育公共产品供给存在三种模式，即以日本为代表的主导型、以美国为代表的放权型、以英国为代表的互动型。日本政府是农村体育公共设施的主要供应人。日本各类体育比赛的重要设施和城乡体育活动开展必要的体育设施是由日本的各级政府分担供给的；而美国政府对农村体育的支持却有所不同，只是提供最基本场地与设施。乡村体育活动的开展更多的要依靠社会与民间的积极参与。如美国青年基督教协会、美国青年俱乐部等均为农村体育提供着各类志愿性服务；英国政府强调的是与各类体育组织密切合作，如地方的体育理事会、单项协会、俱乐部等。政府在农村体育公共产品供给中承担着相应的义务，政府与地方体育组织密切协作，共同推动农村

---

[1] M. K. WORHTHING. Local Goods Demands and Effects, Journal of Urban Economic. 2002，（18：1039 – 1040）

[2] TEREASA，MCMILLAN，M. L. On Measuring Congestion of Local Public Goods, Journal of Urban Economics. 2006(26)：11 – 16.

[3] 孙锋，羌霞. 发达国家农村体育公共产品供给制度模式比较[J]. 四川体育科学，2012(8)：1 – 2.

体育的发展。①

发达国家体育公共产品供给的均等化问题亦是学者们非常关注的问题。有关文献显示，近年来美国、日本等国家的地方政府逐年加大了对体育公共服务的经费投入。这对农村体育公共服务均等化起了重要的、积极的作用。通过实施横向财政平衡与纵向财政平衡相融合的机制及优化财政转移支付制度等，使城乡体育发展获得了相当的财力支持，从而确保了农村体育公共服务较快发展。刘玉（2010）研究认为，在体育公共服务均等化的进程中，许多发达国家都加强了对重点人群体育公共服务的供给，并以此为契机，推动本国社会体育的均衡发展。② 王才兴（2008）的研究中重点介绍了各国对于弱势群体的体育发展方略。③ 娄方平（2008）对澳大利亚的农村体育开展状况进行了实地调查研究，指出社会资本对澳大利亚乡村体育发生的影响。对于澳大利亚西北部农村居民而言，体育活动是他们的重要生活方式，俱乐部亦是当地农村居民生活的重要部分，城乡体育基本公共服务均等化也在积极拓展中。④ 陈德旭（2017）在对北欧国家农村体育供给考察后指出，北欧国家政府向农村提供的公共服务主要集中在由郡、市镇两级地方政府在各自管辖区域内提供的公共服务项目。其中除公共教育、公共卫生保健、公共安全和公共福利、公共环境卫生、基础公共设施外，在公共文化方面包含了体育内容，如芬兰的"健身设备"、挪威的"俱乐部"及瑞典的"休闲设施"等。⑤ 匈牙利作为体制转型国家，镇政府一级的行政内容明确涉及体育运动的公共服务供给事项，而在县政府层面的休闲与运动环节也包含体育内容，这反映出国家对农村公共体育服务的投入力度。⑥

关于农村体育法制对策。发达国家为了推动体育的持续发展，纷纷出台了法律制度、对策措施。江亮（2005）研究指出，制定和颁布体育法制与政策是世界大多是国家的举措。发达国家体育发展史显示，完善的体育法制体系是国外体育持续、稳定发展的一个基本动力。美国1919年就颁布了第一个全国性的体育法——《体育法案》，之后实施了促进大众进行体育活动的"体育总统奖"激励制度。为了使体育观念在城乡深入人心，将体育法制的内容和体育科普知识通过简易的口号在民间传播，如加拿大提出的"人人参加"、法国提出的"保

---

① 许月云，戴维红，许科，等.农村体育公共产品供给与发展对策研究[J].山东体育学院学报，2008（8）：22 - 23.
② 刘玉.发达国家体育公共服务均等化政策及启示[J].上海体育学院学报，2010（5）：2 - 3.
③ 王才兴.体育公共服务国际比较及启示[J].体育科研，2008（2）：27
④ 娄方平.澳大利亚农村体育发展调查研究[J].山东体育学院学报，2008（5）：29 - 31.
⑤ 陈德旭.社会治理视域下我国农村公共体育服务体系建设与运行研究[D].上海：上海体育学院，2017.
⑥ 陈德旭.社会治理视域下我国农村公共体育服务体系建设与运行研究[D].上海：上海体育学院，2017.

护心脏"、德国提出的"有氧锻炼——130"等培养其强烈的体育意识的口号，帮助人们树立正确的体育价值观，积极主动地参与到体育中来。①

日本农村体育的发展得益于法律政策的强有力支持。范威（2014）针对日本体育法制政策的实施研究指出，20 世纪 90 年代以后，日本连续出台《体育立国战略》《体育基本法》《体育振兴计划》这三部体育政策法规，将体育上升到立国之本的高度。在体育发展的法制对策中既有大的方针、原则，亦有具体、详细的目标。日本《体育基本法》以成文法的形式将体育权利确定下来，《体育振兴计划》则进一步将这一原则进行了规定和部署，以保障它的执行和实施。②景俊杰、黑田勇（2012）研究指出，日本欲以创造人人都能参与体育活动的环境为目标，创建体育的良性循环机制，实现日本体育本土化。③

发达国家农村体育发展的国家规范性文件支持亦有较多学者关注。张小林（2010）研究指出，20 世纪 80 年代，为适应体育人口的迅速增长和体育需求的不断增加，日本保健体育审议会提出了《体育设施建设方针》，该文件规定了包括农村在内的各级公共体育设施所应具备的设施标准；按照区级、市区町村级和都道府县级三个生活范围，逐步实现体育设施的功能化、标准化、规模化，并且要将体育设施和图书馆等学校设施间的信息互通，形成网络化管理和一体化经营；规定公共团体在地方农村中工作应具有主动积极性。④ 李晓洁（2015）研究指出，德国联邦政府除了向体育组织直接提供资金外，还有各种政策和渠道为体育产业开绿灯，比如对非营利性的俱乐部实行减税，甚至不用交税。体育俱乐部和体育协会的捐赠者可以要求减免个人所得税。再如，俱乐部可以免费或者以很低的价格使用体育场馆等。⑤

国外学者对农村体育资源配置研究发现，众多发达国家都已把追求本国公民能够公平、平等、和谐地享有体育作为国家发展的重要战略之一。⑥ "平等和谐地享有体育"已经成为各个政府治理国家的基本目标和基本实践的要求，他们都力争实现本国公民无论其年龄、性别、种族、民族、能力、经济状况、社会地位的不同，均可以在本国一视同仁地享有各项体育资源和体育服务。例如，经过 20 多年的发展，美国、英国、澳大利亚等国家成立了主管体育社会公平的

---

① 江亮.对国外大众体育与我国社会体育有关法制的比较研究[J].湖北体育科技,2005(4)424.

② 范威.日本《体育基本计划》研究——大众体育篇[J].山东体育科技 2014(2)：115.

③ 景俊杰,黑田勇.日本 2012《体育基本计划》解析[J].西安体育学院学报,2013(4)：422－424.

④ 张小林.我国农村体育公共产品供给制度分析与创新[D].长沙：湖南农业大学,2010.

⑤ 李晓洁.德国大众体育发展探因[N].中国体育报,2015－4－8.

⑥ LAKER, ANTHONY. Sociology of Sport and Physical Education：An Introduction Equality, Equity and Inclusion in Physical Education and School Sport [M].NY：Routledge, 2002.

组织机构（如 Sporting Equals，Equal Opportunities Commission 等），并且制定了一系列公平性政策与监督评估办法（如英国的 *The Equality Standard：A Framework for Sport* 和 *An Audit of the Equity of Sports and Leisure Provision in Aberdeenshire* 及美国佐治亚州的 *Gender Equity in Sports Resource Manual* 等）。研究与关注的主题也由 20 世纪 70 年代的区域、城乡之间的体育公平问题，转变为深入研究更为具体的体育经费投入，不同性别、种族、民族、残疾人群体，不同组织机构，不同体育项目等之间体育资源配置与服务的公平、平等问题。①

　　国外针对农村体育资源配置的专门研究也出现了少量成果，如法国的公共管理学专家 M. K. Worhthington（1991）提出，在农村公共文化的发展过程中，政府应当承担更多的责任与义务。美国的 Porter（1997）认为，乡村体育公共设施的供给应当重视效率与公平的平衡关系，但这一观点的缺陷是在其模型中并未考虑到非体育指标。而意大利的 Kaiser（2002）则分别对意大利和法国两国的农村体育进行了实证调查研究。法国的 Teresa（2006）认为，农村体育经费的筹集不应完全由政府来完成，应加强社会与私人投入的结合，但对于这两者之间应当怎样结合及结合的方法并未做出进一步的说明。②

　　关于农村体育组织管理。查阅美、德、日的相关资料，专门研究农村农民体育组织管理的文献并不多。发达国家城乡差别小，体育组织管理在城乡间并无特别的不同之处。

　　武力、王飒（2002）研究指出，美国的体育管理是比较典型的分权型。美国联邦政府不设专门的体育管理机构，"总统健康与运动委员会"实则是一个促进社会体育发展的咨询机构。美国大量的社会体育组织是事实上资助和推动美国社会体育发展的主力军。这些体育组织内部管理的自治性很高。③ 王沛（2015）研究指出，美国城乡教育均衡发展是推动农村体育教育的核心理念。美国为此通过加大资金扶持、立法保障以及政策支持等，进一步保障了乡村体育教育的均衡发展，城乡体育教育均等化取得了良好效果④。

① ABERDEENSHIRE COUNCIL'S SCRUTINY AND AUDIT COMMITTEE. An Audit of the Sports and Leisure Provision in Aberdeenshire ［EB/OL］. http://www. aberdeen - shire. gov. uk/about/auditofequityofsportsadleisureprovison. pdf. DANIEL, KAPLAN. Equity fund will shop for farm teams［J］. Sports Bus J, 2013, 16（31）：18 - 24. GEORGIA DEPARTMENT OF EDUCATION. Gender Equity in Sports Resource Manual ［EB/OL］. http://www. doc. k12. ga. us. UK SPORT. UK Sport Equality and Diversity Strategy 2010—2013 ［EB/OL］. http://www, uksport. gov. uk/pages/poli - cies - and - strategies/.

② 张小林, 白晋湘. 国内外农村体育公共产品研究述评［J］. 中国体育科技, 2009（6）：99.

③ 武力, 王飒. 国内外社会体育管理体制的比较研究［J］. 西北民族学院学报, 2002（1）：59.

④ 王沛. 美国农村体育发展给我国带来的启示［J］. 中小企业管理与科技, 2016（2）：152.

冯华艳(2015)指出，德国农村公共服务供给的经验在于：通过立法来规范各级政府的责任与权力、加强公共财政的支持、建立以公共利益为导向及健全的监督机制。[①] 宋宇宏(2016)指出，德国农村体育实行政府和社会体育组织共同管理的体制。政府对体育实行的是宏观管理，即通过制订农村体育方针、体育政策来进行管理。政府在农村体育的组织者和投资人中发挥积极协调与监督的职能。社会体育组织接受政府的宏观体育管理，具体负责体育的业务管理。德国大众体育的基本组织形式仍是体育俱乐部，城乡体育活动的发动、领导和组织均由各级体联和遍布全国城乡各地的体育俱乐部具体实施。[②]

在日本，可以说政府是将大众体育作为社会福利事业来发展的，从政府到地方的体育工作都是以提高人们的身体素质为出发点。无论是国家层面，还是地方层面，无论是城市体育，还是农村体育，都是在这一理念的指导下开展体育工作的。正因如此，日本体育俱乐部的建设、体育设施的综合利用以及体育指导员的配备等均居世界前列。日本大众体育的组织机构从管理体制上可分为三类：政府管理机构、社会团体和民间组织。各类大众体育组织在管理上都采用了三级管理模式，即中央级、都道府级、市区町村级。在日本社会团体组织中最高级别最具权威的体育社会团体是日本体育协会。日本体育协会的下级机构是都道府县体育协会和市区町村体育协会。日本体育协会通过这两个纵横交织的系统，沟通和指导着全国的大众体育活动。刘同众、戴宏贵(2013)研究指出，日本体育的管理体制相比于美国更完备，分三类：第一类是政府机构——市区町村教委；第二类是社区体育组织——市区町村级的体育协会、体育指导员协会、休闲协会等；第三类是民间组织——体育中心、体育俱乐部等。[③]

考察国外体育社团发展史，体育社团的兴起是由当时的国际政治经济形势决定的。20 世纪 70 年代末，西方国家发生了经济危机，经济受到了前所未有的打击，经济损失严重，政府的收入因为经济的下滑受到了很大的影响。就在那时的历史条件下，政府对行政职能做出了重大调整，大幅度减少政府的开支，政府机构中的体育行政部门也没能幸免，成为被削减开支的单位。后来经过了很长一段时间，大约 80 年代中期，英国政府率先做出了精简行政机构的决策，对政府部门的工作人员进行大量的裁减。当然体育行政部门也同样遇到了这一窘境，体育行政人员大幅度减少。体育行业内部进行了机构改革，改由英国体育理事会全权负责一切体育方面的行政职能。20 世纪 90 年代初期，澳大

---

① 冯华艳. 农村公共服务供给研究[M]. 北京：中国政法大学出版社，2015：184 - 186.
② 宋宇宏. 德日社区体育俱乐部资源现状比较研究及其对我国的启示[J]. 体育世界，2016(6)：28.
③ 刘同众，戴宏贵. 日、美社区体育建设与管理的探究与启示[J]. 西安体育学院学报，2013(4)：399.

利亚政府也进行了一系列的政府机构改革，大量消减政府行政人员，由澳大利亚体育委员会负责政府部门的一切体育行政管理工作。同一时间，加拿大政府在体育行政职能上也做了一系列相关调整，取消体育部级的行政级别。而在此时，比利时、西班牙等国家也逐渐将原先由政府控制体育管理的管理模式，转变成把权力移交到社会组织的手中。这些国家的行政改革跟当时西方国家的经济形势有很大关系。除此之外，现代信息技术日新月异，对体育经济发展要求的多样化，体育产业经济化等很多方面在一定程度上都推动着当时体育体制由政府职能向社团组织的转变。

　　体育社团在西方国家具有如此重要的地位，这与这些国家的制度、行政体制、经济管理模式和历史条件有着重大关系。国外的体育社团在资金筹集方面具有渠道多样化的特点，除了通过社团自身筹集资金外，还有如邀请一些社会成功人士或者其他有关人员进行捐赠、通过社会人员多方筹集资金、收取社团团费等方式，他们在资金问题上对政府的依赖较少，但在政策支持和其他方面同样需要政府相对给予更多帮助。①

---

① Timothy Bingham, Geoff Walters. Financial Sustainability within UK Charities: Community Sport Trusts and Corporate Social Responsibility Partnerships [J]. VOLUNTAS: International Journal of Voluntary and Nonprofit Organizations, 2013: 243.

第二章

农村体育发展的理论基础

第一节　可持续发展理论

一、可持续发展理论产生的背景

19 世纪第二次工业革命以来，全球经济高速增长的同时也面临着世界性的环境污染、资源短缺、全球变暖等不可持续的发展问题。"可持续发展"这个理念最早是由美国生物学家雷切尔·卡逊在《寂静的春天》中提出的，他提出这个理念的初衷是呼吁人们保护环境。这个概念为人们熟知是通过 1972 年 6 月在斯德哥尔摩举行的人类环境会议，在这个会议上通过了一份由 58 个国家 152 位科学家参与撰写的《只有一个地球》的报告，而这个会议也被人们一致认为是可持续发展时代的起点。人们开始认识到过去的发展道路是不可取的，而走可持续发展的道路是人类必然的选择。可持续发展也逐步从原来的保护环境等生态、自然的视角发展到经济学、社会学等视角，人们将其内涵进行扩充并升华而应用到工业、农业、教育方面等。自此可持续发展逐渐丰富内涵，发展成为具有一定指导作用的理论。

二、可持续发展理论的主要内容

可持续发展是现今人们大力倡导的一种发展观，着眼点在于可持续的发展，它不仅是一种系统的发展状态和趋势，更是一种对待未来发展走向的指导策略。国内学者对可持续发展的内涵进行了系统的总结后得出最重要的三个指标，即发展度、协调度、持续度，三者统一，缺一不可。具体内涵是：（1）发展度，体现的是可持续发展在数量维度上的要求，发展度是可变的，可以从五个方面进行衡量：①社会财富的增长度；②发展质量的提高度；③理性需求的满足度；④创新能力的培育度；⑤文化内涵的进步度。（2）协调度，强调的是可持续发展在质量上的要求。它的内涵包括人际、物质与精神文明、经济效率与社会公平等的相互协调。（3）持续度，强调的是可持续发展在时间上的要求，持续的时间应该是较长的，要求在向自然的索取与对自然的回馈相平衡的基础上逐步实现"自然—社会—经济"复杂巨系统的可持续发展目标。① 可持续发展的这三个维度就像三角形的三个支架共同支撑着可持续发展成为一个健康的发展态势，因可持续发展理论有着广泛的指导性，现今也成为发展迅猛的理论之一。

三、国内外可持续发展理论研究趋势

（一）国外可持续发展理论

可持续发展理论最开始起源于生态学研究方向。在生态学领域的可持续发展的定义是：要维持和保护我们赖以生存的生态系统，保护我们地球基因和物种的多样性，对生态系统进行可持续的利用。而后可持续发展理论扩展到经济学研究方向，在世界银行发布的《世界发展报告》一书中可持续发展被定义为："可持续发展是把发展建立在成本效益比较和审慎的宏观分析基础上，它能加强环境保护，并导致福利水平的提高和维系"②。继而可持续发展理论相继扩展到社会政治及文化等方向。Brown 认为社会可持续应该是社会的各项基础设施建设、服务设施建设以及政府的各项法律健全。Tisdell 所认为的社会可持续强调的是政治以及社会结构具有可持续性③。Norgard 把可持续发展扩展到文化领域，认为文化的发展也应该是可持续发展的。总结国外的可持续发展我们可以发现，国外的可持续发展更多体现的是人与自然、人与人两大基本关系的和谐相处，共同发展。

（二）国内可持续发展理论

我国的可持续发展研究相对国外来说起步较晚，自 20 世纪 80 年代末才开

---

① 刘伟.我国体育可持续发展系统及评价研究[D].上海：华东师范大学，2008.
② 世界银行世界发展报告编写组.变革世界中的可持续发展[M].北京：中国财政经济出版社，2003：10.
③ Beate Littig, Erich Grieftle. Social sustainability: a Catchword Between Political Pragmatism and Social Theory [J]. International Journal of Sustainable Development, 2005(8): 65 – 79.

始有相关方面的研究。但国内的研究在借鉴国外研究的基础上进行了更进一步的创新，并取得了相应的成果。比较典型的有"自然控制论"，它的贡献在于把预测和调控统一成系统工程问题，探讨的是人类活动和自然环境和谐统一的可持续发展之路。我国学者首创了可持续发展的系统学。可持续发展的系统学强调的是运用系统学理论和原则来探索可持续发展的本源以及它演化的规律，系统学可持续发展的理论在引进国外可持续发展理论的同时进行了扩充，它的核心思想在于规范人与人之间以及人与自然之间的基本关系。另一个影响较大的理论是"可持续发展理论研究与系统分析"，它的特色在于从三维复合系统这样一个角度赋予了可持续发展新的内涵，在这个角度里可持续发展不仅仅指社会发展和环境保护，也不仅仅指经济发展，还综合了经济—社会—自然这三个要素的复合系统，该理论指出了可持续发展的三个特征，即经济增长是前提、保护自然是基础、改善和提高社会质量是目的[1]。而此理论的另一项重大贡献是指出管理学的发展也应该是可持续发展，它在前人的基础上继续将可持续发展理论扩充，认为可持续发展理论就是三维结构复合系统的管理学，而要实现可持续发展必须要遵循一些原理，比如说共生原理、循环原理、约束原理和替代转换原理等[2]。

(三)可持续发展理论对农村体育发展的影响

近年来，可持续发展在各个领域蓬勃发展，因而在体育界也引起了广泛关注。可持续发展理论对农村体育发展的影响体现在三个方面：

(1)关于体育可持续发展全球性组织的建立，他们把体育可持续发展理论迅速推向全球。最开始源于1994年2月国际奥林匹克运动委员会与联合国环境规划署签订了促进环境与体育的可持续发展协议，而这时体育可持续发展的意图在于促进体育运动中的环保意识和促进体育设施、装备的可持续利用；另一个体育可持续发展的全球性组织是 GSA(Global Sports Alliance)，即全球体育运动联盟，该组织关于体育可持续发展的着眼点在于体育赛事要保护和发展生态环境；从这些国际性组织的成立可以看出在体育界人们同样重视可持续发展理念。

(2)关于体育可持续发展的方式、概念等的研究。有学者认为体育可持续发展的方式和机制应该集约化、产业化[3]，另一批学者则更强调法治，他们认

---

① 刘会强.可持续发展理论的哲学解读[D].上海：复旦大学，2003
② 郭熙保.论发展观的演变[J].学术月刊，2001(9)：47－52.
③ 李志刚.河南省农村体育的可持续发展研究[D].郑州：河南大学，2002.

为体育的可持续发展离不开法治这一个基本条件①。我国体育的可持续发展一方面要改变自身无序的局面，另一方面还必须要以社会经济发展作为参照，谋求社会的支持。因此，总体来说，可持续发展体育是从实现体育系统本身内外的协调发展来实现的。

（3）关于体育可持续发展理论的应用。国内学者认为要实现体育的可持续发展应该大力发展中国传统体育，在现代体育竞技项目的冲击下中国许多传统体育项目渐渐被人们遗忘，应该好好继承并发展传统体育。我国是一个农业大国，在大力发展城市体育、竞技体育的同时，不可忽视西部地区农村体育的推进，要在可持续的标准下改变原有体制和观念，将整个体育发展与社会的发展和人的发展联系起来。

第二节　城乡统筹理论

一、城乡统筹理论产生的背景

新中国成立后，西方一些国家对我国经济上封锁禁运，政治上排挤打击，军事上挑衅。我国奋进自强、自力更生开始了工业化进程，不得不走出一条从农业内部积累建设资金的建设发展道路。城市以工业为主，并以先进技术和按照现代化大生产方式组织生产；农村以农业为主，并局限于传统的生产方式和生活方式。由于长期的工农产品不等价交换所造成的农民利益的受损，农业生产率低、农村环境治理差、农民增收渠道匮乏等问题严峻。我国经历了农村价格"剪刀差"政策、允许农村要素进入城市政策、农民工进城政策、以工哺农、以城带乡政策后，城市经济取得空前发展。事实证明，城市的发展也离不开农村的支持和促进，农村的发展离不开城市的辐射和带动。从根本上解决现阶段的"三农"问题，必须把重点放在农村，必须建立工农业协调发展、城乡协调发展的战略。党的十六大报告指出："统筹城乡经济社会发展，建设现代农业，发展农村经济，增加农民收入，是全面建设小康社会的重大任务。"在统筹城乡发展的基础上，逐步缩小城乡差距，实现农村经济的全面繁荣，实现全面建设小康社会的宏观目标，并最终实现共同富裕。

二、城乡统筹理论的主要内容

在现有文献中，关于城乡统筹并没有形成统一的认识。许多学者认为要实

---

① 曾珍香，顾培亮.可持续发展的系统分析与评价[M].北京：科学出版社，2000：10.

现城乡统筹就要从根源上解决问题即消灭城乡差别，使城市和乡村融为一体，也有学者认为应该优化城乡分工，取得最佳的社会效益和经济效益。城乡统筹理论主要有四个方面：（1）城乡通开。指的是城乡之间应该相互开放、相互促进，作为一个整体来发展。（2）城乡协作。是指城乡之间开展多形式、多层次的协作最终达到统一的发展。（3）城乡协调。城乡协调有两个方面的含义，一是指城乡经济社会发展中的一个动态的相对均衡状态，这是统筹城乡发展的一个重要目标。二是指政府和社会为实现均衡状态而进行的调节、引导。通过调节和引导，促进城乡经济社会各个层面、各个环节有序、高效运行，最终达到城乡相互适应、相互促进、共同进步的目的。（4）城乡融合。城乡融合是一种相对来说更高的状态，指的是城市与乡村之间关系十分密切、和谐发展、相互渗透、融为一体的新型关系。城乡融合体现了城乡发展的最佳状态。这种新型城乡关系是最崭新、最完善的城乡关系[①]。

三、国内外城乡统筹理论研究发展趋势

（一）国外城乡统筹理论

城乡统筹是一个全新的概念，在国外的研究中没有明确地说城乡统筹这个概念，但国外同样存在城乡发展不一致的问题，国外对城乡发展失衡同样做了相应的研究。在 19 世纪，西方的空想主义者们就曾表达对城乡发展及其关系的美好设想，圣西门就曾设想城乡产业及城乡人们和全体社会成员都是平等的。傅立叶认为，真正的和谐社会是没有工农差别和城乡对立的，工业和农业不再是区分城市和农村的标志，城市与乡村是平等的。欧文筹划建立共产主义的"新村"，这个"新村"是理想化的工农业相结合的，能够兼备城市住宅和乡村住宅现有的一切优点，同时又毫无这两种社会所必然具有的无数不便弊端。亚当·斯密在《国富论》中从社会分工的角度阐述了农业与制造业、农村与城市的关系，他认为农业和制造业的差距是分工制度所导致的，所以要加强农村的剩余产品再来建设城市。英国城市学家比尼泽·霍华德在关于城乡发展的问题上提出了"田园城市"的理论，他是首次提出城乡一体理念的学者。他的这个理念对世界上许多国家的城市规划产生了很大的影响，他认为要建立理想的城市，也就是他推崇的"田园城市"，应该从城乡结合的角度来管理土地。本质上来说，"田园城市"理论就是要把城市与农村作为一个整体进行分析和研究，从城乡协调发展的角度来看待城市的发展，这其实无疑就与我们中国的城乡统筹相

---

① 刘开运.城乡群众体育统筹发展研究[D].南京：南京师范大学，2011.

呼应。此外，还有一个影响深远的关于城乡关系的理论——马克思主义城乡关系论。马克思、恩格斯认为，城乡关系是沿着"城乡混沌—城乡分离—城乡对立—城乡关联—城乡统筹—城乡融合"的历史发展脉络演进的①。马克思认为，当生产力发展到一定水平时，"城市和乡村之间的对立也会消失，从事农业和工业劳动的将是同样一些人，而不是两个不同的阶级"。而时间推移到当代，许多学者对城乡发展关系理论进行了延伸和发展，斯多尔等在对"自上而下"发展模式分析研究的基础上，认为"自下而上"的以农村为中心的发展模式是解决发展中国家城乡发展不平衡的核心。加拿大学者麦基提出了城乡一体化的发展模式，他通过在亚洲长达30多年的研究发现亚洲国家城乡之间的传统差别和城乡之间的地域界限日渐模糊。他用"Desakota"一词概括这一特殊的含义，"Desakota"意为城乡一体化，是城市性、农村性在同一地域上双重作用的产物，这种空间模式下城市和农村的区域概念趋于模糊②。

（二）国内城乡统筹理论

我国城乡二元结构的矛盾相较于国外来说更甚，因而城乡关系也成为各领域学者们研究的重点。国内城乡统筹理论主要体现在三个方面，一是城乡统筹理论的起源。早在1956年，毛主席在《论十大关系》中就曾指出，只有重视农业、轻工业，才能最终发展重工业。我国城乡二元结构的矛盾起源于1958年颁布的《户籍登记条例》，以此为标志，我国开始建立城乡分离的管理体制。改革开放后，城乡矛盾日益突出，许多学者在此领域展开了广泛的理论和实证研究。二是城乡统筹的方式。顾益康认为城乡统筹应该要彻底摆脱城乡二元化和重工轻农的二元化结构，改变重经济总量增长轻结构优化、重投资轻消费的发展模式，转型升级，实行城乡一体化的发展战略③。徐宏认为城乡统筹不仅仅在经济层面，更要在产业发展、空间布局、资源配置、劳动就业、收入分配等多方面达到统一。韩长赋认为解决"三农"问题的根本办法是城乡统筹发展，要从根本上改变中国二元结构的局面，必须实现城乡统筹，在城乡经济系统内部构建有利于城乡协调发展的保障机制。三是关于统筹城乡发展的对策。姜作培提出统筹城乡发展的对策是取消户籍制度，而韩长赋认为取消户籍制度并不能从根本上解决问题，城乡统筹要解决四个问题：①要解决农业发展本身的问题，优化农业结构，提高农业质量等。②要把农业的劳动力转移的问题解决好，如

---

① 傅崇兰.城乡统筹发展研究[M].北京：新华出版社，2005：5.

② 冯胜.国外城乡统筹发展模式比较研究[J].软科学，2011（5）：111-115.

③ 薛凌.城乡群众体育统筹发展探讨[D].长沙：湖南师范大学，2011.

果乡村本身就有很好的就业机会就不会导致农村劳动力向城市转移。③农业投入的问题，国家要加强对农业财政投入的力度。④农村改革的问题，应该出台稳定农村的政策，要充分调动农民的积极性①。李佐军认为城乡统筹的关键不在于取消户籍制度也不在于解决农村的问题而在于制度，制度要在产权、价格、户籍、就业等方面进行完善。

（三）城乡统筹理论对农村体育发展的影响

城乡间的发展失衡是多方面的，也体现在体育方面。改革开放以来我国体育业取得了长足的发展，但是城乡间的发展失衡日益突出。在整个体育发展过程中呈现出来的问题有：重城市，轻农村；重数量，轻质量；重硬件，轻软件等。而导致城乡体育发展失衡的原因也是多方面的，城市和乡村相比在体育发展方面有多重优势。这其中涉及发展观念、城乡间不同生活方式、不同的教育水平思想观念等问题。我国学者对体育发展现状的对策进行了研究，渐渐达成了一个共识，即城乡统筹发展可以逐步改善城乡间发展不平衡的问题，提出了关于城乡体育统筹发展的五个基本认识：一是统筹发展的目标不仅是城市、乡村得到同样的发展；二是在城乡体育统筹发展问题上解决的途径并不仅仅只是在经费上增加关于农村体育的投入；三是统筹发展并不是以城市体育来救济农村体育；四是城乡统筹发展并不会减慢城市体育的发展速度；五是统筹发展是一个长期的目标，不可能在短期内得到实现。总而言之，城乡体育统筹发展可以这样来理解：将城市和乡村作为一个统一的整体去规划，建立相互协调的政策机制，通过资源整合等方式解决发展过程中城乡失衡的各种问题，促进双方的良好发展，缩小城乡发展的差距。

第三节　公共产品理论

一、公共产品理论产生的背景

关于公共产品理论最早可以追溯到古典学派。而古典学派里当时轰动一时的是大卫·休谟关于"草地排水"的分析和亚当·斯密关于政府执行的三项国家职能等。"草地排水"说明的是公共利益维护和政府参与的必要性。而后亚当·斯密在此基础上进行深入研究，出版了《国富论》一书。书中对政府的职能问题进行了更加深入的分析，集中阐述了公共产品的类型、提供方式、资金来

---

① 郑宇.统筹城乡视野下的中国农村体育发展研究[D].北京：中国体育大学，2012.

源、公平性等重要方面①。最初开始使用公共产品这一定义的是意大利学者马尔科，而后奥意学派在原有研究的基础上对公共产品的定义进行了扩充和修改，公共产品从原来的劳动价值论转变为效用价值论，并对公共产品和私人产品进行了区分，而后瑞典学派进一步将公平问题引入公共产品理论。但是真正让公共产品形成系统理论的是萨缪尔森，他举世闻名的著作《公共支出的纯理论》和《公共支出理论图解》奠定了他在公共产品理论界的地位。在《公共支出的纯理论》中萨缪尔森对公共产品的定义成为经典，他用"公共产品—私人产品"的严格二分法对私人产品和公共产品进行了区分，并突出强调了公共产品的三大特性：非排他性、非竞争性和不可分割性。此后公共产品理论在各个领域被人们广泛使用。

二、公共产品理论的主要内容

从萨缪尔森对公共产品的定义开始，人们对公共产品的研究如雨后春笋，之后詹姆斯·M.布坎南与戈登·图洛克、肯尼思·阿罗等人创立了公共选择理论。马斯格雷夫在其著作《财政学原理：公共经济研究》中，首次使用"公共经济学"概念。在马斯格雷夫的带动下，许多著名经济学家，诸如斯蒂格利茨（J. E. Stiglitz）、费尔德斯坦（M. s. Feldstein）、阿特金森（A. B. Atkinson）等人也都将自己的作品改称为"公共经济学"或"公共部门经济学"，至此成熟的公共产品理论体系框架已经基本形成。公共产品理论的内涵主要是三个方面：①公共产品理论是在市场经济和私人经济的基础上，探讨国家对市场经济的介入等问题。市场经济调控有其缺陷之处，因为公共产品的存在，存在"搭便车问题"，私人等无法为公众收益的产品买单，市场便失灵，最终只能导致国家也就是政府来介入。②存在"外部效应"。指的是一种行为对他人的利益产生了影响，但是并没有承担相应的成本或得到相应的收益，比如说工业企业的环境污染，企业的行为危害到了其他民众，在市场经济主导下却无须为此承担责任，这就需要政府的介入。③公共产品具有非竞争性、非排他性等特点，因此公共产品由公共部门提供。广义上来说只要是由以政府为代表的国家机构即公共部门供给的、满足公共需要的商品和服务都可以称为公共产品，因而其范围颇广，行政、国防、文化教育、体育等都属于公共产品。总之，公共产品理论研究了公共产品的特性，并由此引出了外部效应、市场失灵等问题。在此基础上，人们得出了必须由政府、财政加以干预、弥补的结论。这是公共产品理论的主要内容。

---

① 贾晓璐.简论公共产品理论的演变[J].山西师范大学学报，2011（5）：31－33.

三、公共产品理论的研究发展趋势

（一）国外公共产品理论的研究发展趋势

从萨缪尔森的公共产品理论开始，人们在其基础上继续深入研究，现代的公共产品理论得到了进一步发展。萨缪尔森在《地方支出的纯理论》中构建了一个地方性公共产品模型，在这个模型里他提出了另一种可能性，就是地方公共产品与市场上的私人品一样，纳税人可以通过用脚投票的方式来流动。这个观念的提出得到一部分学者的认同，以致出现了公共选择学派，也因而把公共产品理论导向了一个新的发展方向，那就是公共产品的私人提供问题[1]。在最开始对公共产品的定义里，公共产品具有非排他性、非竞争性和不可分割性的特点，因而学者们否定了私人提供公共产品的可能性。随着公共产品理论的发展，由私人来提供公共产品的可行性在学术界逐渐受到注意和重视，科斯《经济学中的灯塔》和德姆塞茨《公共产品的私人生产》等书中就着重探讨了这个问题，该问题可从三个方面着手：①从必要性来说，政府作为公共产品的唯一供给方，由于缺乏竞争对手等原因，导致效率低下。②从成本的角度出发，政府提供公共产品也需要成本，政府通过课税、行政管理等提供公共产品的成本有可能超过私人市场方式提供的成本。③政府提供公共产品和政府生产公共产品是两个不同的概念，私人会出于更大的市场效应、广告效应等来提供公共产品，总而言之，私人提供公共产品可以说是可行的，但是私人物品远远不能满足社会需求，所以如何在政府和私人供给之间寻求最优均衡点是公共产品理论界尚待研究的问题。

（二）国内公共产品理论的研究发展趋势

相较于国外研究对公共产品理论内涵的不断扩展，国内在研究公共产品理论时更多地将着眼点放在公共产品理论的应用上。教育、哲学等各个领域的学者将公共产品理论注入自己的研究中，而其中比较突出的是对我国农村公共产品的研究。农村公共产品有其特殊性，因而出现了我国特有的理论分支——农村公共产品，在研究的所有公共产品分类中农村公共产品在公共产品本身的特性之上还具有如下特殊性：①农村公共产品提供的混合性，许多农村公共产品受益者只是本村的村民，对其他村的村民具有排他性，一般由地方政府和私人混合提供。②村民参与公共产品决策的可能性较大，在农村地区村民与村级组

---

① 冯珂. 对我国体育公共产品理论及目前处境的研究[D]. 长春：吉林大学，2011.

织之间的信息不对称程度低，村民对产品的收益和成本可以理性的计量。③农村公共产品的种类较少、效用较低[1]，如在城镇比较普及的公共产品路灯，在农村分布就很少，这就涉及农村公共产品供给结构失调的问题。农村公共产品供给结构失调表现在三个方面：①农民急需公共产品供给不足。②涉及农村可持续发展的公共产品供给严重短缺。③较少需求的公共产品供给过剩。在已有的研究中，我国学者对怎么解决供给结构失调问题的农村公共产品供求均衡理论、最优供给理论等问题，还没有形成统一的看法。国内公共产品理论总体来说不够深入，还需要更深层次的探讨。

（三）公共产品理论对农村体育发展的影响

按照公共产品理论来说，体育本身符合公共产品的特点，也就是说体育就是一种公共产品。体育这种公共产品具有公益性的特点，它是具有社会共享性的产品。农村公共产品供给结构在现实中经常失调，而作为农村公共产品一员的农村体育公共产品也存在供给不足的问题。公共产品理论对农村体育发展的影响主要在三个方面：①人们开始意识到体育这种公共产品的重要性，体育发展并不是服务于某一个人，而是服务于广大民众的，准确地来说体育公共产品的服务主体是社会公众，实现的是社会整体利益。②在体育公共产品与政府的相关性方面，在我国农村体育供给不足的前提下政府是可以通过加强体育事业的财政预算来进行调控的。③在私人提供体育公共产品的可行性上，有些学者认为我国的公共体育产品市场具备了公共产品私人供给的条件，特别是可以适当加大很多准公共产品的私人供给以满足大众的不同需求[2]；对于不同类型公共体育产品的非政府供给，可以采取不同的途径，而这些解决途径都还停留在研究阶段，尚待实践。

第四节　文化生态理论

一、文化生态理论产生的背景

文化生态理论最早可追溯到中国古人提出的"天人合一"的设想，"天人合一"说的是人与自然的和谐相处。随着环境问题被逐步重视，"生态优先"也随之成为人们重视的问题。文化生态理论是随着文化生态学的产生而发展起来

---

① 张小林，刘蓓.农村公共产品研究理论及其发展[J].经济研究导刊，2010(2)：11-13.
② 张小林.我国农村体育公共产品供给制度分析与创新[D].长沙：湖南农业大学，2010.

的，而文化生态学早在 20 世纪初就开始产生，最初是美国人类学的研究，著名的"文化内核"论是由被人们称为新进化论者的斯图尔德提出的。他在"文化内核"论里深入阐述了特殊类型的生态决定文化的特征，并在此基础上出版了《文化变迁论》一书，此书被认为是文化生态学正式诞生的标志。早期的文化生态理论因为不完善，研究者们对其存在以下三个方面的批判：一是早期的文化生态研究只考虑文化生态而不考虑人对环境的作用和影响；二是文化生态理论的研究规模较小，都是针对小型地区进行的，对大众的适用性值得考虑；三是早期的文化生态理论仅仅停留在过去，应该着重的将研究点放在变迁上①。往后发展到了 20 世纪 60 年代，三篇著作的产生标志着文化生态理论开始日益成熟，他们分别是内廷的《尼日利亚的山地农民》、拉帕波特的《献给祖先的猪》、贝内特的《北方平原居民》，自此后文化生态理论逐渐形成体系。

二、文化生态理论的主要内容

文化生态理论的内涵随着文化生态理论的发展一直在变化。最开始斯图尔德在《文化变迁理论》中指出，人类的文化和行为与其所处的自然生态环境之间是互相作用的关系，而后文化生态理论开始强调文化生态内各种因素的相互关系和彼此协调，之后的观点认为文化生态是一个与自然生态相对的系统的有机体，文化生态与自然生态之间存在着内在联系。发展到现在，文化生态强调的是一个社会中文化系统内部各个具体文化组成形式之间相互作用的关系，认为文化其本身就是一个生态组织系统，每一种文化都是一个独立的生命体，各种文化在整个文化系统中形成不同的文化群落，通过文化链，相互影响、相互作用、相互制约，最终达到文化的均衡发展②。其内涵主要表现在两个方面：①人类的行为和文化与其所处的自然生态之间互相作用；②构成文化整体的各个部分之间的关系，即把人类文化的各部分看作是一个相互作用的整体，而正是这种相互作用的方式才使得人类的文化历史不衰、导向平衡。

三、文化生态理论的研究发展趋势

（一）国外文化生态理论的研究发展趋势

随着社会的发展，人们开始多角度地研究生态理论。除了人类学家和生态学家外，社会、经济、教育、哲学等各个领域的学者也开始加入研究文化生态

① 韩振丽. 文化生态的哲学探析[D]. 乌鲁木齐：新疆大学，2008.
② 徐建. 当代中国文化生态研究——基于文化哲学视角[D]. 上海：华东师范大学，2008.

理论的行列。文化生态理论最开始的研究中心集中在美国，渐渐地扩展到欧洲，直至世界各地学者加入了研究的行列。哈里斯在前人的基础上在文化生态领域提出了"文化唯物论"。研究表明技艺、经济因素是形成一个社会特质的基本角色。在社会研究中，这一理论有着鲜明的特点，是相较于前人的基础建筑和上层建筑更重要的观点，他认为对下层建筑的研究更重要，这一观点也对下层建筑、基础建筑、上层建筑作了相应解释。下层建筑指的是人口结构、宗教仪式、生产模式，包括社会生产力等内容；而基础建筑指的是家庭经济、政治经济；上层建筑指的是娱乐、美学以及服务等①。拉帕波特和埃仑首次将文化生态理论扩展到系统论领域，系统论的加入使文化生态理论更加趋向完善。此外，美国学者卡尔·奥特温·苏尔对自然景观和人文景观的结构进行了研究，他认为是文化的发展和变化导致文化景观的变化，他所创立的"伯克利学派"被人们称为"文化生态学派"。1999年，在吉隆坡召开了"文化生态学国际讨论会"，此讨论会广受好评并在美国、日本、印度等地方开展，可见文化生态理论研究已呈现全球化趋势。

（二）国内文化生态理论的研究发展趋势

虽然国内对文化生态早有研究，但关于文化生态理论方面的研究深入程度远不及国外，还处于初创阶段。早期国内对文化生态理论的研究主要是向国内学术界引入文化生态的概念并运用这个理念去了解文化变迁的过程和原因。随后发展为将文化生态的概念进行深化和扩展，指出文化生态是文化存在和发展的环境和状态，而文化生态学研究的是文化系统、文化环境、文化资源、文化状态以及规律等。接着对文化生态的特征进行了研究，指出文化生态有四个方面的特征：①时代性和发展性；②有序性和逻辑性；③非组织性和间接作用性；④作用渗透性和交互作用性。文化生态同样具有四个方面的功能：①表现功能；②评价功能；③唤醒功能；④褒奖和谴责功能②。国内学者在这一阶段认为文化生态是构建社会主义和谐社会的主要内容，当认识到文化生态的重要性时，关于各类文化生态的保护与发展的研究也开始涌现，国内学者们开始建议对文化生态进行必要的保护。而关于文化生态的保护许多学者建议从三个层面来展开：①文化生态与文化功能的整合；②保持一定的生态理性，强调的是对文化失衡现象的判断；③文化生态的可持续发展最终着眼点在于文化的未来。现今学者们强调的还是把文化生态理论应用到现实的各个方面，学者们试图运

① 徐建.国内外文化生态理论研究综述[J].山东省青年管理干部学院学报,2010(5)：6-10.
② 熊春林.国内文化生态研究述评[J].生态经济,2010(3)：153-159.

用文化生态理论来分析判断和解决社会发展中各种矛盾与问题,如城市化可持续发展中关于文化生态理论的运用。城市化的可持续发展不仅需要自然生态形成的客观环境,如水资源,更需要文化生态为人类生活建构精神生存的条件,比如自由、民主、法治。总而言之,国内的研究相对而言还停留在探索阶段,尚待进行深入的探讨。

(三)文化生态理论对农村体育发展的影响

文化生态理论对体育领域的影响可以说是异常深远的。受文化生态理论的影响,越来越多的学者把目光从传统的体育聚焦到民族体育。近几年掀起了一阵民族体育研究热,各地的民族体育项目开始出现在学术界。学者们认为民族体育内容伴随民族和文化生态理论的发展而不断深化,最终形成了非常丰富和具有深刻内涵的内容。除了使民族体育越来越受到重视外,文化生态理论的另一个影响是使人们意识到要对民族体育进行保护和传承,文化生态理论使人们意识到文化不是摆放在橱窗的商品,没有高低之分,在了解到文化本身的内涵的同时,更重要的事情是对它予以保护,一个良好的文化生态环境能够为民族体育的发展打下坚实的基础,促进民族体育与其他文化和谐共处和共同发展。人们对民族体育的保护传承主要表现在两个方面:①文化生态是在长期发展演化过程中各地区各民族各国家等经过历史长河不断积累、不断沉淀下来的产物,是民族民间体育文化发展的载体和标志,对民族民间体育与各民族的生存生活至关重要;②要传承祖先留下来的民族文化,而要传承民族文化的先决条件是保护我们赖以生存的环境。这是文化保护的基础。文化的发展是在文化—环境—人三者动态平衡的时空中不断演进的,传承人是其发展的保护者和有效载体①,而农村体育中本身包含丰富的民族体育项目,民族体育受到重视,整个体育界呈现良好的发展愿景,农村体育的美好未来也指日可待。

第五节 体育现代化理论

一、体育现代化理论产生的背景

现代化理论是关于世界、国家、地区等现代化特点和规律的研究成果的统称。许多人把现代化进程与现代化理论混为一谈,而事实上现代化进程与现代化理论是两个不同概念。从历史的角度来说,世界的现代化发源于欧洲而后波

---

① 龚建林.体育文化生态系统的类型及其特征[J].广州体育学院学报,2013(5):9-12.

及全球，而现代化理论的研究并非与现代化进程相一致。理论界认为工业革命是现代化进程的起点，现代化理论系统却并不是起源于此时，现代化一词被首次使用源于 1951 年美国《文化变迁》杂志社的一次学术研讨会，现代化被用来描述农业社会向工业社会转变的特征①，现代化理论研究一般分为经典现代化理论和新现代化理论两个发展阶段。研究分析的内容主要是比较分析研究传统社会"传统性"和现代社会的"现代性"，比较分析和判断现代社会的存在和发展的基本特征。这些基本特征体现了社会发生的一些变化，包括政治、经济、文化、制度和人的思想观念、生活方式等各个方面的变化。体育作为现代化进程中的重要组成部分必然也在发生着深刻的变化，而这种变化是通过比较得出来的，而作为比较的双方是现代体育与传统体育，因而在这样的背景下产生了体育现代化理论。也就是说，体育现代化理论比较研究的是传统体育和现代体育的差别和特征。

二、体育现代化理论的主要内容

对于体育现代化理论的内涵，许多学者将其定义为是一种水平状态和过程，定义比较宏观，无形之中把体育现代化与人的现代化相互结合起来，从心理态度、价值观念和生活方式等方面来解释和定义体育现代化②。上述观点的缺陷在于过分强调人的现代化，因而容易将体育现代化理解为体育人的现代化，显得有些顾此失彼。根据现代化理论及已有的体育现代化研究成果，体育现代化的内涵应为：在社会现代化的过程中，指向未来体育发展目标且具有阶段性特征的水平状态和发展过程。它随着社会现代化发展而发展，是在工业革命的推动下，人们自觉奋斗和追求的过程。同时，体育现代化是一个变化运动发展的过程：实现了特定阶段的体育现代化，还会向更高一级的体育现代化目标发展。体育现代化有七个方面的特征：①革命化；②相对化；③国际化；④科学化；⑤社会化；⑥信息化；⑦人文化。

三、体育现代化理论的研究发展趋势

（一）国外体育现代化理论

从 20 世纪 50 年代开始，一批美国社会学家、经济学家和政治学家开展了现代化的系统研究，先后出版了一些著作，如《社会系统》《传统社会的消逝：

---

① 伯扣兰.我国早期体育现代化进程研究[D].苏州：苏州大学，2007.
② 周建东.中国体育现代化的历史进程与文化抉择[D].济南：山东师范大学，2014.

中东现代化》《现代化和社会结构》《现代化：抗拒与变迁》等，他们构成经典现代化研究的学术流派。这些理论的出现，使得现代化理论基本形成。这时，现代化理论发展处于早期，着重探讨的是"传统性"与"现代性"之间的差异。随着现代化进程的不断向前跃进，出现了一些新的变化和特征。这些新的变化与特征用经典现代化理论无法进行解释，至此，出现了新的现代化理论思潮，如后现代理论。后现代理论是关于发达工业国家未来发展的一种理论上的新的探索。而后又出现了生态现代化理论、再现代化理论、继续现代化理论以及第二次现代化理论，而其中影响最广泛、认识最深刻的是第二次现代化理论。这一理论把从 18 世纪到 21 世纪的世界现代化进程分为两个阶段，即第一次现代化和第二次现代化。第一次现代化的社会核心是以"经济增长"为特征的经典现代化，主要指从农业向工业的转变过程，即农业时代向工业时代、农业经济向工业经济、农业文明向工业文明的转变。而第二次现代化则是以"提高人们生活质量"为社会核心的现代化，它是从工业时代向知识时代、工业经济向知识经济、工业社会向知识社会、工业文明向知识文明的转变。第二次现代化并不意味着这就是人类历史发展的终结。随着科技的发展，人类文明可能还会有第三次现代化、第四次现代化。第二次现代化理论和其他现代化理论可以更好地诠释现代化的发展过程①。现代化理论的发展是结合着现代化的进程而来的，每一个理论都是在前一理论基础之上的深入和完善。

体育现代化发展与社会政治、经济、文化的历史现实有着天然内在联系。整个体育的现代化伴随着整个现代化理论的发展在进行。在整个进程当中比较有代表性的理论为：①体育商业化，从 20 世纪 80 年代美国人主办洛杉矶奥运会开始，尤伯罗斯站在一个商人的角度，提出了适应现代城市文化商业化特点的体育商业化这一全新的理念，引领了体育发展的新趋势。②体育的专业化和职业化是通过不断的竞争、淘汰和积累向人的正常体能与潜力进行越来越高标准的挑战。相比之下，人们借助先天优势和早期化的专门性训练成为体育运动员，也使体育运动员成为特化了的专门为竞技比赛而生活的人群。

（二）国内体育现代化理论

国外的现代化理论发展得如火如荼，国内也不甘落后。我国是首次提出体育现代化的国家，熊斗寅是世界是首位提出体育现代化的学者，他的专著《现代体育与体育现代化问题初探》将体育现代化定义为：在体育中运用现代社会最新的科技和理论，从而使体育得到高速、全面的发展。之后更多的研究者加

---

① 何爱国.当代中国现代化的理论与实践[M].北京：科学出版社，2011：38.

入了研究体育现代化理论的行列，首先，对体育现代化的定义进行了深化，提出了"一个中心，两个协调"，即中国体育的发展必须以大多数人的发展为中心，使竞技体育、群众体育和学校体育协调发展，使体育事业与社会现代化进程保持协调。其次是建立了体育现代化评价指标体系。可以说国内关于体育现代化的研究是非常丰富的。

（三）体育现代化理论对农村体育发展的影响

随着现代化理论的发展以及体育本身的发展，农村体育得到越来越多的重视，农村体育现代化研究也渐渐成为体育现代化的一个理论分支。农村体育现代化既是以改善生活方式、提高生活质量为导向的由传统到现代的转型与动态发展过程，又是人们对农村体育认识不断深化的过程。体育现代化理论对农村体育发展的影响主要体现在五个方面：①组织管理民主化与法治化。现代化理论思想对于农村来说最大的指导作用在于革除中国农村体育落后、保守的特性，树立起先进的属性，因而首先要做到的是民主化与法治化。②社会功能定位综合化。传统农村体育被定义为一件正规而严肃的活动，甚至对参与的人也有诸多限制，这种传统的定位与方式已经不符合现代化的进程。现代化对于体育的定义反映在两项功能即"增强体质"与"休闲娱乐"上，按照第二次现代化理论，如果说"增强体质"的社会功能属于第一次现代化，那么"休闲娱乐"属于第二次现代化的范畴。③体育技术传播信息化与知识化。现代社会是一个信息型和知识型社会，只有体育技术传播信息化与知识化才符合时代性的要求。④体育设施多样化。在现代社会条件下，丰富多彩的体育项目如篮球、乒乓球、羽毛球等许多现代体育进入中国农村地区，丰富和充实了中国农村地区的体育设施资源，在一定程度上满足了中国农村地区多样化的体育需求，弥补了传统体育在项目上多样性的缺乏。⑤体育格局和谐化。随着人类社会的发展，各民族文化相互融合、共同发展是现代人类社会各民族文化的共同归宿，因而体育现代化的最终目标也是达到和谐化①。

① 傅振磊.中国农村体育现代化研究[D].苏州：苏州大学，2011.

第三章

农村体育发展的历史进程

中国是一个历史悠久的农业大国，迄今农村人口已达七亿之众，与农民健康息息相关的农村体育是我国体育事业发展中的一个重要组成部分。因此对农村体育的研究不容忽视。回顾新中国诞生以来农村体育迂回曲折的发展历程，我们不难发现，这是一条波澜壮阔的长河。

第一节　倡议起步阶段的农村体育(1949—1958)

一、农村体育发端

中华人民共和国成立之初，经历过多年战争洗礼的中华大地一片狼藉，遍地废墟，国民经济处于几近停滞的状态。要振兴和发展已然衰落到谷底的国民经济，当然离不开人，人是决定国民经济发展的最重要的因素。当此之时，以毛泽东同志为首的老一辈党和国家领导人敏锐地认识到了体育对增强人民体质的重要性。发展群众体育、增进国民健康成为体育工作着力点。1949年颁布的《中国人民政治协商会议共同纲领》明确提出要大力提倡国民体育。随即，刚刚成立不久的全国体总筹委会发出了《关于开展冬季体育运动的指示》[①]。三年之后，自青年时代起就十分重视体育锻炼的毛泽东同志发出了"发展体育运动，增强人民体质"[②]的伟大号召。朱德同志也下达了"普及人民体育运动，为生产和国防服务"的重要指示。那一时期，我国农村体育活动的主体是青年和民兵。

---

① 编委会. 中国体育年鉴 1949—1962[M]. 北京：人民体育出版社，1964：85.
② 丁屹. 中国体育百年日记[M]. 北京：中国物资出版社，2002：52.

胡耀邦曾在中国新民主主义青年团第二次全国代表大会工作报告中指出："青年团的组织必须发动和组织青年参加各种体育活动和运动竞赛，协助和支持体育组织开展群众性的体育活动。"①

中华人民共和国成立之初，因为国民经济衰弱，物资相当匮乏，体育器材奇缺，体育动作简单，易于推广和普及的广播体操，成为群众体育尤其是农村体育的首选项目。1951年11月，中华全国体育总会、教育部和卫生部等9单位发布了关于推行广播体操活动的联合通知。紧接着《人民日报》发表社论，号召"推广广播体操，大家都来做广播体操"，随后，第一套广播体操口令和配乐通过中央人民广播电台面向全国播出②，每天上午的同一时刻，和着广播体操口令和音乐，全国人民一起做广播体操，场面蔚为壮观。

从中华人民共和国成立到1954年，农村体育尚处于刚刚萌芽的时期。直到1954年，《关于加强人民体育运动工作的报告》出炉，这份报告要求各级党委对群众性的体育活动高度重视，并率先在厂矿、学校、部队广泛地开展群众体育。同一时期，时任中华全国体育总会秘书长的荣高棠撰写的《新中国四年来的体育运动》在《新体育》杂志上公开发表，该文提到并介绍了农村体育。"在广大农村中，体育运动有了一定开展。山西黎城、河北怀安等地结合民兵训练，开展了武术、单杠、双杠、木马、投手榴弹、越野赛跑等活动。安徽巢县、广东台山县等地农民组织了各种运动队。"③1954年5月4日，《"准备劳动与卫国"体育制度暂行条例》和项目标准出台（中央人民政府体育运动委员会公布），进一步促进了农村体育的发展。

二、农村体育快速发展

1955年，在毛泽东同志的号召下，农业合作化运动在广袤的中国大地上迅速开展。对于农村体育而言，以农业的社会主义改造为目标的农业合作化运动无疑是一支强心剂，农村体育进一步活跃。1955年，新民主主义青年团也公布了《关于加强青年业余文化工作的决议》，提出"在农村应倡导组织民兵和青年喜爱的体育活动"。

1956年6月，由国家体委和青年团中央组织的农村体育工作座谈会胜利召开。会议确定了中华人民共和国成立初期农村体育工作的原则，提出了农村体

---

①　编委会. 中国体育年鉴 1949—1962[M]. 北京：人民体育出版社，1964：96.

②　推广广播体操，大家都来做广播体操[N]. 人民日报，1951-11-25.

③　荣高棠. 新中国四年来的体育运动[J]. 新体育，1954（38）：6.

育工作必须服从生产，坚持业余、自愿原则，开展简单易行体育活动的方针①。这一原则和方针是实事求是的，对农村体育的开展是一大幸事。

农业合作化运动进行得如火如荼，为了促进农村群众体育的开展，团中央军体部领导建议在农业生产合作社中建立群众性的体育组织体育协会，这样，方便在平时的生产生活中、在生产队之间和社与社之间经常进行各种丰富多彩的体育竞赛②。1957年，随着"大跃进"在全国范围内的勃兴，农村体育也开始"大跃进"。1958年2月，全国人大第五次会议召开，当时的国家体委主要领导在发言中提出要乘风破浪，争取体育运动"大跃进"。之后，国家体委多次召开农村体育工作会议，农村体育在"大跃进"时期受到了空前的重视。生产推动体育，体育又促进生产③，农村体育蓬勃开展，并涌现出一大批典型。

1958年10月25日，为了进一步激励人们参加锻炼，经国务院批准，国家体委发布了"劳卫制"，由于国家政策的大力支持，广大群众尤其是青年人的锻炼热情空前高涨。

1958年12月25日，在北京召开的全国农业社会主义建设先进单位代表大会，对山东省高唐县旧城人民公社等25个农村体育先进单位代表进行了表彰。由于中央和国家体委的高度重视，加上措施得力，农村体育的地位进一步上升，农村体育活动进一步繁荣。④

第二节　曲折艰辛阶段的农村体育(1959—1976)

一、农村体育寒潮直下

1959年，在发展群众体育，普及体育运动的基础上，国家开始重视竞技体育的发展。随着著名乒乓球运动员容国团在第二十五届世界乒乓球锦标赛上夺冠，中国登山队成功征服世界屋脊珠穆朗玛峰，将新中国的竞技体育推向一个前所未有的高度。对振奋民族精神有着不可思议的效果的竞技体育，越来越受到党和国家的重视。相应地，与竞技体育相比，群众体育特别是农村体育，渐渐地被边缘化。⑤

农村体育的"大跃进"存在某种程度的虚假繁荣，因指导思想冒进而不可避

---

① 编委会.中国体育年鉴1949—1962[M].北京：人民体育出版社，1964：75.
② 崔向阳.有组织有领导地开展农村体育运动[N].北京日报，1956–03–15.
③ 编委会.中国体育年鉴1949—1962[M].北京：人民体育出版社，1964：45.
④ 荣高棠.新中国四年来的体育运动[J].新体育，1954(38)：6.
⑤ 编委会.中国体育年鉴1979[M].北京：人民体育出版社，1981：56.

免地刮起了浮夸风。

三年自然灾害，使农村体育的发展却步不前，甚至出现了倒退。基于此，中央制订了"调整、巩固、充实、提高"的政策。由于体育经费有限，国家开始把体育事业的重点转移到更有影响力的竞技体育上。在自然灾害严重的农村地区，有组织的体育活动基本上都停止了，有些县甚至还撤销了体委。据统计，1959 年全国"劳卫制"及格人数为九百三十三万，1960 年是七百五十多万，1961 年只有二百多万，到了 1962 年，更是大幅度下降，及格人数仅为六万九千多人。

二、农村体育缓慢复苏

直到 1963 年，遭受重创的国民经济才慢慢缓过气来，1964 年出现全面好转，陷入谷底的农村体育活动，缓慢复苏，日趋活跃。朝气蓬勃的青年农民，再次成为农村体育活动的主要参与者，共青团也在农村体育的发展中又一次发挥关键的作用。1965 年 2 月，全国团中央军事体育工作会议在湖南省的省会长沙胜利召开，强调要特别突出地开展直接为国防服务的军事体育活动，进一步促进青少年成为能文能武的革命接班人①。一个月后，国家体委《关于青少年体育锻炼标准(草案)的通知》颁布，为农村体育的发展特别是农村中青少年体育的发展奠定了新的基础。同时，农村体育活动纠正了大跃进时期的盲目和浮躁，体育锻炼以不妨碍生产为原则："服从生产，服务生产，决不能妨碍生产"；"有时多搞，有时少搞，不同生产争时间、争地位"②。正确的定位，妥善的安排，大大促进了农村体育的科学发展。1964 年 2 月召开的农村体育工作座谈会，总结了农村体育活动根据农事机动安排的成功经验，同时强调，应本着自力更生、勤俭节约的精神开展农村体育活动；农村体育活动，应与城市体育活动和竞技体育形成明显区别，贯彻业余、自愿、小型、多样以及因时、因地、因人制宜的原则③。随着经济形势的不断好转，各种体育工作举措的制定和实行，农村体育又迎来了可喜的发展。

三、农村体育曲折发展

1966 年，毛泽东主席号召全国人民"到大江大海中去锻炼"，毛主席带头游泳，征服江河湖海，以游泳为代表的体育锻炼甚至打上了"革命"的烙印，赋予

① 　编委会. 中国体育年鉴 1965[M]. 北京：人民体育出版社，1982：84.
② 　评论员. 农村体育活动需要加强领导[N]. 体育报，1964 – 02 – 24.
③ 　华明. 江苏召开农村体育工作座谈会[N]. 体育报，1964 – 02 – 24.

了"革命"的意义，"革命"体育的风潮一时间席卷全国。随后，国家体委通知贯彻毛主席指示，在全国范围内开展群众性游泳活动，群众性的游泳活动高潮迭起，农村农民也踊跃参与，活动开展得轰轰烈烈，有时还打着红旗和标语，成千上万的群众在红旗的引领下，喊着响亮标语口号，声势浩大，蔚为壮观。在农村，主要表现在民间传统体育方面。一些深受村民喜爱的、带有民族特色的运动项目被冠以"四旧"的名义遭到批判。与此同时，一些现代竞技体育项目，也因无人组织而被迫停止。到 1971 年，许多县、区（镇）、公社（乡）在节日和冬闲时，以民兵为主体组织进行的诸如球类、拔河、登山、投弹等群众性体育比赛活动还有较多开展。

第三节　峰回路转阶段的农村体育（1977—1985）

一、农村体育回归常态

1976 年，"四人帮"被打倒，宣告十年动乱的彻底终结。农村体育和其他各项工作一样得到拨乱反正，渐渐步入正轨，回归常态。1978 年，《农村人民公社工作条例（试行草案）》在党的十一届三中全会上顺利通过，为农村体育活动的开展提供了政策支持。① 1979 年，国家体委出台了《关于进一步加强群众体育工作的意见》，提出社会主义新时期群众体育工作的方针和一系列具体的举措，农村体育活动由单一的广播体操等集体组织的锻炼形式，变得形式多种多样、内容丰富多彩。尤其是在李连杰主演的《少林寺》、黄元申主演的电视连续剧《霍元甲》、梁小龙主演的电视连续剧《陈真》上映后，广袤的农村掀起了一股习武强身的热潮，以武术为代表的民族传统体育活动受到热烈欢迎，全国各地的武术之乡、排球之乡、田径之乡等不断涌现，如河北沧州、湖南新化、河南陈家沟等就是国家体委公布的全国第一批武术之乡。丰富多彩的武术健身活动开展得轰轰烈烈、如火如荼。值得一提的是，各级农民体育组织如雨后春笋般建立，进一步促进了农村体育的快速恢复和发展。据资料统计，截止到 1957 年，全国共有 30000 余个农村基层体育协会，长年坚持体育锻炼的会员达两千多万人②。1956 年 1 月 9 日，《光明日报》发表《逐步开展农村中的体育活动》的社论，为全国各地农村体育活动的热烈开展奠定了舆论基础③。1956—1967 年，

---

① 编委会.中国体育年鉴 1978[M].北京：人民体育出版社，1981：42.

② 周西宽.体育史[M].北京：人民体育出版社，1993：6.

③ 逐步开展农村中的体育活动[N].光明日报，1956 - 01 - 09.

《全国农业发展纲要(草案)》强调，要积极开展农村体育活动，在7—12年内基本达到乡乡都有体育场的目标，为农村体育的发展提供了新的有力的政策支持。

二、农村体育欣欣向荣

1982年，为了丰富广大人民群众的文化生活，搞好两个文明建设，中共中央下达了《关于关心人民群众文化生活的指示》。1982年1月，为了贯彻这一指示，国家体委组织召开了全国农村体育工作座谈会。随后，国家体委联合文化部和共青团中央召开了全国农村体育工作会议，讨论制定了改革开放新时期农村体育工作的基本方针和具体措施、方法。全国农村体育座谈会和全国农村工作会议的召开，标志着我国农村体育跨入了一个崭新的发展时期。这一时期的农村体育呈现出阵地化、经常化、多样化的特征。同时，农村政策的变化(如实行联产承包责任制)，也带动了农村体育的深刻变化。首先，广大农民的劳动效率提高了，有了更多的农闲时间参加体育锻炼和体育竞赛；其次，农民生活得到改善，温饱问题基本解决，参加体育活动的兴趣更大、愿望更强烈；第三，农村文化站的建立，对基层体育活动的推广和开展也是很有促进作用的。据资料显示，这一时期，全国有五百多个县建立了体育技术辅导中心站，辅导基层体育活动。

1984年底，国家体委制定并下发了《关于加强县级体育工作的意见》，意见提出"优先发展经济比较富裕和体育基础较好的乡镇体育"。1984年，全国县体委主任会议在湖南召开，会议决定在全国范围内开展争创体育先进县活动①，这一竞争性的举措极大地激励和推动了农村体育的发展。

第四节　大力推进阶段的农村体育(1986—2007)

一、完善的组织建设

完善的组织建设，对农村体育的健康发展起到了良好的引领作用。1986年，中国农民体育协会的成立，被誉为"中国农村体育发展史上一个标志性的事件"，我国农村体育呈现出高速发展的态势。这一时期，随着改革开放的进一步深化，农村经济由复苏到振兴，为农村体育的发展奠定了坚实的物质基础。国家体委花大力气挖掘整理乡土体育项目，武术、舞龙舞狮、赛龙舟、荡

---

① 武军.中国农村体育的动力，争创体育先进县[J].体育文史，1995(3)：18–19.

秋千、高脚马等民族民间体育活动更加活跃。群众体育团体不断涌现，农村体育组织遍地开花，我国农村体育出现了繁花似锦的局面。

1987 年，在改革开放后的第二次全国农村体育工作会议上，正式确定将评选全国体育先进县工作作为一项长期坚持的制度，并提出总的目标——到 20 世纪末建成 700 个全国体育先进县。这个总目标的提出，既大大促进了县级体育设施的建设和完善，更大力激发了群众参与基层体育活动的热情和动力，我国的农村体育终于走上了一条稳步发展的康庄大道。

二、大规模的农民健身活动

1988 年，我国农村体育的一大盛事——第一届全国农民运动会成功举行。一石激起千层浪，在全国农民运动会的带动下，各地的农民体育比赛风起云涌，层出不穷，在不同程度上推进了全国农村体育的发展。1990 年，又在全国范围内顺利开展了亿万农民健身活动。亿万农民健身活动以乡镇为基本单位进行，每两年评选一次全国先进，覆盖面广，影响力大，对广大农民有意识地锻炼身体、养成健康的生活方式意义深远，作用重大。高规格的农民运动会和大规模的农民健身活动大大促进了农村体育整体水平的提高。

三、较有力的法律政策支持

1995 年，我国第一部《体育法》颁布，农村体育的开展有了强有力的法律保障。紧接着，《全民健身计划纲要》颁布实施，"全民健身工程""雪炭工程"及时给农村体育"雪中送炭"。2004 年被正式定为"农村体育年"。"农村体育年"以"生活奔小康，身体要健康"为主题，开展"体育三下乡"等活动。① 为了确保"体育三下乡"活动落实到位，在"全国体育年"2004 年召开的全国体育局长会议上，农村体育被作为重要议题被提及和研究讨论。② 2006 年，国务院在《关于推进社会主义新农村建设的若干意见》中规定，实施农民体育健身工程。为此，国家体育总局《关于实施农民体育健身工程的意见》出台③，提出抓住社会主义新农村建设的历史机遇，加大对农村体育的扶持力度，加强农村体育场地设施建设，并在此基础上全力构建全民健身服务体系。由于有了国家政策支持、法律保障、农民拥护，我国农村体育迎来了一个繁花似锦的崭新的春天，进入了一个稳定发展的崭新的历史时期。

---

① 顾兆农.全国"农村体育年"拉开帷幕［N］.人民日报，2004－02－06.

② 袁伟民.围绕"农村体育年"，积极促进农村体育活动的开展［N］.中国体育报，2004－02－28（1）.

③ 国家体育总局.关于实施农民体育健身工程的意见［EB/OL］.http://news.sohu.com/.

第五节　丰富供给阶段的农村体育(2008年至今)

一、体育大国向体育强国迈进

2008年8月,第29届夏季奥运会在北京成功举办,我国体育代表团取得了金牌总数第一、奖牌总数第二的骄人战绩,标志着我国已经成为一个世界性的竞技体育强国。然而,跟竞技体育相比,我国的群众体育特别是农村群众体育还存在较大的差距。我国农村体育场地和器材缺乏、农村人口向大城市流动、农村体育人口比率偏低,我国国民体质状况不够理想,农民特别是农村女性的体质状况堪忧。为此,国家制订了从体育大国向体育强国迈进的目标。要实现体育强国的目标,就目前来说,主要是大力发展群众体育。

我国是一个农业大国,农业人口占大多数,农村体育无疑是我国群众体育的主战场。因此,各级党委和政府已经充分认识到了农村体育的重要性。国家体育总局颁布的《体育事业发展"十二五"规划》①指出,要"加大对农村及欠发达地区的扶持力度","加大对西部地区、农村地区、边疆地区、革命老区体育事业的支持力度","十二五"期间,达到百分之六十以上的乡镇建有体育组织,百分之五十以上的农村建有健身点,目标是逐步形成一个完备的全民健身组织网络。

二、全民健身公共服务体系逐步完善

20世纪90年代国务院颁布实施的《全民健身计划纲要》,提出了系统地加强全民健身工作的对策和措施。《全民健身计划纲要》在2010年底实施结束,体育总局启动了新周期全民健身计划的研制工作。

2009年8月,国务院颁布《全民健身条例》,对制定与实施全民健身计划做出了专门规定。2010年,《全民健身计划(2011—2015)》正式颁布实施,将未来5年全民健身计划的工作重点确定为建设和完善全民健身公共服务体系。

2010年,国务院《政府工作报告》也提出了大力发展公共体育事业,建设覆盖城乡的公共体育服务体系,以提高城乡基层全民健身公共服务能力为重点,包括城乡基层体育健身设施的建设、城乡基层体育健身组织的发展、城乡基层体育健身指导队伍扩充等,全面改善城乡居民体育锻炼的条件,提高他们参与

---

① 体育事业发展"十二五"规划[EB/OL]. http://www.sport.gov.cn/n16/n1077/n1467/n1843577/1843747.html. 2014–10–20

体育锻炼的保障水平。

《全民健身计划（2011—2015）》的目标体系非常明确，一是体育参与度进一步提高，表现为经常参加体育锻炼人数增加。二是体育锻炼效果进一步体现，表现为身体素质增强，到 2015 年，城乡居民体质测定达到合格标准的占 90%、达到优秀标准的占 16%（城市 20%，农村 12%）。三是全民健身服务体系进一步完善。"十一五"期间实施的"农民体育健身工程"，让全国农村新增了 20 多万个体育场地（面积约 2 亿平方米），该计划确定，农民体育健身工程在"十二五"期间继续实施，在"体育基本公共服务设施建设规划"指导下，国家对基层公共体育设施建设的投入持续增加，体育设施数量和面积继续有大的发展。该计划还提出，全国社会体育指导员数量要在 2015 年达到 100 万人，进一步推动和保障人民群众科学健身。目前，这些目标已基本达到。

总之，《全民健身计划（2011—2015）》的制定和实施，使全民健身公共服务体系日趋完善，我国农村体育的发展更加欣欣向荣。

三、农民运动会带动农村体育新发展

我国是世界上唯一定期举办全国农民运动会的国家。在我们国家，农运会是仅次于全运会的大型运动会。中国农民体协 1986 年成立，1988 年在北京举办第一届全国农民运动会，每隔四年一届，是五大国家级综合性体育赛事之一。

第一届全国农民运动会共设乒乓球、篮球、足球、自行车、田径、射击、中国式摔跤等七个比赛项目和武术、蒙古式摔跤两个表演项目。来自全国 30 个省、自治区、直辖市（台湾除外）的 1425 名男女运动员参加了角逐。运动会共设 46 块金牌。自 1998 年 6 月起分别在广西玉林、江西丰城、甘肃临泽、黑龙江安达进行了乒乓球预赛；在四川温江、湖北孝感、山东崂山、天津武清进行了篮球预赛；在山西忻州进行了摔跤预赛。取得决赛资格的运动队和运动员进京参加决赛。

新世纪中国第一次农民体育盛会——第五届全国农民运动会开幕式，2004 年 10 月 18 日晚在宜春隆重举行。中共中央政治局常委、国家副主席曾庆红出席开幕式并宣布农运会开幕。本届农运会比赛项目共设 14 个大项、155 个小项，比上届增加了 1 个大项、26 个小项。

2012 年 9 月，第七届全国农民运动会在河南省南阳市举行。这次农运会共设 15 个大项、198 个小项，包括来自全国各地的 6000 多名运动员、教练员、官员与会，比赛的项目和参赛的人数均为历届之最。

2016 年 11 月吉林省松原市成功申报第八届全国农民运动会。这是自全国

农民运动会 1988 年创办至今，除北京以外，黄河以北广大地区唯一的举办城市。

　　与全运会、城运会等其它综合性的运动赛事不同，全国农民运动会融竞技、农味、趣味于一体，与其说是一场运动竞技的盛会，不如说是一场妙趣横生的农民联欢会。比赛中的很多项目，如抗旱提水保苗赛、插秧赛、担运粮食赛、推轮胎赛跑等，都巧妙地将农民生产生活元素融入竞技之中，具有很强的观赏性和趣味性。

第四章

中东部发达地区农村体育发展现状及启示

　　农村体育是全民健身工程的重要组成部分。农村体育与农村社会的经济、文化紧密相关，在我国体育事业发展中占有一席之地。党的十六大提出了全面建设小康社会的奋斗目标，小康社会是自然、环境、社会和人协调、可持续发展的社会，全面建设小康社会的重点、难点在农村。同样，新时期体育发展的重点、难点也在农村，没有农村体育的发展就没有全国体育事业的全面发展。2005年10月，十六届五中全会通过的《中共中央关于制定国民经济和社会发展第十一个五年规划的建议》中提出了"建设社会主义新农村"的关键政策。建设"社会主义新农村"提出了"生产发展、生活宽裕、乡风文明、村容整洁、管理民主"的发展目标：它既包含了农村经济的发展，又包含了农民收入、生活质量的提高；既包含了农村整体面貌、环境的变化，又包含了农民素质的提升等，是一个全面而完整的系统工程。农村体育发展关系到整个国民素质的提升，关系到社会主义建设的进程，受到党和政府高度重视。

　　农村体育过去是群众体育的薄弱环节，随着乡镇社会经济的发展和人们观念的不断更新，农村体育从传统的舞龙舞狮到现代的各种球类、田径等运动项目应有尽有。每逢节假日，一些乡镇便举办一些小型多样、深受农民喜爱的体育活动，活跃农民的体育文化生活。但是，城乡差距日益突出可能成为农村经济乃至整个国民经济发展的障碍，这种经济发展不均衡将会直接制约和影响农村体育的发展。东部沿海地区的农村经济比较繁荣，农民劳动条件的改善以及闲暇时间的增多，使得富裕的农民对精神生活产生了内生性的需求，体育健身已成为农民群众消遣娱乐的重要活动方式，加之体育设施较为齐全，良好的体育活动氛围已基本形成，农民参与和开展大型群众体育活动的机会较多，体育人口比重较高。然而，在我国西部农村的一些经济欠发达地区，农村体育基本处于无人问津的状态，有的农民虽有体育健身的愿望，但客观条件太差，难以得到基本满足；有的农民群众体质健康状况欠佳，却未意识到进行体育健身活动的重要性。这是西部地区农村体育发展面临的实际问题，必须采取有效措施逐步解决。因此，借鉴发达地区农村体育发展的历史经验，审视我国西部地区农村体育的成就和不足，对促进我国西部地区"社会主义新农村建设"具有重要的理论意义和实践价值①。

第一节　中东部发达地区农村体育发展考察

一、东部地区：天津市农村体育发展

（一）天津市农村体育的发展历史

中华人民共和国成立以前，天津的农村体育活动多为民间自发组织，活动内容以民族体育为主，有武术、摔跤、举石锁、叠罗汉、拔河、耍大刀、踢毽子等和娱乐性的舞龙灯、耍狮子、踩高跷等项目。1955 年，天津市体委召开郊区农（牧）民体育工作座谈会后，对全市郊区农村体育进行了全面规划，因地制宜、有计划地将近代体育运动项目引入农村。当年，4 个郊区的 47 个农业合作社组织了 106 支篮球队，共有 1664 名运动员。1956 年，为了适应郊区农（牧）民体育运动的需要，市体委协同团市委举办两期郊区农（牧）民体育干部学习班，有 123 个农业社派出 141 名骨干参加学习，这些学员返回农村后构成乡镇社体育运动领导网，大大推动了农（牧）民体育的发展。1958 年，在农村基层民兵中开展了"劳卫制"和普通射手活动，进行举重、自行车和射击比赛。农村体育迅速掀起高潮，突击达标。据统计，当时 8 个人民公社达标劳卫制标准的有7.4 万人，等级运动员 613 人，建立业余体校 69 所。

20 世纪 60 年代，三年自然灾害和长达 10 年的"文化大革命"使天津市农村体育一度陷入停顿状态。

20 世纪 70 年代，农村体育开始恢复。到 1973 年天津市全市共有农村篮球队 890 个、足球队 110 个、乒乓球队 580 个，经常参加锻炼的有 20 万人左右。全市农（牧）民还参加了市、区举办的篮球、排球、足球、田径、体操、乒乓球和游泳 7 项比赛，以及"新长征"象征性长跑活动。

20 世纪 80 年代，国务院批转《关于全国农村体育工作会议纪要的通知》，

---

① 杨永福. 响誉中原[M]. 郑州：河南人民出版社，2012：252 − 256.

为了贯彻落实该通知的精神，天津市体委在深入调研了 12 个区县，60 余个乡、村，并于 1984 年 5 月在蓟县召开了天津市农村体育工作座谈会。会上交流了 5 个乡、村的经验，参观了蓟县翠屏山乡的农（牧）民体育活动；提出了农（牧）民参加体育活动要自愿，伤害事故自理，经费多元化筹集等措施。尔后，天津市体委编纂了《农村体育参考资料》，举办农村体育骨干培训班，对全市乡镇文化站 236 名干部进行了轮训，在文化局和团市委的密切配合下，把农村体育列为文化站和农村"青年之家"的活动内容之一。1985 年相继在全市开展"体育之乡""体育先进县"活动，进一步推动了农村体育的开展。农村涌现出一批"体育先进乡"，各类竞赛不断。到 1985 年，天津市农村经常参加各项体育的人数达 90 万人，占全市乡镇人数的 23.79%。

20 世纪 90 年代，天津市农村体育逐步由体育部门一家管理向社会大家办的方向发展。农村体育"突破纵向，打破横向"，逐步由行政型向社会型、由福利型向消费型、由体育部门一家管理向社会大家办的方向发展。过去由体委出钱，区、乡、镇办运动会的现象，逐步转向由乡、村甚至个人举办。农村社会办体育也迅速发展。青光乡韩家墅村个体户李玉生投资近 1 万元举办首届农（牧）民"致富杯"乒乓球赛；武清县梅厂乡自筹资金 34 万元建造了有 1000 个座位的文体馆；西郊区王顶堤村自筹资金 2 万元修建了 1 个运动场，举办了全村运动会。乡镇企业也出资修建体育设施，举办各类运动会[1]。

21 世纪以后，社会主义市场经济体制逐步确立，对农村的经济发展提出了新的要求，乡镇企业经济体制和所有制形式的改革给农村体育带来了直接的影响，主要表现为体育行政职能的转变和居民参与体育的愿望变强。这个阶段体育管理的特点是政府职能的转变。从管体育、办体育转变为管办分离状况，即组织社会共同办体育。镇级群众体育直接管理主体二元化，文化站和老年体协各自承担非经常性体育活动和老年人体育活动。政府加大对体育场地设施投入的力度，兴建上规模、上档次的体育设施。先进的现代工业生产力与城市文明辐射力很强，乡镇作为城乡之间经济、社会、文化交融地带，既具有城市特征，又具有乡村特点，农村受城市文明影响很大，居民的社会生活方式与城市居民极其相似，人们渴望享有丰富多彩的精神生活，对推动农村体育发展具有重要的枢纽意义。在政府体育政策的推动下，受城市文明的影响和地方体育传统的惯性冲撞，天津市农（牧）民的体育文化需求日益高涨，参与体育活动的人口逐渐增多，自发体育兴趣小组也纷纷出现[2]。

---

① 郭凤岐.天津通志·体育志[M].天津：天津社会科学院出版社，1994：146 – 152.
② 刘巍.新农村体育事业发展问题研究[M].北京：中国物资出版社，2009：90 – 91.

(二)天津市农村体育发展的重要举措

(1)文体活动月。为了适应农村经济发展的需要,活跃农村业余文化体育生活,使农民移风易俗开展各种体育健身活动,天津从 1985 年起,每年农历正月开展文化体育活动月。在活动月期间通过多种形式开展民族、民间文化体育活动,其中包括武术、中国式摔跤、拔河、棋类、扛石锁、举礅子、耍大刀、跳绳、跳皮筋、踩高跷、龙灯、舞狮子、扭秧歌及其他群众喜闻乐见的民间花会等,各郊区、县体育场也对群众开放,在农村逐步形成文明、健康的文化氛围。

(2)农村体育组织和运动队。1987 年 2 月 28 日,天津市农(牧)民体育协会成立。当年,全市 18 个区、郊、县相继组建了农(牧)民体协,226 个乡镇和 1/3 的村建立了农(牧)民体育协会。农(牧)民体协成立后,主办了天津市首届农(牧)民运动会,并组织经常性的农(牧)民体育竞赛活动。如每年一度的"文体活动月""三八健康杯""妇女体育活动通讯赛""群众体育节"等。各郊、县除举办了田径运动会和球类比赛以外,还承办国家级、市级各类大型比赛。天津农(牧)民体协还举办了多期农村体育干部培训班,市区(县)乡三级农(牧)民体协干部接受了培训,提高了业务水平,促进了农村体育的开展。

(3)"体育之乡"评选。1985 年,天津市体委在全市郊区、县开展了创"体育之乡"的活动,制定了农村"体育之乡"的标准和评选方法,规定每年评比一次。"体育之乡"必须有专人具体分管体育工作,将体育发展纳入社会发展规划,列上议事日程,体育机构健全,群众活动普及,业余训练成绩显著,竞赛形成制度,支持、发动个人办体育,推动体育社会化。各乡要有两场(1 个灯光篮球场,1 个田径场或普通篮球场)、一室(棋类活动室),各村要有一场(篮球场)、一室(体育活动室)。按照评选条件,1985 年评选出 8 个郊县的 10 个乡为"体育之乡"。从此,每两年评选、复查一次,至今天津市已有"体育之乡"60个,通过评选"体育之乡",促进了乡镇体育活动的全面开展。

二、中部地区:武汉市农村体育发展

(一)武汉农村体育的发展历史

在中华人民共和国建立之前,湖北农村除了少数人练刀枪棍棒、石担、石锁等民间项目和在江河湖泊泅水之外,对现代各种各样的体育活动是很陌生的。中华人民共和国建立初期,许多县尚未建立体育机构,农村体育活动主要依靠青年团组织,结合民兵训练,利用农闲季节开展。中华人民共和国建立之后,武汉市各级体委配备了体育干部,加强了对农村体育工作的领导。农村的体育活动有了新的发展，球类、象棋、武术和游泳活动广泛开展，有的地区开始推行"劳卫制"，农村体育出现了前所未有的新景象，并涌现出一批农村体育先进单位。

20世纪60年代初，国民经济困难时期，农村暂时停止体育活动，并撤销了体育机构。1964年，随着国民经济的好转，为了迎接第二届全国运动会，武汉的农村体育活动有所恢复和发展。"文化大革命"期间，武汉的农村体育工作又趋于停顿。

20世纪80年代，武汉各级人民政府加强了对体育工作的领导，健全体育机构，增加体育经费，增建体育场地，并积极组织体育竞赛活动，根据当地的特点和农（牧）民的爱好，以一两个项目为主开展活动，形成了传统。武汉市农村体育的发展，对活跃文化生活、增强农（牧）民体质、促进农业生产、建设精神文明，起到了积极作用。此外，少数民族体育也有了新的发展，武汉市收集整理了20余个少数民族经常开展的民间体育项目，组织了民族体育表演会和少数民族传统体育运动会①。

20世纪90年代，武汉市贯彻"区别对待，分类指导，普遍提倡，重点扶持，以点带面，逐步发展"的农村体育发展方针，修建篮球场等体育运动场所，购置体育设施，创造条件开展体育活动。武汉市各级政府针对农村体育设施基础薄弱的现状，因地制宜加大体育设施投入，开展以兴建场地设施、指导体育健身和普及体育科学知识为内容的"体育三下乡"活动，建设一批农（牧）民身边简便、经济、实用的篮球场等体育场地，基本实现村村有篮球场，并通过成立农（牧）民体育基金会等方式，筹措资金开展农村体育活动。

进入21世纪，在社会主义新农村建设的进程中，国家对农村公共文化事业有了全面部署和总体安排，发展的速度更快。在快速发展的经济支撑下，在农（牧）民群众的强烈期待中，进入新世纪的农村体育建设也步入快车道。武汉通过组织体育活动、提供活动场地、培养骨干分子、组织团队参赛、扶持优秀团队等方式，逐步夯实农村体育工作基础，实现农村体育工作有机构、有人员、有阵地、有经费，改善农村公共体育服务条件，提高体育健身服务能力，不断满足广大农（牧）民日益增长的多元化体育健身需求，提高农（牧）民体育健身意识和体质健康水平，为构建社会主义和谐社会、全面建设小康社会、建设社会主义新农村服务。

---

① 《当代中国的湖北》编辑委员会. 当代中国的湖北（下）[M]. 北京：当代中国出版社，2009：96-98.

（二）武汉农村体育发展的重要举措

（1）强化政府职能，加大扶持宣传力度。《全民健身纲要》的制定和实施需要全国人民的参与，如果占人口大多数的农（牧）民不参与的话，"全民健身"只能是一句口号。因此，武汉各级政府把发展农村体育作为政府体育工作的重点来抓，转变思想，提高认识，将发展农村体育事业当成"功在当代，利在千秋"的大事来抓，这不仅推动了农村地区农（牧）民的安居乐业，而且带来了一定经济效益和社会效益。一方面武汉市各级政府加强了政府管理，对一些农村体育活动开展得好的乡镇，树立典型，以创优促及，把"体育三下乡"活动落到实处；另一方面，武汉市各级政府加大对农村体育的经济扶持力度。体育发展既受经济条件的限制，又影响着经济的发展，武汉各级体育行政部门建设了一批农（牧）民身边的简便、经济、实用的体育健身场地。

（2）健全组织机构，加强队伍建设。农村体育设施落后、农村人口居住分散，而且时间难以协调统一，如果缺乏有效的组织，体育活动将很难开展。武汉市各个乡镇建立了体育工作领导小组，设立了健身指导站和文体中心（或文体站），县文化、体育部门对其实行目标管理，配备热爱体育、精于业务的专干；成立农（牧）民体育协会和多个群众体育健身俱乐部及单项体育协会；定期为农（牧）民进行体质检查，组织开展体育锻炼标准达标活动和比赛。同时，还加大了对农村体育教师的培训力度，通过培训提高他们的专业知识水平，有利于体育在农村的进一步推广，有利于农村体育骨干的培养，并带动其他人参加体育锻炼和体育活动，从而逐步扩大农村体育人口。武汉体育学院对来自农村的600名体育教师进行了为期一个月的培训，这些农村体育教师回到农村之后能进一步推动农村体育的普及和发展。

（3）创建基地，特色发展。由于武汉农村幅员辽阔，地域差异较大，一些体育项目在不同地区的存在和发展状况也有所不同。武汉各级政府部门因势利导、因地制宜，挖掘了各地方的优势项目或潜在优势项目，建立体育发展基地，进而推动了农村体育事业的发展。当然，发展农村体育项目既要符合农（牧）民的兴趣和爱好，也要符合农（牧）民的实际情况。比如，武汉如今非常流行一种名叫"科技奔小康"的体育接力比赛。农（牧）民在一条长长的跑道上从这一边跑到另一边，要将装在一条袋子里的优良种子迅速挑出并返回，最后排出比赛名次，颇受欢迎。

（4）学校是农村体育的推动器。在农村体育发展严重落后的现状下，学校是一个非常重要的推动器，武汉市农村体育发展规划就将学校体育作为农村体育发展的突破口。首先，农村的体育场地缺乏，村落中极少修建体育场地，在场地资源和条件上，学校占有先天的优势。受传统思想的影响，农村家庭对于来自学校的声音往往会视为"金科玉律"，深信不疑。接受完整学校教育的农村学生在回到家庭以后，可以有效传播健康健身意识和常识。学校可以通过不同的教学手段的运用，全面地影响学生、塑造学生、引导学生，使其成为体育健身的推广者、传播者①。

第二节　中东部发达地区农村体育发展启示

一、政府职能的强化与体育建设意识相结合

农村体育是与经济、文化紧密联系在一起的一种全民健身事业。换句话说，只有农村经济、文化繁荣到一定程度，解决了农（牧）民的基本温饱问题，农村体育才能得以推行和发展。我国城乡二元结构性体制问题在短期内并不能得到有效缓解，农村体育与城市体育之间的差异必然存在。农村相对于城市而言，经济基础薄弱，这也是制约农村体育发展的关键问题。在这种情况之下，就必须强化政府职能，利用政府的财政资金拨款加强农村的体育场馆设施建设；利用政府的行政力量调动城市中富余的体育人力、财力、物力反哺农村；利用政府的工作人员深入农村基层加大体育健身知识的宣传和指导，提升农（牧）民的体育健身意识，并提供科学、合理的健身方法。从发达地区农村体育发展的历史经验来看，天津、武汉的体育管理部门都将强化政府职能、加大宣传力度作为推动当地农村体育发展的基础性工作，所以西部地区农村体育事业发展要重视强化政府职能、加大宣传力度的作用。

二、健全的组织机构与目标管理相结合

农村体育设施落后，农村人口居住分散，而且时间难以协调统一，如果缺乏有效地组织，体育活动将很难开展。新中国成立以来，我国政府就十分重视农村体育的行政机构建设，建立并逐步完善从"国家—省、直辖市、自治区—地级市、州—县—乡、镇—村文体站"的行政管理机构，我国的农村体育事业也依靠这种垂直的行政管理机构得以推行。这种"上传下达"的垂直行政管理方式，在促进农村体育事业发展的同时，也造成了忽视农村体育社会组织建设、缺乏民间力量的灵活性等问题。所以，发展西部地区农村体育事业除了设立健身指

---

① 中国体育科学学会体育社会科学分会.全民健身理论与实践——纪念《全民健身计划纲要》颁布十周年学术报告会文集[C].北京：北京体育大学出版社，2006：436 – 437.

导站和文体中心(或文体站),县文化、体育部门对其实行目标管理,配备热爱体育、精于业务的专干之外,还要依靠农(牧)民体育协会和多单项体育协会的社会组织力量,因地制宜地组织开展农(牧)民喜闻乐见的体育运动项目及文化活动。此外,地方政府体育部门作为农村体育事业的推动者,要积极鼓励各个农村成立特色单项体育协会,如舞龙舞狮协会、地方武术协会、风筝协会等,充分发挥单项体育协会的社会组织力量,推动农村居民健身活动与繁荣地方文化特色紧密结合,促进农村体育事业的生命力和持续性。

三、以健身基地推动特色体育的发展

由于农村幅员辽阔、地域差异较大,一些体育项目在不同地区的存在和发展状态也有所不同。政府部门应该因势利导,因地制宜,挖掘各地方的优势项目或潜在优势项目,建立体育发展基地,从而推动农村体育事业的发展。西部地区与东部相比,民族众多、地域广袤,有44个少数民族,是中国少数民族分布最集中的地区。西部地区的黄土高原文化悠远古朴,伊斯兰文化充满异域色彩,北方草原文化热情奔放,西域文化显出东西合璧之美,藏文化凝重神秘,巴蜀文化古色古香,还有滇黔文化等,这些多样性的文化形态与各个民族的生活方式、观念、习俗、宗教、艺术以及悠久历史、生存环境紧密相连,是一种广义的文化集合体。所以,西部地区农村体育事业不能一味地模仿东部地区农村体育的成功经验,也不能一味地照搬城市地区群众体育的成功经验,要结合民族特性、地域特性、宗教特性和文化特性等创建农村体育特色基地,强调因地制宜的特色发展。

四、以体育品牌建设推动体育产业的发展

农村体育的发展始终是与社会发展一脉相承的。社会的变革和发展为群众体育的发展创造了有利条件。这些年西部地区农村体育无论是体制还是内容和形式都在社会主义市场经济体制下有了前所未有的发展。体育人口总量增加,年龄结构不均衡的状况有所改变;体育消费增长,活动场地有大的改善,总体上体育与文艺、旅游、休闲等社会文化活动的结合更加紧密,消遣娱乐性特点更加突出。随着西部地区社会经济的发展和人民生活水平的提高,农(牧)民的体育热情、参与意识、健身需求日趋高涨,西部地区各个乡镇、社区和行政村结合自身实际创办了一批体育特色活动,实现了月月有赛事、周周有活动、天天有健身,不断满足人民群众的健身娱乐需求。目前,西部地区部分农村结合农村特有的自然风景、风土人情、民俗体育、传统文化等,将体育与文化、旅游融合,大力开拓健身娱乐市场和体育旅游、探险市场,打造了一批体育旅游品

牌,提高了农村体育的群众参与度、影响力,根据收入、年龄、性别、工作特点等因素对群众体育健身进行细分,满足了不同阶层的人对于体育健身方式的需要。

五、不断提升体育公共服务水平

农村体育事业对于建立科学健康的生活方式、培养人的意志品质、树立民族自信心和自豪感、传播良好风气、促进经济社会发展,都具有十分重要的意义。党的十七届五中全会提出,要大力开展全民健身运动,增强人民体质,提高竞技运动水平,振奋民族精神。西部地区农村体育要坚持普及与提高相结合的原则,鼓励全民参与各种体育活动,使强身健体成为社会风尚。完善公共体育服务网络,实现体育资源全社会共建共享。定期组织体育竞赛,发展专业体育运动,让人们在参与观看比赛过程中得到精神的愉悦和意志的升华①。《体育法制建设"十二五"规划》中也强调"深化行政管理体制改革,推进依法行政,建设法治政府,是我国政治文明建设的重要任务。应当根据建设法治政府的要求,依法行政,深化体育改革,完善公共体育服务,加强社会管理"②。所以,对于西部地区农村体育事业的发展来说,进一步完善公共体育服务,比如全民健身的普及、免费体质健康测量、健康知识宣传、体育健身方法指导等,将公共体育服务落实在农(牧)民的"家门口",让农(牧)民群众切实感受到体育参与带来的好处,是公共体育服务工作的重点。

六、多类型推动传统体育与现代体育的结合

随着全球化时代的到来,西方现代体育运动迅速普及农村,成为西部地区农村体育的主要活动内容,比如篮球、乒乓球、羽毛球、健身操等均成为深受农村地区农(牧)民喜爱的体育活动项目。近年来,城市中流行的现代体育运动也逐渐深入农村,成为农(牧)民新兴的体育活动,比如自行车运动、柔力球等,部分经济发达的乡镇也开设有专业化的健身俱乐部,提供更为个性化、高质量的体育健身服务。西部很多地区是少数民族地区,区域的民族性、宗教性还比较明显,传统的文化生活依然是农(牧)民日常生活的一部分,各种传统民俗节日比较多,比如跑马、摔跤、民族传统舞蹈、传统武术、舞龙、舞狮等活动

---

① 辛鸣.十七届五中全会后党政干部关注的重大理论与现实问题解读[M].北京:中共中央党校出版社,2010:248.

② 国家体育总局政策法规司.体育事业"十二五"规划文件资料汇编[M].北京:人民体育出版社,2011:55.

深受农(牧)民所喜爱。所以，西部地区是一个传统与现代交融的地区，是一个传统文化和现代文化碰撞的比较激烈的地区，多元的文化、活动、文化价值在广袤的草原、戈壁、高原之中碰撞，产生了非常奇妙的体育文化火花。西部地区农(牧)民的体育文化价值是多元的，部分农(牧)民对传统体育活动情有独钟，群众的参与性、规模化比较高，而部分农(牧)民喜爱现代体育活动，钟情于现代体育活动中追求的刺激感和个性化，西部农村地区多样化的体育文化价值观告诉我们，在西部农村地区不能推广单一的、模式化的体育发展策略，要将传统体育活动与现代体育活动、传统体育精神与现代体育精神、传统体育文化类型与现代体育文化类型进行融合，推动体育文化活动的融合性发展，丰富西部地区农(牧)民的体育文化生活。

七、以传统节日促进体育发展的宣传

西部地区农村与东部地区农村相比，还有一个显著的不同之处，即少数民族的传统节日众多，而且这些传统节日大多具有群体性、规模化、凝聚性等特征。少数民族地区的农(牧)民内心扎根的就是传统文化，形成了特有的民族心理和民族性格，所以少数民族传统节日是他们心灵归属和文化认同的重要场域。这种对少数民族传统节日的"忠贞"是现代化都市所缺少的。西部地区农村各少数民族有着不同的生存环境、历史发展和文化传承，其节日类型也多种多样，表现出各不相同的特点，并在节日的形成、发展、变迁以及规模、形式、象征等方面体现出诸多层次的关系。依据节日的根本特征以及节日活动的主要内容，可以将西部地区农村少数民族节日分为农事性节日、宗教性节日、纪念性节日、娱乐性节日、融合性节日等五种基本类型，但这些节日类型并不是截然分离的，而是会出现某种层面上的交叉与重合，比如某些农事性节日中可能带有宗教信仰的成分，也可能给民众带来休闲与娱乐。在西部地区农村少数民族五大基本类型的节日之中，有许多是为了进行休闲娱乐活动而设定的，多以群众聚会、游艺、歌舞等形式举行，同时具有为青年男女提供社交机会、促进民间商贸活动的功能，包括花腰傣的"花街节"、白族的"三月街"、蒙古族的"那达慕"、藏族的林卡节、苗族的姊妹节和芦笙节、侗族的踩歌堂等，属于娱乐性节日的范畴①。所以，西部地区农村可以借助少数民族传统节日的周期性、凝聚力和文化认同，推动体育、健身、健康的文化知识宣传与普及，将传统节日与现代体育融合，成为西部地区农村特有的农村体育发展模式。

---

① 王文章.弘扬传统节日文化现状与对策——中国传统节日文化调研录[M].北京：文化艺术出版社，2012：239－241.

第五章

西部地区农村体育发展现状及影响因素分析

第一节　西部地区农村体育调查的实施方案

一、抽样设计依据

样本抽样方案基本参照《全国农村住户调查抽样方案》进行设计，并根据课题的研究需要和实际情况进行调整。

（1）全国农村住户调查是国家重要的统计调查项目之一，是通过对农村居民家庭的经济和社会活动调查，反映农村居民的生产、收入、消费、积累和社会活动情况的统计调查项目。开展农村住户调查的目的是监测农村居民收入和生活质量的变化，监测农村居民建设小康生活和摆脱贫困的进程，为各级人民政府和国家宏观决策部门研究制定农村经济政策和决策提供依据。同时，为国民经济核算和价格调查提供基础数据，满足社会各界的信息需求。

（2）我国开展农村住户调查始于 1954 年，即农村经济体制改革以前，调查内容主要是农民家庭收支情况。因此，该调查曾被称为"农民家庭收支调查"，或"农民家计调查"。1954—1977 年，该调查曾两次中断，第一次是在 1958—1961 年，由于"人民公社化"运动而中止；第二次是在 1966—1976 年，由于"文化大革命"运动而被迫中断。1977 年，在党和政府的关怀下该调查再次恢复。1979 年开始，随着我国对外开放和国际交往的增加，该调查开始吸收国际上通行的抽样调查方案，改革原来的调查方案和方法，调查名称也由农民家庭收支调查改为全国农村住户调查。

（3）全国农村住户调查每年全国共抽取 6.8 万个样本农户，分布在全国 31

个省(自治区、直辖市)的 857 个县。目前所使用的样本是利用农业普查资料，在 2004 年更新后的样本，对全国和分省的农民收入水平具有很高的代表性。调查的主要内容包括：农村居民所在社区发展情况、家庭基本情况、居住情况、人口与劳动力就业基本情况、农业生产结构调整与技术应用情况和农村居民收入、支出情况等。

二、抽选设计原则

(1)以西部地区(包括重庆、四川、贵州、云南、西藏、陕西、甘肃、青海、宁夏、新疆)等 10 个省(自治区、直辖市)农村抽样调查县所辖村(社区)为总体，抽选满足多主题调查需要的调查村，对调查村(社区)、调查户、调查地块实行轮换，提高抽样效率，更好地反映农村社会经济中出现的新情况、新问题，增强样本对西部地区的代表性。

(2)采取首先抽选大样本网点，然后在大样本网点中抽选小样本网点的原则，以便满足多主题调查的需要。

(3)样本抽选实行统一管理。网点抽选方案和实施细则由课题组负责人统一制发，各个调查队负责组织实施，必须严格按照统一方案的要求进行样本抽选，抽选的样本必须参照《全国农村住户调查抽样方案》进行，样本的变动和更新也必须经课题组负责人审批同意。

三、样本抽样方法

(1)大样本村的抽选方法：搜集整理全省(自治区、直辖市)国家调查县所辖行政村(社区)的农业普查地址码资料，将搜集整理的行政村(社区)的农业普查地址码顺序排队，并编写顺序号，从 1 开始到 N(N 表示国家调查县所辖行政村的总数)，建立大样本抽样框。利用随机起点、等距抽样方法抽选大样本。

(2)农民收入调查村的抽选：将大样本的所有村按人均收入排队，相对应的农村人口作为辅助资料累计编制成抽样框，根据确定的样本量，采用对称等距抽样方法抽选出满足收入调查的小样本。

(3)调查户的抽选：抽选调查户，可采用农业普查农户地址码排队，计算抽样距离，采用随机起点、等距抽样方法，按每村 10 户抽选确定调查户。也可以按农户构成分类排队等办法，计算抽样距离，采用随机起点、等距抽样方法，按每村 10 户抽选确定调查户。如行政村较大，为方便调查工作，可先选择一个中间水平的村民小组或自然村，然后在村民小组或自然村中根据上述抽户办法抽选调查户。

(4)抽选出的样本必须充分满足具有代表性的要求，在 95% 的概率把握程度下要求抽样误差系数不得超过 3%。

四、抽样点以及样本量确定

（1）抽样点的确定。根据中心对称的原则进行扩点，即根据省抽村抽中点的位置，找出对称点的办法进行。如，某县在省抽村时抽中了 4 个村，要满足县一级的要求，在 4 个村基础上扩大为 8 村。如果 A1、A2、A3、A4 为原抽中村，B1、B2、B3、B4 为对应扩充的村。

表 5−1　西部地区县级行政区划抽样点基本情况一览表

省、自治区、直辖市	县名	总人口（万人）	乡村人口（万人）	农村从业人口（人）	农作物播种总面积（公顷）	第一产业增加值（万元）	地方财政支出（万元）
重庆	石柱县	51.0	44.5	282465	79717	63418	37986
	秀山县	61.0	57.1	349506	95774	69120	41635
四川	德昌县	19.1	16.7	120320	26661	48062	22386
	会理县	43.9	39.0	231442	66876	105204	32249
贵州	印江县	40.2	38.0	227410	53090	58422	21812
	德江县	46.3	41.1	267313	72023	73716	22535
云南	师宗县	36.4	32.6	181701	133289	59238	22298
	罗平县	54.6	49.1	283159	181297	70562	35618
西藏	札达县	1.7	1.5	12535	1432	1642	2344
	林芝地区	4.6	2.5	15648	3732	1618	5707
陕西	长武县	17.3	15.7	70900	16988	16199	9213
	旬邑县	27.0	25.9	126600	28866	41708	12181
甘肃	靖远县	46.3	43.5	220200	63566	69578	24921
	会宁县	58.3	56.4	290000	127713	50331	27600
青海	贵德县	9.6	8.0	42514	11543	10195	12116
	兴海县	6.1	5.3	22693	5364	15362	8129
宁夏	西吉县	46.1	43.4	221912	159474	29070	29596
	隆德县	18.6	16.9	88427	39610	13326	19614
新疆	皮山县	22.5	15.9	57029	28800	24242	17991
	洛浦县	24.3	21.7	81854	35350	28692	22078

（2）样本量的确定。经过专家咨询与计算，根据"±3%的精度在社会科学界是大家普遍接受的精度范围，就普通的调查目的而言，样本规模在1000人左右就已经够了"①，课题组在所能承受的条件范围内（时间、经费、人力等），以及考虑西部地区各省、自治区、直辖市行政区划及地区差异等情况，采用比例分层随机抽样与整群随机抽样相结合的方法，随机抽取西部地区各省、自治区、直辖市县级行政区划16岁以上、具有农业户口的农民群众2000人（不包括农村中、小学教师和在校学生）作为抽样调查对象。本次问卷调查共发放问卷2000份，回收问卷1873份，问卷回收率为93.7%。经整理，剔除主要题项未答、规律填答和填答不清的无效问卷20份，最后得到有效问卷1853份，有效回收率为98.9%，将全部数据录入SPSS16.0软件进行统计分析处理。

表5-2 西部地区县级行政区划抽样样本量一览表（一）

省级区划	重庆		四川		贵州		云南		西藏	
县级区划	石柱	秀山	德昌	会理	印江	德江	师宗	罗平	札达	林芝
农业人口	282465	349506	120320	231442	227410	267313	181701	283159	12535	15468
抽样样本	177	219	75	145	142	167	114	177	8	10

表5-3 西部地区县级行政区划抽样样本量一览表（二）

省级区划	陕西		甘肃		青海		宁夏		新疆	
县级区划	长武	旬邑	靖远	会宁	贵德	兴海	西吉	隆德	皮山	洛浦
农业人口	70900	126600	220200	290000	42514	22693	221912	88427	57029	81854
抽样样本	44	79	138	182	27	14	139	55	36	51

五、问卷的效度和信度检验

（1）问卷的效度检验。为了保证研究的客观性、科学性、有效性，必须对问卷的效度和信度进行检验。问卷设计完成后首先对问卷的效度（validity）进行了检验。根据"专家认为问卷较好地代表调查需要的内容范围，则问卷具有内容效度"，以及"问卷之前的结构效度检验方法，一般是请专家结合专业知识

---

① 唐盛明.实用社会科学研究方法[M].上海：立信会计出版社，1998：172-174.

经验进行逻辑推理判断"[1]，先后请 15 名相关专家(其中，教授、研究员 8 人，副教、副研究员 5 名，处级单位负责人 2 名)使用五级量表对问卷的效度进行检验，对问卷的内容、结构、逻辑及总体进行审核和评价，检验结果证明本调查问卷的效度较好。同时在调查前进行小规模、小范围的预调查，检验在用词表达等方面最大限度考虑农民群众对问卷的理解和接受能力。

(2)问卷的信度检验。问卷发放回收后为了保证调查问卷可靠性，对问卷的信度进行重测信度检验。两次检验时间相距 15 天后对相同对象发放同样问卷 200 份，对两次问卷内容进行相关系数计算和显著性检验，重测信度相关系数 $r = 0.875 (p < 0.01)$，根据"一般来说 $r \geq 0.80$，即可认为该测量是达到了足够的信度"[2]，说明此次调查具有较高的可靠性。

表 5 - 4　效度检验专家基本情况

专家构成情况	教授、研究员	副教授、副研究员	处级单位负责人	总人数
人数/n	8	5	2	15

表 5 - 5　效度检验问卷发放回收情况

效度评价问卷发放	效度评价问卷回收	问卷回收率/%	问卷有效率(%)
15	15	100	100

表 5 - 6　专家对调查问卷的效度评价

评价内容	非常适合	适合	比较适合	不太合理	需要修改	合适及以上比例(%)
问卷设计的总体评价	10	4	1	0	0	93.3
问卷设计的内容评价	13	2	0	0	0	100
问卷设计的结构评价	12	1	2	0	0	86.7
问卷设计的逻辑评价	13	1	1	0	0	93.3

---

① 风笑天.社会学研究方法[M].北京：中国人民大学出版社，2001：112 - 113.

② 袁方.社会调查与方法[M].北京：高等教育出版社，2000：154.

第二节 西部地区农村体育调查的现状分析

一、西部地区农(牧)民抽样样本的基本情况

通过调查数据的整理，西部地区农(牧)民男性样本为1075人，占调查总人口的58.01%，女性样本为778人，占调查总人口的41.99%，基本符合西部地区农(牧)民的性别分布特征。从年龄结构特征来看，16~25岁为76人，占调查总人口的4.10%；26~35岁为150人，占调查总人口的8.09%；36~45岁为389人，占调查总人口的21.00%；46~55岁为491人，占调查总人口的26.50%；56~65岁为519人，占调查总人口的28.01%；65岁及以上为228人，占调查总人口的12.30%，基本符合西部地区农(牧)民的人口年龄特征。从学历结构特征来看，扫盲班为251人，占调查总人口的13.54%；小学未读完为269人，占调查总人口的14.52%；小学为415人，占调查总人口的22.40%；初中为482人，占调查总人口的26.01%；高中为374人，占调查总人口的20.18%；高中以上为62人，占调查总人口的3.35%。西部地区农(牧)民的学历结构与全国居民平均水平相比明显偏低，这与西部地区从地理位置来说属于内陆偏远地区有关，而且少数民族地区较多，同时也与西部地区相对比较落后的教育水平存在一定的必然联系。

表5-6 西部地区农(牧)民的年龄结构情况表(n=1853)

	性别		年龄					
	男	女	16~25	26~35	36~45	46~55	56~65	65以上
人数/n	1075	778	76	150	389	491	519	228
百分比/%	58.01	41.99	4.10	8.09	21.00	26.50	28.01	12.30

表5-7 西部地区农(牧)民的民族情况表(n=1853)

	汉族	蒙古族	回族	藏族	维吾尔族	壮族	土家族	其他
人数/n	1232	57	100	163	65	80	61	95
百分比/%	66.49	3.07	5.40	8.80	3.50	4.32	3.29	5.13

表5-8　西部地区农(牧)民的文化程度情况表(n=1853)

文化程度	扫盲班	小学未读完	小学	初中	高中	高中以上
人数/n	251	269	415	482	374	62
百分比/%	13.54	14.52	22.40	26.01	20.18	3.35

二、西部地区农(牧)民体育锻炼的频率和时间

调查整理的数据表中西部地区农(牧)民每周参加体育锻炼的次数显示,每周体育锻炼0次的达41.77%,每周体育锻炼1次的达24.07%,每周体育锻炼2次的达15.22%,每周体育锻炼3次的达9.33%,每周体育锻炼4次的达6.21%,每周体育锻炼5次的达2.70%,每周体育锻炼6次以上(含6次)的达0.70%。每周体育锻炼0次就占调查总人数的41.77%,比重非常之高。这说明西部地区农村体育人口较少,全民健身工程缺乏一定的宣传引导,农(牧)民们缺少体育锻炼意识,没有形成长期而稳定的体育锻炼习惯。

表5-9　西部地区农(牧)民每周参加体育活动次数(n=1853)

次数	0次	1次	2次	3次	4次	5次	6次及以上
人数/n	774	446	282	173	115	50	13
百分比/%	41.77	24.07	15.22	9.33	6.21	2.70	0.70

西部地区农(牧)民每次体育锻炼10分钟的占9.08%,每次体育锻炼20分钟的占15.39%,每次体育锻炼30分钟的占30.49%,每次体育锻炼40分钟的占24.00%,每次体育锻炼50分钟的占15.57%,每次体育锻炼60分钟及以上时间的占5.47%。从上述数据可知,在已经形成长期体育锻炼习惯的西部地区农(牧)民之中,每次体育锻炼30分钟以上的农(牧)民达到了调查总人数的75.53%,这可能与农牧民长期从事生产劳作存在一定的联系。

表5-10　西部地区农(牧)民每次参加体育活动时间(n=1079)

时间/min	10min左右	20 min左右	30 min左右	40 min左右	50 min左右	60 min及以上
人数/n	98	166	329	259	168	59
百分比/%	9.08	15.39	30.49	24.00	15.57	5.47

三、西部地区农（牧）民体育锻炼的活动内容

调查整理的数据表中西部地区农（牧）民每周参加体育锻炼的方式显示，农（牧）民参加体育活动的条件简陋，体育活动的方式以散步、球类运动为主，分别占农（牧）民体育参与总人数的34.75%和27.53%，两者之和为62.28%。参加跑步的人数占农（牧）民体育参与总人数的18.16%，参加民族传统体育运动的人数占农（牧）民体育参与总人数的16.59%，民族传统体育的高参与率与西部地区少数民族的聚居或散杂居有关。

表 5-11　西部地区农（牧）民体育锻炼的活动内容（n = 1079）

名称	散步	跑步	球类	民族传统体育项目	其他
人数/n	375	196	297	179	32
百分比/%	34.75	18.16	27.53	16.59	2.97

四、西部地区农（牧）民体育锻炼的组织形式

从西部地区农（牧）民体育锻炼组织形式的排序情况看，农（牧）民体育锻炼的排序存在一定的规律，由高到低的顺序依次是个人锻炼占30.49%，结伙锻炼占19.65%，村组织的活动占15.11%，乡镇大型活动占12.88%，与家人一起锻炼占12.42%，参与体育指导站活动的占5.19%，其他占4.26%。从上述数据可以看出，西部地区农（牧）民的体育活动仍然是以自我活动占多数，是一个自发自我体育活动阶段，其组织形式以个体锻炼和结伙锻炼为主。

表 5-12　西部地区农（牧）民体育锻炼的组织形式（n = 1079）

活动形式	个人锻炼	结伴锻炼	与家人一同	村组织的活动	乡镇大型活动	体育指导站	其他
人数/n	329	212	134	163	139	56	46
百分比/%	30.49	19.65	12.42	15.11	12.88	5.19	4.26
排序	1	2	5	3	4	6	7

五、西部地区农（牧）民体育锻炼的主要场所

锻炼环境也会影响个体的锻炼行为，锻炼场所是否方便、锻炼设备的可获

得性和方便性都可以用来预测个体的锻炼行为①。从调查的结果来看，西部地区农（牧）民选择的主要体育活动场所是家附近空旷地的占 67.75%；其次是自家庭院和山地，分别占 51.34% 和 25.39%；再次是附近学校场地、村委的文体活动室，分别 13.62% 和 8.80%；而选择收费文体活动场所的居民仅占 3.80%，其他场所占 3.15%。从实地调查情况来看，西部地区农（牧）民收费文体活动场所更是少有人去，这一方面与农村经济发展情况有关系，另一方面也与农村居民的生活方式有关系。体育活动场所的方便性和可获得性，对于他们是否参与体育活动就显得非常重要了，西部地区农村居民大多选择家附近的空旷地或者自家庭院也从另一个侧面反映出这个特点。另外，西部地区遍地是山、到处是水，形成了天然的登山锻炼资源，山地也因此成为西部地区农（牧）民经常选择的体育活动场所。

表 5-13　西部地区农（牧）民的体育活动场所情况（多项选择，$n=1079$）

形式	家附近空旷地	自家庭院	附近山地	收费文体场所	附近学校场地	村文体活动室	其他
人数/n	731	554	274	41	147	95	34
频数比/%	67.75	51.34	25.39	3.80	13.62	8.80	3.15
排序	1	2	3	6	4	5	7

六、西部地区农（牧）民体育锻炼的消费情况

从调查数据可以分析出，西部地区农牧区体育锻炼的消费选择从高至低依次为购买体育用品占 67.47%，购买体育器材占 41.33%，购买体育图书杂志占 25.49%，到收费场所消费占 22.34%，参加体育培训占 8.43%，观看比赛或表演占 3.24%，用于其他体育消费占 1.95%。以上消费排序可以看出，调查对象用于体育实物消费的较高，用于体育培训等精神文化消费的较少。这反映出该地区还处于体育发展的较低阶段，体育文化生活还很贫瘠。

---

① Raynor D. A., Colemen K. J., & Epstein, L. H. Effects of Proximity on the Choice to be Physically Active or Sedentary[J]. Research Quarterly on Exercise an Sport, 1998, 69: 99-103.

表 5 – 14　西部地区农(牧)民的体育消费结构情况(多项选择，n = 1079)

形式	体育用品	体育图书杂志	购买器材	收费场所消费	体育培训	观看比赛表演	其他
人数/n	728	275	446	241	91	35	21
频数比/%	67.47	25.49	41.33	22.34	8.43	3.24	1.95
排序	1	3	2	4	5	6	7

七、西部地区农(牧)民参与体育锻炼的目的

从调查整理的数据表中可以看出，西部地区农(牧)民进行体育锻炼的目的基本上是围绕着增强体质、延年益寿和防病治病。西部地区农(牧)民参与体育活动的目的由高到低的顺序是为了增强体质的占 68.40%，为了延年益寿的占 41.06%，为了防病治病的占 24.75%，为了塑形健体的占 13.35%，为了丰富生活的占 8.06%，其他目的占 1.56%。这表明农(牧)民对体育活动目的的认识有限，对于体育活动可以改善人们生活方式、促进社会健康、文明发展还认识不够。

表 5 – 15　农(牧)民参与体育锻炼目的

活动目的	增强体质	延年益寿	防病治病	塑形健体	丰富生活	其他
人数/n	738	443	267	144	87	17
频数比/%	68.40	41.06	24.75	13.35	8.06	1.56
排序	1	2	3	4	5	6

八、西部地区抽样点的社会体育指导员情况

西部地区农(牧)民体育活动的主要组织方式是非正式组织形式或自发组织形式，长期缺少社会体育指导员的相关指导。通过对西部地区抽样点的体育管理部门走访，西部地区抽样点的社会体育指导员仅 43 人，占 3.8%，其中有 29 人属于正式组织，占 2.6%，非正式组织形式或自发组织形式的体育活动仅有 14 位社会体育指导员，占 1.3%。西部地区农(牧)民体育活动缺少指导的问题比较突出，很多居民因为没有参与体育活动的技能而不参与锻炼。缺少技能、缺少组织，是导致一些居民不参与体育活动的重要影响因素。

目前，整个西部地区的公益性社会体育指导员存在数量发展较快、但普遍年龄偏大、文化程度偏低、队伍分布不均衡、培训体制不完善等问题。[①] 作为经济、文化条件相对较差，人口众多、区域较广的西部地区农村，其社会体育指导员的状况更不容乐观，存在着队伍弱小、年龄老化、能力不足等问题。西部地区农（牧）民大多数居住在偏远地区，基本见不到体育指导员的身影，即便是有，那也多半是"发白牙稀"的形象，大多是退休返回老家居住的教师、干部等公职人员，年龄均在 60 岁以上，他们大多对体育专业知识了解不多，更谈不上理解某个体育项目的基础理论、动作要领、功效作用。如果指导不当，反而会对农（牧）民参加体育活动产生负面影响。

九、西部地区农村体育创新发展的困境所在

课题组对西部地区农村体育发展状况进行了调研，现就调查地区农村体育发展的困境概括如下：

（1）经济社会发展的滞后性是西部农村体育发展的主要瓶颈。由于地域劣势、过往重工轻农政策的影响，西部地区的经济社会发展始终落后于全国中东部地区。我国广大的西部农村地区，农民主要从事着种植业，其经济的主要来源和收入在很大程度上依赖于自然环境，"靠天吃饭"，农民为生计疲惫劳作，无暇体育锻炼。农民较低的收入多用于维持生存，自身参与体育活动的经济实力不足。在税费改革后县乡政府的财税收入更是捉襟见肘，对农村体育事业的经济投入与支持都显得力不从心。"城乡二元结构"既是中国特色，也是中国国情，目前"城乡分治"的基本格局还没有发生根本性改变。国家统计局 2014 年《国民经济和社会发展统计公报》的数据显示：2014 年东部浙江省城镇居民人均可支配收入达 32658 元，中部河南省只有 15695 元，西部甘肃省农民人均收入仅为 5736 元。[②] 城乡差别影响着经济发展水平与经济结构，导致居民收入水平的差异、社会福利保障的差异和文化生活的差异以及政府的公共资源支出的差异，这些均是制约农村体育发展的主要瓶颈，这些要素的不平等性流动使得农村体育事业发展的硬件建设滞后，农民获得公共体育服务远远落后于城市。

（2）体育发展的投入不足，设施短缺老化。西部地区乡村体育场地设施的匮乏是影响当地大众体育活动的主要因素。通过调研与文献研究发现：西部地

---

① 刘模明. 浅谈农村体育指导员的培养及作用[N]. 湖南日报, 2009 – 11 – 10.

② 新民网. 2014 年国民经济和社会发展统计公报[EB/OL]. http://www.stats.gov.cn/tjsj/zxfb/201502/t20150226_685799.html. 2015 – 02 – 27

区农村体育设施状况不容乐观，体育场地偏少、偏小，体育场地器材设施短缺、数量少、落后、陈旧，几乎都是小型运动场和非标准活动场地。在我国西部部分地区甚至连简单的篮球场和乒乓球台都配备不到位，农民体育健身活动需求远远不能得到满足。与此同时，有些乡村体育健身场地闲置、被占用现象较为严重，使得场地受到不同程度的破坏。在我国财政支出体系中，科、教、文、卫的财政经费比重在逐年上升，但西部地区地方财政对体育和卫生事业的投入不到财政总支出的10%。这就导致了农村一些体育场地设施投入比较小，且维修与更新不能及时到位。近年来，从国家层面设立了体育彩票、发展公益基金等多种渠道融资，力图加大对农村体育事业的投入，但由于基金执行过程的瓶颈，投放到农村的体育经费可谓是杯水车薪，不足以建立农村体育场和购买体育器材。农村体育活动场地设施短缺等问题还将持续一段时期，其困境的解决是一个渐进的过程。

（3）农业人口逐年递减，体育意识淡薄。随着市场经济的发展，我国农村的人口结构发展出现了较大变化，人口老龄化凸显。农村老年人口比率居高，平均预期带病期较长，这样农村从事体育运动的人口就会缩减。广大农民的身体素质不尽如人意，农村因病致贫和因病返贫现象仍然存在，农村体育发展遇到阻碍。农民穷首先是农民的人力资本存量较少，而这种情况在很大程度与各级财政对农村地区公共服务与人力资本建设的投入不足有关。目前因病致贫已经成为农村贫困的一个首要原因。在知识经济时代，如果农民的人力资本素质上不去，就注定了他们在市场竞争中会成为低收入和陷于贫困的人群。[1]

因教育的后发性，西部地区农民文化素质普遍偏低，偏远地区至今仍还有文盲存在。西部地区许多农民对体育活动的理解和认识还只停留在表面，对体育锻炼的意义、作用认识较为浅显，缺乏体育运动的自觉性与主动性。许多农民体育活动呈现短期性、随意性。在多数农民中存在着"农作即体育""静养就是健康"观念的人比较多，故不爱运动的人多无法认识体育运动的内在价值。甚至许多乡村领导和县级体育部门对有关体育科学文化、体育健身知识、体育政策法规等方面的宣传工作也不够重视、不够到位，没有起到对农村体育的引领作用。

（4）农村体育人才缺乏，组织管理松散。体育事业的发展离不开体育教师、教练员、体育社会指导员、体育爱好者，这些人员是农村体育组织开展的重要人才。他们身体力行的参与和指导，可以动员更多农民投身到各项体育活动。就目前状况而言，我国西部农村体育人才非常匮乏。在农村中，小学体育教师

---

[1]　刘国华，钱思彤.西部农村体育发展的制约因素及对策[J].北方经贸，2011（3）：41.

几乎不是学体育专业的，基本上是由其他学科的老师兼任，农村体育人才与社会体育指导员总体上呈现匮乏状态，难以满足农村体育发展的现实需求。社会体育指导员文化基础和学历水平较低，体育知识水平、体育技能传授能力、指导科学健身能力还有待提高。西部地区许多县的财政能力非常薄弱，能够投入体育事业建设的资金更加有限。体育社会指导员收入并不稳定，除体育部门专门工作人员及学校体育教师有固定薪酬外，其他大多数体育指导员没有稳定收入，多数是无偿进行服务指导的，更影响了体育指导员的工作热情，社会体育指导员作用的发挥受到较大的影响。

亟须培养一批高素质、综合能力出色的社会体育指导员，来推动西部农村体育的健康、可持续发展。[1] 民族传统体育项目指导员更是难求，由乡镇文化站工作人员、村委委员和业余体育爱好者组成的体育公共服务队伍对传统民间体育活动和健身项目不甚了解，这制约了民族传统体育活动的组织，影响着西部民族体育活动开展的效果。

西部地区农村体育的管理与组织力度不够，农村体育公共服务文化站或文化活动名不符实，管理不到位，农村体育公共服务管理与组织的滞后性凸显。公共体育资源损坏严重，少有的体育器材也被严重损坏。

西部地区农村各级政府对开展体育活动重要性的认识程度不够深刻，缺乏组织开展体育活动的力度与积极性。地方政府农村体育管理职能呈现弱化态势。在基层体育管理部门撤销或重组中，文化管理、教育管理与体育管理实行职能部门合并，在乡一级没有设专职的体育管理人员岗位，农村体育的管理员大都由其他部门人员来兼任。大量的基层工作负荷和人员岗位编制的短缺势必导致政府农村体育管理职能的弱化。具体表现在体育工作开展的时效性、农村体育活动的丰富性以及农村体育活动的有效组织，民族传统体育的挖掘与传承等都将受到相当大的影响。

（5）农村学校体育投入低、达标难、师资弱。农村中小学体育教育是农村体育的重要组成部分，其教育规模与质量将会深深影响农村体育的发展水平。目前西部经济落后，教育经费的短缺，相应地也使体育经费减少。随着城市及城市群的快速发展以及农村人口的城镇化，农村中小学校在校学生的数量也逐渐萎缩。

西部农村中小学体育发展经费投入普遍偏低。必要的体育教育经费的配置是学校正常开展体育教学的物质保证，也是学校体育活动运行的基础与前提。

---

[1] 向书牧，吴文平. 论农村社会体育指导员队伍建设——以湘西土家族苗族自治州古丈县为例[J]. 经济研究刊，2015(14)：27.

课题组在许多地方进行调研发现，几乎没有一所学校认为体育经费投入到位，近60%的调研对象认为学校每年的体育经费的投入较少，难以适应体育教学、人才培养的需要。由于所处地区经济的欠发达性，导致区域内的教育经费不充足，缺少相应的经费去维修简陋的体育场地、购置必要的体育器材，体育场地设施标准化基本难以达到。学校将有限的资源、经费均配置到了文化课成绩的提高上。中小学学校领导将分数、升学率作为衡量学校办学水平与质量的标准。受农村旧的思想观念和"应试教育"的影响，农村教育中重智育、轻体育的现象仍较为普遍。贫困地区农村中小学，特别是农村中学，体育课的时间经常被文化课的备试所挤占，体育课停课已经形成一种惯例。农村中小学体育教学的非正确态势，不利于贫困地区农村学生体质全面、健康的发展。

农村小学缺少专职的体育教师，通常由其他科教师兼任，或者是片区完小体育教师走教。教师职前教育与岗前培训给体育教师开展学校体育教学及训练和组织等工作储备了基本知识，但入职工作之后，他们又缺乏继续教育，很多现实的问题得不到满意的解惑，日积月累的问题使教师们产生职业困惑感与倦态感。在中小学长期存在的不同科目教师分配不公的现象，主科教师工资待遇普遍高于副科教师工资待遇，造成了体育教师心理上的不平衡和消极怠慢情绪，严重影响了体育教师对体育教育工作的热情，甚至造成农村体育教师的流失。

（6）农村体育法制对策困境突出。改革开放以来，我国体育事业得到了持续、快速的发展，成为体育强国。事实证明，体育事业的高速发展主要得益于体育体制改革和体育法制的支持与保障。我国体育法制体系已经基本形成，配套立法都在逐年完善。但在农村体育的发展过程中体育法制建设仍是薄弱环节，体育法制建设相对滞后，主要表现为：①立法不足。多数法规都是国家体育总局公布实施，法律位阶有待提高，很难形成部门联动与支持，影响律法规的执行效果。②体育法的学习、宣传还不够深入，在社会各界还没形成支持发育建设的工作合力，尤其是在财政预算在农村体育的资金安排上还很不到位，农村体育建设的许多经费不足，硬件建设滞后，即使是"雪炭工程"在西部地区农村也没取得理想效果。③农村体育队伍偏小，法律素质还不高，执法队伍还不够健全，执法监督不够有力。④体育工作的很多方面尚未纳入依法管理的轨道，依法行政、依法治体的观念还没有牢固地树立起来。在西部地区还存在人治重于法治、以言代法、重言轻法的现象。一些从事体育工作的管理者自身法制意识不强，对体育法律、法规及体育政策缺乏了解，对体育法律法规的宣传和普及没落实到位；现行地方体育法规和规章名称较多，如"意见""通知""条例""规定""办法"等，其效力、等级和适用范围较难直接判断。同一种名称，有几种不同效力等级的规范性法律文件在同时使用，有时会给适用该法的主体在判别该法的效力等级方面带来困难。许多规章法律语言不规范，直接搬用政策用语，弹性大，变动性大，可操作性、稳定性差。如对于学校的体育经费国家的相关部门并没有给出一个非常清晰的界定，《体育法》和《学校体育工作条例》等多数的政策法规中都应用了一些"学校每年应适当增加体育经费，来保证体育教学的开展"之类的话，这就给政府和学校留下很大的政策空白地，让学校体育经费的保证缺乏法律依据。国家体育总局、文化部、农业部《关于发挥乡镇综合文化的功能　进一步加强农村体育工作的意见》，国家体育总局《关于加强青少年体育　增强青少年体质的实施意见》，教育部、教育部《国家体育总局关于进一步加强学校体育工作，切实提高学生健康素质意见》，国家体育总局《关于进一步加强社会体育指导员工作的意见》，国家体育总局《"雪炭工程"实施办法》《农村体育工作暂行规定》《中国体育彩票全民健身工程管理暂行规定》等均存在立法的科学性、实用性，以及适用的有效性等问题；自治州、自治县体育立法进程缓慢。已有的民族自治地方的体育立法中大部分都是自治区的立法，只有少数自治州政府发布了规章，如《湘西土家族苗族自治州关于加强群众性健身练功活动管理的规定》。县级体育工作是体育工作的基础，上位法中大量的原则都要在基层得到实现，所以基层的体育立法势在必行。

第三节　制约西部地区农村体育创新发展的因素分析

一、制约西部地区农村体育创新发展的社会因素

我国东南沿海地区是经济发达的地区，以上海、广州为中心，分别形成了两大经济圈、城市群，对中国经济发挥着桥头堡的作用。沿海主要城市与世界经济联系紧密，合作纵深。而西部地区经济普遍落后，地形地貌复杂，交通不便，气候条件欠佳，经济社会是相对封闭或半封闭的状态，更谈不上与世界经济对话。在效率优先原则的指导下，改革开放之初国家就给东部地区制定了一系列优惠的倾斜政策。短短十多年的时间，就建起了5个经济特区，14个沿海开放城市和一大批沿海、沿江中心城市。与此同时，这些地区还享受着财政、税收、金融、贸易、外资、人事等方面特别政策，使这些地区在全国率先摆脱了计划经济束缚，拓展了较大的发展空间。而西部地区虽然拥有较为丰富的资源，但难以引来外资，由此拉大了与东部地区经济发展的差距。

东部地区由于区位优势和先发效应的优越条件，再加上国家对东部地区政策倾斜与投资倾斜等因素的综合效应，导致了我国东西部地区的社会总体发展

不平衡，西部地区会整体发展水平远低于东部沿海地区。中国社会科学院社会学研究所朱庆芳运用46项有代表性的主要社会经济指标，从社会结构、人口素质、经济效益、生活质量、社会秩序等方面对全国各地的社会综合发展水平进行了推算：位列第1名至第10名的依次是上海、北京、天津、广东、辽宁、江苏、浙江、福建、黑龙江、山东。列第11名至20名的依次是吉林、湖北、河北、山西、内蒙古、海南、新疆、重庆、湖南、河南。列第21名至31名的依次为陕西、宁夏、安徽、江西、四川、广西、甘肃、云南、青海、西藏、贵州。从排名可以看出，除重庆、新疆、内蒙古外，西部其他各省、直辖市、自治区都位于20名之后，而前十名均属东部省市。社会发展的总水平是农村体育的发展基础，东部、中部、西部社会发展水平在地区上存在明显的差距，因此导致这些地区的农村体育区域发展的不平衡。由此可知，东部、中部、西部地区农村体育发展不平衡根源于历史基础的差距。

由于我们在指导思想和具体政策上的失误，人为地把城市和农村割裂为两个不联系的板块，阻碍了农村人口向城市流动，大量劳动力留于农村。改革开放后，我国从总体上顺应世界经济发展的普遍趋势，加快了城市化进程。但与东西部比较而言，西部地区城镇人口仅占总人口的比重28.7%，农村城镇化滞后这个问题依然存在。城镇化水平低，影响第三产业发展，体育产业难以运作。近几年，西部地区农村经济有所发展，农村群众的经济收入有所提高，但城镇化水平低，农业人口过多，经济收入水平较低，影响体育消费增长，发展农村体育困难重重。所以，西部农村地区需要加快城镇化进程，提升农(牧)民的经济收入水平，使体育产业获得足够的发展空间，大力发展各种体育中心、俱乐部、培训站，农村体育的健身方式、健身内容、健身场所等才能丰富，从而满足农(牧)民的身心健康需求。

从宏观来说，社会因素包括社会制度、经济状况、科学水平、文化教育、卫生水平、人口素质、生产方式、饮食习惯、风俗习惯、宗教信仰等。落后的经济文化必然伴有落后的生产和生活方式，以及不良的卫生习惯和卫生环境，制约着西部地区农村体育的发展。虽然说，社会因素、自然因素和生物因素三者常相互作用，共同影响着农村体育的开展，但由于自然因素和生物因素一般是相对稳定的，而社会因素往往是可变的，可随着政治经济状况的变动而变动，并可在一定程度上影响自然因素和生物因素。因此，社会因素是影响农村体育发展的至关重要的因素。西部地区农村相对于东部地区农村而言，经济水平低下，制约着西部地区农村体育的场地、设施、器械的普及，也制约着农村体育第三产业的发展；科学技术水平较低，制约着西部地区农村体育科学化、大众化和普及化；文化教育水平不高，制约着西部地区农(牧)民参与体育锻炼意识的提高；卫生水平较低，降低了西部地区农（牧）民对自己身体健康状态的重视程度；生产方式落后，西部地区农（牧）民必须把更多的精力投入到生产劳作解决温饱问题，余暇时间过少，难以形成周期性的体育锻炼习惯；西部地区农村各地的风俗习惯也不同，对西部地区农村体育的制度化、普及化产生很大的影响。西部地区社会制度、经济状况、科学水平、文化教育、卫生水平、人口素质、生产方式、饮食习惯、风俗习惯、宗教信仰等社会因素，加上西部地区地域广袤、人口密度较低、戈壁沙漠等地形复杂、多高原寒冷之地等自然因素，双重因素的综合作用使西部地区农村体育的发展困难重重，这也是西部地区农村体育滞后于东部地区农村体育的非常重要的因素。从另一方面来说，西部农村体育的发展必须从多因素社会治理的视角去思考，并制定有针对性的、可操作性的、系统性的方针和措施，才能从根本上解决西部地区农村体育发展的顽疾。

二、制约西部地区农村体育创新发展的经济因素

经济是社会发展的基础，也是农村体育发展的基础。农村体育的发展规模、水平和速度，归根到底取决于经济发展水平，取决于经济发展所能够为农村体育发展提供的物质条件，取决于经济发展带来的个人经济状况以及由此引发的人的观念、思维方式和行为方式的变化。经济对农村体育发展的影响主要在对体育事业经费的投入、体育场地设施建设以及人们的体育消费水平等方面。[1] 我国自2000年开始实施西部大开发，在过去10余年的时间里，西部大开发的成就是显著的，但总体仍处于欠发达状态。所以，西部地区城市化发展水平低，农业人口比例大，虽然基础设施建设和城市建设的展开也能吸引一部分农村劳动力，但其数量毕竟有限，大部分农（牧）民仍然有赖于当地农村经济的发展才能逐步富裕起来。

西部农村地区农（牧）民的经济收入无论与东部地区农（牧）民相比，还是与西部地区城市居民相比都有较大的差距。国家统计局科研所的研究指出，我国东部地区到2010年全面实现小康社会的程度为88.0%，比2000年提高23.7个百分点；中部地区为77.7%，比2000年提高22.1个百分点；西部地区为71.4%，比2000年提高提高18.2个百分点。从10年来的年均增长速度来看，东部地区增幅最高，中部地区次之，西部地区最低。从全面建设小康社会的六大方面(经济发展、社会和谐、生活质量、民主法治、文化教育、资源环境)来看，西部地区均落后于全国平均水平，尤其是在经济发展、生活质量和社会和

---

[1] 周克臣，刘德佩.湖南体育现象研究[M].北京：人民体育出版社，2006：185-190.

谐这三大方面，2010 年的实现程度分别比全国平均水平低了 13.7、11.2 和 8.4 个百分点①。由于东西部之间、边疆地区与内地之间经济发展水平和基础条件上的巨大差距，居民收入方面也呈现出东高西低的明显特点。农村农（牧）民人均收入和纯收入则比较真实地反映出各地农（牧）业经济发展的水平和群众生产经营的实际状况。一般来讲，农业产业化越发达的地区，以及愈靠近城镇的农村地区，农（牧）民的收入越高。反之，农业产业水平越低的地区和远离城镇的农村，农（牧）民的收入就越低。所以，西部地区的农牧民人均收入与东部地区相比，存在着较大的差距，并且差距还呈明显扩大的趋势。

西部地区经济发展水平较低，制约着西部地区农村体育发展的三个方面：①地区经济发展水平制约和影响着农村体育经费投入状况。一般而言一个地区的经济发展水平越高，该地区的政府和社会向体育投入的经费就越多。尤其是在我国，体育事业经费主要依靠的是财政预算下拨。财政的收入决定着财政支出，政府财政收入多，投入体育事业的经费就相对多；政府财政收入少，给体育事业的投入就少。农村体育作为一种社会效益显著，而经济效益不足的群众性健身事业，需要依靠政府的财政拨款才能得以推行。西部地区的经济发展水平与东部地区相比存在较大的差异，又处在以经济发展为中心的关键期，政府有限的财政拨款几乎都投入到经济发展的基础设施上，农村体育的基础设施财政拨款相对偏低，制约了对农村体育的经费投入。②地区经济发展水平制约着西部地区体育场地设施的建设。体育场地设施是需要资金做支撑的，尤其是体育场馆的建设更是需要较大的资金投入。体育场地设施的发展水平对经济发展水平有着很大的依赖性。东部地区人均 GDP 水平高，其场地设施投入也多。西部地区人均 GDP 水平与东部地区差距明显，有限的体育场馆设施修建几乎都投入到城市核心区域，而西部广袤的农村地区的体育场馆设施投入偏低。体育场地设施与器材是体育锻炼、体育活动的物质条件，场地设施与器材的短缺，极大地束缚了农村民众的体育锻炼活动。③地区经济发展水平制约西部地区农（牧）民的体育消费能力。人们参加体育活动和锻炼，就要相应场地和配备相应的器材及服装。伴随着体育活动必然会使体育爱好者发生一定的体育消费，如购买服装、器材等。体育消费能力取决于消费者收入水平的高低，而收入水平则与当地经济发展程度密切相关。因此，地区经济发展水平会深深影响体育消费水平。西部地区农村的经济消费主要集中在衣食住行，以实物性消费为主，精神性消费偏低。农村体育作为一种新的消费形态，既包括实物性消费，也包括精神性消费，特别是精神性消费对农（牧）民体育参与态度、体育参

---

① 姚慧琴，徐璋勇．中国西部发展报告（2012）[M]．北京：社会科学文献出版社，2012：18．

与意识、体育参与行为等的养成都具有重大作用。西部地区农村体育的消费水平较低，农（牧）民在现场观赏体育精彩赛事、享有高质体育健身指导与服务、进行周期性的体质健康检查等方面与东部农村地区的农（牧）民存在较大差距。

西部地区经济发展水平较低，影响着西部地区农（牧）民体质健康的三个方面：①经济发展对西部地区农（牧）民健康水平的影响。在各种社会因素中，经济因素往往对健康起着重要作用。一定的经济条件是人们获取包括衣、食、住、行及医疗保健服务和教育的物质基础，同时还涉及与健康紧密相关的生产体制、社会福利和社会保障等体系。社会经济与社会民众健康是辩证关系，社会经济发展是人类文明进步的基础，是提高民众健康水平的根本保证；另一方面，民众的健康水平又是社会进步与经济发展的必要要件。经济发展，首先提高了居民物质生活水平，可以为人们提供充足的食物、安全的饮用水、基本的药物和良好的生活劳动条件，有利于居民生活质量和健康状况的提高。其次，人们受教育水平的高低将影响其接受卫生保健知识和开展自我保健活动的能力。受教育程度高，可提高健康意识，改变不良的行为生活方式，提高生命质量，进而通过教育间接影响人群健康。再次，经济发展有利于增加卫生投资、合理配置卫生资源，促进医疗卫生事业发展，提升居民的健康水平。②经济发展给西部地区农（牧）民带来新的健康问题和社会问题。经济发展减轻了人类劳动的强度，进一步解放了劳动力，促进了身体素质水平的提高，但同时也带来了一些新问题。随着社会经济的发展、交通的高度发达，出现了人口流动性增长、自然资源的大量开采、化学物质的大批使用等问题。人们在很大程度上改变了原有的生活条件和生活方式，不良的行为生活方式也应运而生，如吸烟、酗酒、吸毒、性乱、不良饮食及睡眠习惯、缺乏运动等越发普遍，民众的肥胖症、高血压、心脑血管疾病、糖尿病、肿瘤等"现代社会病"不断增多；工业现代化使人们产生激烈竞争的社会意识，紧张、单调的工作和快节奏的生活方式及复杂的人际关系等，使人们产生持续的情绪紧张和心理压力，精神心理疾病的发病率提升；现代工业对环境造成的严重污染和破坏，已成为当今社会一种公害，对人群健康产生直接、间接或潜在性危害，最终必将影响人类的生存和发展。③西部地区农（牧）民的健康水平对经济发展具有促进作用。经济发展从根本上说是生产力发展的结果，生产力诸要素中最重要的要素是人，人的健康和智能对生产力的发展起着决定性作用，也就是说人群健康水平的提高必将对社会经济的发展起到促进作用。健康水平的提高首先有利于增加居民寿命，延长劳动时间，创造出更多的社会财富；其次，有助于降低因病、因伤缺勤的损失；再次，身体健康有助于提高劳动效率。①

三、制约西部地区农村体育创新发展的意识因素

中国传统文化里一直存在"重文轻武"的意识倾向，这种历史文化思维的遗存也制约着西部地区农村体育的发展。"重文轻武"是一种泛化的辩证思维，"武"指武力，泛指为脱离生产的身体肢体运动；"文"指文化，泛指与身体肢体运动相对的艺术承载形式。"重文轻武"既是一种文化现象，也是中国社会政治现象。先秦时期，儒、道、法、墨是影响最大的四大学派，其中儒家思想逐渐成为主流学派，引导着中国几千年历史的发展。儒家主张"中庸、仁义礼德和王道"，"王道"的具体内容是礼义和仁政，认为仁道决定着国家的兴亡、社会的发展。孟子主张"王道"，提倡施行仁政，争取民心的归附，以不战而服人，明确反对推行霸道、用战争方式去征服兼并其他国家，更提出"仁者无敌"，"君臣、父子、兄弟，去利，怀仁义以相接也，然而不王者，未之有也"。在这种讲求"仁道""仁政"的思想意识形态之中，"武力"受到漠视。汉唐以后，儒、佛、道尤其是儒学的影响日渐加深，统治政权开始推行崇文抑武的政治，"重文轻武"由此得以风行。将"重文轻武"之风推向顶峰的是宋朝，宋太祖赵匡胤以武立身，用武装政变立国，深知武力不仅仅可以夺得天下，也可以葬送自己的赵氏江山。为了避免这样的情况再发生，宋朝推行两种政治策略：一方面为削弱藩镇的势力而"禁武"。宋朝规定"州郡长官由文人担任，不管军事"，"设枢密院管理军政，牵制统兵将领"，"武将地位又低，主管军政的枢密院和作战时的统帅，多用文官"等②。结果创立了"文武分途、以文制武"的国策，出现了"武将地位低下，文人地位崇高"的畸形现象。另一方面，鼓励全民读书而"崇文"。宋代文化界率先劲吹"靡靡空泛之音"。宋词同唐诗齐名，唐宋八大家宋占其六，宋理学更是作为新的儒学形式而成为官方哲学和儒学正宗。宋文人骚客和思想家缺乏民族危机感，贬低武功，实质属于"病态美"和"虚浮繁荣"。所谓"病态美"是指宋文人骚客崇尚文弱，沉湎于低迷阴柔的意境情调，浅斟低唱，无病呻吟，风花雪月，卖弄风骚，以附庸风雅为能事，劲吹"靡靡之音"。所谓"虚浮繁荣"是指宋理学家坐而论道，空谈心性义理，高谈阔论，玄思妙想，强调"理欲之辨"和"王霸之辨"，劲吹"空泛之音"。在宋朝，如果某个人因为读书而中了进士，不仅自身会受到皇帝的册封，他的全家都跟着飞黄腾达，因此产生了一批才子佳人。明清朝代延续了宋代的"重武轻文"之风，"由于传统的

---

① 李嗣生，朱新义. 预防医学[M]. 郑州：河南科学技术出版社，2013：122 – 123.
② 李英. 中国战争通鉴[M]. 北京：国际文化出版公司，1995：563.

重文轻武观念和鄙视兵丁的社会心理没有改变,清军官兵仍未能取得适当的社会地位。人们往往将'兵'与野蛮、残暴、粗鲁、堕落联系在一起"①。统治政权推崇"重文抑武"的政治,文化界亦劲吹"靡靡空泛之音",共同导致了国民尚武精神的缺失。民族的尚武精神受传统文化的潜移默化以及现实(当前)政治文化的深刻影响。传统文化的三大精神支柱儒、佛、道均不崇尚武力。因此,国人尤其是汉人不以阳刚为美,反以阴柔文弱为美,完全不喜欢冒险和刺激的运动,从事体育运动之人往往受人贬低和轻视。人们对身体运动一直心存厌恶和偏见,完全持消极的认识,既不关心和支持体育运动,更不主张和崇尚以武力解决问题②。

1995 年我国颁布实施了《全民健身计划纲要》,每年举行一次"全民健身宣传周"活动,通过各种有效的宣传、鼓励措施,有效地增强了西部地区农(牧)民的体育健身意识。2008 年北京奥运会成功举办,在这样一个国际性赛事的影响之下,民众体育健身热情高涨,纷纷投入各种全民体育健身活动。为了进一步激发广大民众参与体育健身活动的积极性,国务院将每年的 8 月 8 日定为"全民健身日"。2009 年 8 月,为推进全民健身活动的蓬勃开展,进一步实现民众参加全民健身活动的权利,提高民众身体素质,国务院在总结全民健身活动开展经验的基础上颁布实施了《全民健身条例》。据不完全统计,全国有近 3 亿人次参加全民健身宣传周活动及其他各种全民健身活动,各地分纷纷举办各种规模的体育节、体育艺术节、全民健身节,无形之中提升了西部地区农(牧)民的体育健身意识。此外,全国妇联会同国家体育总局在全国开展了"亿万妇女健身活动",农业部、中国群众体协同国家体育总局已连续多年开展"亿万群众健身活动"。为适应我国农村经济的飞速发展,满足广大农(牧)民对体育活动的迫切需求,由农业部、国家体育总局和中国农(牧)民体育协会共同主办,各省、自治区、直辖市申请承办,每四年一届的全国农民运动会也进一步提升了西部地区农(牧)民的体育参与意识,并将体育参与意识转变成体育参与实践。

西部农村地区的农(牧)民在温饱问题解决以后,普遍重视精神文化生活,体育健身意识日益增强,开展了大型群体竞赛和乡、村(居)委会、家庭等的小型群体活动,其形式多种多样、内容丰富多彩、群众广泛参与。西部地区宁夏、青海、贵州等农村地区,将农村体育和传统节庆、民俗活动融合于一体,创造了特色鲜明的各种农村体育活动。如,贵州农村地区则将农村体育与非物质文

---

① 皮明勇.中国传统军事文化观念与军事近代化刍论[M].北京:军事科学出版社,1996:85.
② 冯东兴.科技文化与外战胜败史论[M].北京:军画谊文出版社,2008:260.

化遗产结合在一起，开展了丰富多彩、地域鲜明的各种农村体育活动，对转变农（牧）民群众的体育健身意识、体育健身行为和体育健身方式起到了巨大的促进作用。2015 年，贵州凯里原生态民族文化旅游节开展了施秉水龙节、革家踩亲舞、雷山掌坳铜鼓舞、苗族板凳舞、剑河苗族水鼓舞、丹寨锦鸡舞、苗族给哈舞、反排木鼓舞等非物质文化遗产项目，贵州各区（市、县）人民政府也将发展农村体育纳入当地全面建设小康社会和社会主义新农村建设规划，统筹城乡全民健身事业发展，促进城乡体育资源和公共体育服务均衡发展，在传统节日和农闲季节广泛组织农（牧）民体育活动，开展"体育·原生态民族文化"活动，促进了农（牧）民参与体育活动的积极性。

近年来，西部农村地区农（牧）民参与体育活动的人口比例明显提升，体育活动的内容以篮球、乒乓球为主。此外，西部农村地区农（牧）民的体育活动具有较强的民俗性，一般将篮球比赛、乒乓球比赛、长跑比赛等赛事与当地的传统节日结合在一起，具有鲜明的农村体育特点，具有很强的生命力，这也可以成为推进农村体育工作的着力点。但是，西部农村地区农（牧）民参与体育活动的主体性意识不够，表现为参与体育活动需要引导和安排，特别是主动参与农村的体育规划设计、内容、评价和决策方面比较欠缺，一般具有被动参与性特征。人是主体，只有人的主体性作用得到了发挥，才能实现农（牧）民主体性意识与和谐社会发展主体的对应。从农村体育发展的角度来透视和谐社会的发展，即体育社会实践是人所特有的对象性关系和活动。农（牧）民参与体育活动主体性意识的提高和突破，才真正意味着农村体育的和谐发展。农（牧）民可以通过参与农村的体育规划设计、评价及决策，体育竞赛，健身活动，乡村管理活动等有益的体育锻炼活动，从整体上不断增强农（牧）民的主体性体育文化意识，以适应和谐社会发展对主体发展的客观要求。西部地区的农村体育是全民健身工程的重要组成部分，是惠及千家万户的"德政"工程。但是，在经济建设大潮中，西部地区某些地方政府只重视经济建设，仅以经济的增长来衡量地方的发展水平，忽略了涉及千家万户的公共福利建设。某些地方政府体育部门对国家颁布的体育政策法规的宣传力度不够，农（牧）民对颁布的体育法规的了解非常有限，这使得农村体育工作得不到应有的重视，没有落实到位，造成了"说起来重要，做起来不要"的发展困境①。

四、制约西部地区农村体育创新发展的体制因素

城乡二元结构性体制是遏制农村体育发展的制度因素。城乡分割的二元结

---

① 朱家新.新时期农村体育发展理论与实证研究[M].合肥：安徽大学出版社，2007：129－132.

构性体制"包含的内容涉及方方面面，主要包括城乡区别的户籍制度、就业制度、教育、卫生、住房、社会福利、社会保障等十多个方面。但是最主要的内容是严格控制城乡之间的产品流通和人口流动"①。我国的城乡二元结构性体制产生于中华人民共和国成立初期，当时由于国民经济正处于恢复阶段，国家对生产要素自由流动开始限制，并逐渐强化，形成了政府直接控制农村生产要素配置的体制。特别是 1958—1978 年，人民公社的建立、严格的城乡户籍制度，加之政府实行计划调拨和交换机制，城乡之间的生产要素自由流动被完全禁止，城乡二元结构性体制逐渐形成。农(牧)民不仅被束缚在农村，而且被禁锢在土地上，被限制在集体生产经营中，国家严格控制农村人口的流动，农民转市民难之又难，农转非壁垒重重。正是由于城乡二元结构性体制的影响，国家政府将体育的优势资源都集中在城市，而农村体育一直处于被忽视的地位。比如，城市拥有比较完善的体育健身场地设施，体育健身指导员也集中于城市社区，各种观赏性体育赛事也时常在城市中开展，城市社区居民能享受到优质的健身服务。相比较而言，农村的体育活动开展一直是"荒漠"，缺乏健身场馆设置，缺少体育健身指导员，大型的体育赛事也基本不会在农村开展，农(牧)民的健身意识差、健身知识少、健身方法单一。西部地区地域辽阔，森林、草原、水域资源丰富，但经济文化落后，体育人才与设施不足等，党和政府需要从人力、物力、技术上大力扶持西部地区农村体育的发展。因此，在党和国家的各项政策指导下，西部地区农村体育活动倡导自愿、小型、多样；以基层为主，就近活动；根据农业闲忙节令，适时适量开展活动；努力建设和完善体育场馆设施；积极开展民族传统体育活动，使民族传统体育与全民健身活动相结合，促进民族地区农村体育事业的蓬勃发展。

从国家层面来看，目前我国群众体育管理体制处于一个过渡时期，即从政府管理型向政府与社会结合型的管理体制改革过渡时期。群众体育管理系统由由政府系统和社会系统共同构成。政府管理系统是由政府专门管理系统和非专门管理系统构成。政府专门管理系统由政府体育行政管理系统中各种群众体育管理系统组成，它是群众体育管理的主系统。在这个主系统中，国家体育总局是最高职能部门，地方各级体育行政部门接受上级体育行政部门的业务指导和本级人民政府在人事、财务等方面的行政领导。政府非专门管理系统是指在政府中主管教育、文化、卫生、民政等部门也设有体育管理部门部分职责，负责本系统的体育工作。群众体育社会管理系统由体育社会组织(主要有各单项运动协会、行业体育协会和各种人群体育协会三类)和其他社会组织(如工会、共

---

① 王伟光，建设社会主义新农村的理论与实践[M].北京：中共中央党校出版社，2006：134.

青团、妇联等所设的体育机构)组成。

在西部地区的农村，农村体育的社会管理系统还处于极不健全的形态，因此强化政府职能部门指导管理，对发展农村体育事业具有特殊的意义。县级体育部门是乡镇体育主管部门的业务指导机构，在促进乡镇农村体育发展中居于重要地位。但是我国大多数县级体育部门在工作中存在很大的困难，如人员编制少，且业务水平不高等。由于种种条件限制，县级体育部门较好地担负起对农村体育的领导、协调和监督职能是困难的，这也制约了乡镇农村体育的发展。现实中常常容易出现这样的现象，如果某个乡镇党政领导喜爱体育、重视体育，那么本部门体育工作困难就解决得快些，乡镇体育活动就开展得丰富些，容易取得较好的效果。这种现象折射出一个深刻问题，即人为因素较大地影响着乡镇农村体育的开展，农村体育还存在着很大的随意性，党政领导体育观念、工作作风、工作能力与本地农村体育活动成效有着紧密的关联。所以，西部地区农村体育的体制建设与东部地区农村体育相比存在较大差距，存在农村体育的社会管理系统不健全、法律法规制度不完善、人治的权限大于法治的权限等问题。西部地区农村体育发展的体制问题最主要体现在作为管理诸要素中最活跃、最重要的因素，"人"(农牧民)自身的作用被漠视。乡镇的农村体育活动需要有人组织，否则就无法开展，但是目前的情况是西部大部分农村无文体活动的专干，更谈不上管理水平高低了。在乡镇现有的文体专干中，由于工作条件差、工作难度大、待遇偏低而缺乏开展体育活动的积极性与主动性。所以，目前文体(体育)专干的数量和素质严重制约着乡镇农村体育的发展。

对于西部地区农村体育发展来说，我国历史遗留的城乡二元结构性体制造成了农村体育公共产品的供给主体失衡、供给责任不清、政府主体错位、行政管理体制不健全等：①农村体育公共产品的供给主体失衡。农村体育公共产品的供给主体失衡，首先表现为多元供给主体结构的缺失。农村体育公共产品的特殊性对构建以政府为主的多元化供给格局提出了必然要求。从理论上来说，农村体育公共产品的供给主体可以是政府、市场、农村社区和社会力量。但目前农村体育公共产品供给主体单一，政府以外的其他供给主体没有大规模地进入公共体育产品供给领域，基本上处于缺失状态，由此导致农村体育公共产品供给规模较小，远不能满足农民身心发展的需求。受经济发展水平的制约，我国目前的财力规模还没有能力完全满足日益增长的农村体育公共产品需求。②农村体育公共产品的供给责任不清。我国存在中央与地方政府间的公共产品供给责任划分不尽合理的现实问题，表现在事权和财权的不对称性。在农村体育公共产品的供给制度安排中，主要供给责任主体是省以下的地方政府，这就意味着县、乡政府承担超负荷的供给。乡镇政府的事权过多而财权有限，承担着许多本应由上级政府承担的支出部分。特别是废除农业税后，乡政府的能力是极其有限的。这种事权重心下移，而财权重心上移的事权和财权极不对称的财政制度，严重影响着我国农村，特别是西部地区的农村体育公共产品供给水平。随着经济社会的发展，公共体育产品的供给力度比以前加大，公共体育产品投入过程中各方面的工作也趋于完善，但是在后期缺乏有效的监督控制，一些政府部门缺乏服务意识，行政方式比较传统。由于公共体育产品供给程序比较复杂，应了解本地区的真正需求，使公共体育产品与本地的实际需要相结合，提高供给效率。③农村体育公共产品的行政管理体制不健全。首先，政府机构设置不合理，体育工作人员职责不清。政府层级较多，从中央到地方有庞大的公务员队伍，每个上级部门都对应有下级部门，行政管理注重的是组织保障，在机构设置与编制的核定上有较大的随意性，行政成本较高，而工作效率却偏低。其次，自上而下的官员任命体制和不科学的政绩考核机制诱发基层政府偏离"公共性"职责，导致农村体育公共产品供给的结构性矛盾。由于行政领导考核更侧重于看得见的"政绩"，而不侧重于群众的"口碑"，各级政府部门的决策者往往忽视辖区内的农村体育公共产品的需求，从自身的"政绩"和"利益"需要出发，以满足上级的各项考核指标以及相关行政部门利益的最大化为决策的主要价值标准，进而导致农村体育公共产品供给决策的效用标准出现偏差①。

五、制约西部地区农村体育创新发展的法制因素

我国国家政府历来就有重视农村体育发展的传统。1949 年 9 月，中国人民政治协商会议制定的《共同纲领》，第五章第四十八条就明文规定：提倡国民体育。我国《宪法》第三十三条规定："凡具有中华人民共和国国籍的人都是中华人民共和国公民。中华人民共和国公民在法律面前一律平等。国家尊重和保障人权。任何公民享有宪法和法律规定的权利。同时必须履行宪法和法律规定的义务"②。《2000 年中国人权事业的进展》白皮书的第一部分"人民生存权和发展权的改善"，以显著篇幅强调了中国人民身体素质的不断提高——"体育事业蓬勃发展，全民健身活动广泛开展，国民身体素质普遍提高"，这就肯定了体育工作对促进中国人权事业发展所做出的努力和贡献。通过发展体育事业，特别是大力开展全民健身活动，全面提高人民身体素质和生活质量，维护并促进人

---

① 张素罗，高迎霞，崔艳蕊.农村公共品投入与社区服务[M].北京：金盾出版社，2012：53-55.
② 中华人民共和国宪法[L].1982.

民生存权和发展权，就是宪法中的国家尊重和保障人权体现①。1984 年中共中央发出通知指出："体育是全民族性的群众活动，全党、全社会都要重视加强体育工作，进一步发展全民族体育运动。"②党中央在此所指的"全民族性"，实际上就是涵括汉族和 55 个少数民族，城市群众和农村群众，东、中部地区和西部地区在内的中华民族的整体概念，是党的民族平等政策在国家体育发展政策中的具体体现。《中华人民共和国民族区域自治法》第四十一条规定："民族自治地方的自治机关自主地发展体育事业，开展民族传统体育活动，增强各民族人民的体质。"第五十条规定："民族自治地方的自治机关帮助本地各民族发展经济、教育、科技、文化卫生和体育事业。"③1995 年颁布的《体育法》第二章中专门设有社会体育的条款，它的内容和精神体现了国家对社会体育的重视。在这部法律中，明确规定了地方各级人民政府应当为公民参加社会体育活动创造必要的条件，支持、扶助群众性体育活动的开展；各城市应当充分发挥居民委员会等社区基层组织的作用，组织居民开展体育活动；国家机关、企业事业组织应当开展多种形式的体育活动，举办群众性体育竞赛；工会等社会团体应当根据各自特点，组织体育活动；国家鼓励、支持民族、民间传统体育项目的发掘、整理和提高；全社会应当关心、支持老年人、残疾人参加体育活动；各级人民政府应当采取措施，为老年人、残疾人参加体育活动提供方便。《体育法》还同时规定了公共体育设施应当向社会开放，方便群众开展体育活动，对学生、老年人、残疾人实行优惠办法，提高体育设施的利用率；任何组织和个人不得侵占、破坏公共体育设施；因特殊情况需要临时占用体育设施的，必须经体育行政部门和建设规划部门批准，并及时归还；按照城市规划改变体育场地用途的，应当按照国家有关规定，先行择地新建偿还；同时规定了侵占、破坏公共体育设施的，由体育行政部门责令限期改正，并依法承担民事责任法律责任等④。1995 年，国务院颁布了《全民健身计划纲要》，这是一项惠及 13 亿人民健康的宏大工程。根据我国少数民族的实际情况，该纲要在第十二条中特别提出"积极发展少数民族体育，在民族地区广泛开展以少数民族体育项目为主的体育健身活动"⑤。国家体育总局在《2001—2010 年体育改革和发展纲要》中明确提出："要率先抓住西部大开发的有利时机，积极扶持中西部地区和民族地区发展体育"，并具体规定"对西部地区和少数民族地区在承办赛事、体育设施

① 杨洪辉.体育社会学视野下大众体育的组织与管理[M].西安：西安地图出版社，2009：40.
② 中共中央关于进一步发展体育运动的通知.1984
③ 中华人民共和国民族区域自治法.2001，2005（修订）.
④ 中华人民共和国体育法.1995.
⑤ 全民健身计划纲要.1995.

建设、体育人才培养等方面给予积极支持"①。2002年，在我国成功申办2008年国际奥运会的重大时刻，党中央和国务院发布了《关于进一步加强和改进新时期体育工作的意见》，提出："要广泛开展体育活动，不断提高全民族的健康水平"，"要抓住西部大开发的有利时机，积极扶持中西部地区和少数民族地区发展体育事业，发挥民族人才资源优势，努力促进区域体育的共同发展"②。进入21世纪以来，党和政府更要加大对西部少数民族地区体育事业的支持力度。为此，国家加大了对西部地区农（牧）民体育经费的支持力度；增加在西部地区全民健身工程和青少年体育俱乐部的布点；支持西部地区举办更多的全国性体育竞赛；并实施"雪炭工程"，向西部地区援建大批的体育场馆项目，有效地促进西部地区体育事业的蓬勃发展。

2009年2月，时任国家体育总局局长刘鹏在《深入学习实践科学发展观，积极探索建立全民健身长效化机制——在2009年全国群体工作会议上的讲话》中重点强调了"进一步加强群众体育制度法规建设，努力提高群众体育法制化、规范化水平"的要求，并进一步指出"进入新时期以来，我国群众体育的规范化、制度化水平不断提高，《体育法》和《全民健身计划纲要》的颁布，确定了全民健身的法律地位和目标规划。但总体看，随着群众体育工作领域和范围的不断拓展，人民群众对政府提供体育公共服务的要求不断提高，现有的群众体育法规和制度已经不能适应发展要求，在组织开展全民健身活动中的一些重要具体问题还缺乏法律规范和制度支持。当前，最重要的任务一是积极争取国务院早日颁布实施《全民健身条例》，二是积极推动《体育法》的修改工作，三是认真总结实施《全民健身计划纲要》的经验，尽快启动并研究制定好新周期全民健身发展规划和实施计划，四是进一步修改完善现有的已经明显不适应群体发展实际的各项规章制度。例如，全民健身各项工程建设的申报制度、建设形式和管理办法，群众体育组织的创建办法和标准，研究制定有利于更好地调动社会各界参与组织开展全民健身活动的办法等等。各级体育部门也要按照科学发展观的要求，认真梳理现有制度法规，及时废除一些过时的制度和规定，建立和完善能够有效促进群众体育可持续发展新的法规制度体系"③。

我国西部地区农村体育的法制建设进一步加快，基本健全了农村体育的法律监督体系，加强了对农村体育行政执法的监督。通过法规制度形式，明确了各级对农村体育执法的监督方式、程序、监督渠道和监督权力。基本建立了行

---

① 国家体育总局. 2001—2010年体育改革和发展纲要. 2000.
② 中共中央国务院关于进一步加强和改进新时期体育工作的意见. 2002.
③ 袁伟民. 中国体育年鉴（2010年）[M]. 北京：中国体育年鉴社，2011：14-16.

政执法机关和行政正职定期向人大及其常委会报告工作制度、述职制度和人大及其常委会对行政执法机关质询制度、执行法律检查制度和执法评议制度。进一步普及农村体育的法律法规宣传。广泛利用报刊、广播、电视等媒体及咨询、讲座、比赛、重大体育纪念活动等多种形式，传播、宣讲农村体育法制建设形势。同时，采取"走出去，请进来"的方式，基本建立了农村体育法制学习培训制度，将农村体育法制的学习宣传教育工作纳入单位目标综合责任制考核量化考评体系。通过一系列扎实有效的宣传教育活动使得依法行政、依法治体工作深入到了西部农村地区机关、企业、农村、学校、社区和家庭中。同时，西部地区某些农村也进一步发挥了各级人大监督协调作用，定期开展《体育法》《全民健身计划纲要》执法情况的联合专项检查，通过农村体育的执法监督检查，维护了体育参与者、消费者、从业人员和体育部门的合法权益，推动了各级政府依法行政、依法治体进程，维护了体育法规的严肃性，保障了农村体育事业的发展。但是，西部地区农村体育领域也存在无法可依的现象，全民健身路径管理的法规、条例欠缺，部分地区执法不严和违法追究不力仍有发生。"体育法制不仅仅是静态意义上的法律、法规等规范性法律文件存在形式，也包括司法、执法等动态法律活动形式。完备的体育法规是农村体育法制建设的静态一面。而法律、法规的生命在于执行，农村体育法制建设动态的一面更为重要。目前，我们所颁布的一些农村体育法律、法规因为有法不依、违法不究所造成的半途而废现象并不少见"①。此外，由于西部大多数农村地区国家法制阶段的时间短，家庭法和社会法的阶段长，这一长一短就造成了西北地区农（牧）民的法制心态不够健全和不够完善。因此，在西部地区农村体育的推广和普及工作中，世居西北地区农（牧）民的法制心态的繁杂性、混杂、不和谐性等都会产生一定的影响，比如传统与现代、血缘与规则、保守与开放、新与旧的转换等，一部分农（牧）民法制心态尚未表现为应该有的形态，还被其他非法制因素所影响和牵制。按照休谟的"联想理论"，日常交往的法制心态存在的问题不是天生的，更不是不可更改的，而是一个环境问题。对于这一点，斯宾塞更是明确地指出："为什么人不适应社会性的状态呢？……他原始的环境要求他为自己的福利牺牲别人的福利，他现在的环境要求他不要这样做；只要他身上还顽固地留有旧的属性，也就不适应社会性状态"。②

---

①　韩坤，于可红.我国城市社区体育管理体制改革的制约因素与创新动因探析[J].浙江体育科学，2007（1）：5－8，12.

②　马进.西北世居少数民族日常交往心态研究[M].北京：民族出版社，2011：153－154.

第六章

发达国家农村体育法制对策之考察

当今世界发达国家，其经济高度发达，城市化水平较高，城乡间已无很大差别，基本实现了城乡发展一体化，农村体育特殊性甚微。因此国外对于农村（农民）体育的专门研究文献较为少见。通过查阅日本、澳大利亚、美国、德国等发达国家的有关体育方面的资料来看，对农村（农民）体育方面问题进行专门研究的极为少见。在仅有的相关研究中，也主要是针对农村体育中具体的体育现象的分析，并给出相关的建议。发达国家在农村（农民）体育活动开展过程中，主要围绕着城市和农村的差别、在农村体育发展中的社会资本注入问题、体育锻炼的有效检测问题以及损伤预防问题等进行一定的研究。[①] 虽然如此，世界各国农村体育实践活动的开展却十分丰富。各国家由于政治、经济、文化和传统习惯不同，对农村体育的组织领导、活动方式也大相径庭。在农业发达的国家和地区，直接从事农业生产活动的农业人口很少，大部分是农场主雇佣的农业工人。农场内没有单独设立农村体育机构，农村体育活动往往是自发性行为，并且并不多见。这些国家居民的体育保健意识普遍较强，而且体育保健管理体系已形成并不断完善。政府还经常出台一些大众体育计划及鼓励政策，如德国《家庭体育奖章制》，美国《2000 年健康计划》和日本《迈向 21 世纪体育振兴策略》等，这些相关计划和政策中都没有明显的城市与乡村、工人与农民的差别。在发达国家往往将城市体育与农村体育作为一个相同概念使用，即大众体育。本章将从农村体育的产品供给模式、法制与对策及组织管理三个方面对发达国家的农村体育发展状况进行考察与分析。

---

① 丁孝民，陆一帆.农村体育研究现状及对策分析[C].第三届全民健身科学大会论文集，2014.

第一节　农村体育公共产品供给模式

公共经济学理论将社会产品分为公共产品和私人产品。经济学大师萨缪尔森在他的力作《公共支出的纯理论》中将公共产品界定为：纯粹的公共产品或劳务是这样的产品或劳务，即每个人消费这种物品或劳务不会导致别人对该种产品或劳务的减少。体育公共产品是公共产品的下一位阶概念，是服务于社会成员，为社会成员利益而提供的体育产品与体育服务。既包括大众健身场所、休闲广场、公共体育场馆等实物形态的体育产品，也包括制度性的，如政府的体育政策、制度与信息、科学健身知识和锻炼方法等非实物形态的体育服务。

农村体育公共产品以服务于广大乡村、满足农民强身健体的需要为出发点。当今世界农村体育公共产品供给有三种主要模式：国家供给模式、市场供给模式、市场与国家相结合供给模式。前两种供给都存在单一的局限性，农村体育公共产品与公众切身利益相关，与社会经济文化的发展密切相连，政府单一供给实难满足公众的多元需求；同时又由于公共产品供给的特殊属性，单一的市场化产品配置，很难实现农村体育公共产品供给的有效性，据此，更多国家均实行市场与国家相结合的农村体育公共产品供给模式。

在日本、澳大利亚、美国、德国等发达国家，农村体育公共产品供给模式上采取的是政府主导型供给。政府设置专门体育行政管理行政机构，负责对农村体育公共事业进行全面主导和推动。农村体育公共产品的供给方式是政府自上而下的推进，政府在政策的制定、实施以及体育资源的配置上起主动和导向作用。

一、日本

20 世纪 50 年代，日本因参加第二次世界大战而国力匮乏，农村基础设施落后，农民生活水平差，农民务农思想不稳定，年轻人纷纷离开农村到城里务工，农业人口流失。政府为振兴农村经济，提出了"新农村建设构想"。政府加大了对新农村建设的资金支持力度，斥巨资兴修农田基本建设设施、水利工程、农村电力，大力发展畜牧业、农村广播等领域。通过国家补贴和农业金融机构发放低息贷款等措施，解决日本农村通电、电力供给及开发水力发电等农业发展瓶颈问题。为了全面缩小城乡差距，加快农业现代化水平，推进新农村建设，日本政府于 1967 年 3 月实施了"经济社会发展计划"。该项计划的落实，使得日本农村体育公共产品供给得到了极大加强，尤其是农村体育场地设施的建设得到提速。

日本农村体育场地、体育设施等公共事业的资金主要来源是政府的财政预算。除这一基本预算资金保障外，政府于1990年设立了体育振兴基金会、1998年设立了体育振兴彩票制度。赛马、赛艇、自行车赛、摩托车赛、体育振兴彩票等收益金、社会赞助等资金都是农村体育事业发展的重要资金来源。体育的财政预算来自税收，体育振兴基金和社会赞助则主要是源自企业捐助。

日本农村体育公共设施主要是由政府出资兴建，日本各类体育比赛和体育活动体育设施，也是日本农村体育设施的重要组成部分。在体育公共设施中，大多规模较大，而且多建有观众席、浴室、快餐店、商店和信息中心等综合配套设施。在日本6.2万多个公共体育设施中，各类场地设施的比例较为均衡。[①]20世纪80年代，日本体育人口显著增长，各类体育需求发生了明显的变化，1989年日本政府听取了体育保健审议会的《面向21世纪的体育振兴方案》，并公布实施，为大众体育的快速发展指明了方向。该方案确立了体育设施建设方针，具体规范了各级公共体育设施所应具备的标准，包括农村体育设施。方案同时还提出，地方农村等公共团体应具有积极主动地加快公共体育设施建设，按照区级、市町村级和都道府县级三个生活范围，设置标准化、规模和附属设施规范化等体育设施及其辅助设施。并且要将以上体育设施与附近学校设施实现彼此间的信息互通，形成体育设施网络化管理与一体化经营。2000年，日本制定并实施了"体育振兴基本计划"。这个计划书详细论述了日本现在的大众体育环境与存在的问题，创建综合性社区体育俱乐部的必要性，并提倡兴建综合型地域体育俱乐部。所谓综合型地域体育俱乐部是区域居民自主经营的体育俱乐部，俱乐部开设的项目内容应适应不同人群的需要，并且保证他们无论何时何地都能参加。同年将全国48个市街村确定为典型试验区。该项计划实施后，在2010年在每个大都会，包括城市、小镇、村庄创建至少一个综合型社区体育俱乐部。综合型体育俱乐部在全国市乡村轰轰烈烈开展起来。

日本农村体育公共设施的维护和使用采用"公设民营"的委托方式。委托的对象是地方自治体出资的外围团体（特定团体）及官民出资成立的第三团体。委托的方式：地方自治体对特定团体的直接委托。委托的业务范围与权限：体育事业活动限定在委托合同范围内。该模式将农村公共设施的维护管理委托民间单位负责，而与之相关的各类设施建设费用是由政府公共支出负担。该办法已成为日本农村体育公共设施经营的一种方式。

在日本的农村还有大量的准公共性的体育设施，如利用国民年金修建的体育健康设施、利用厚生年金修建的体育福利设施，还有"勤劳者综合设施""青

---

① 陈琳.日本体育财政及体育补贴制度的现状和展望.体育科研[J].2004(3)：47

少年之家"、家庭旅行村和家庭野营村等各种可供住宿的农村体育休闲设施。日本的农村体育供给模式有着突出的特色与优势。国家政府作为农村体育产品供给主体，制定了大量促进体育发展的政策与计划，颁布实施了促进大众健身公共体育事业法律法规，执行政府财政预算，投入了大量大众体育建设资金。通过政府主导集中力量推动体育公共事业的发展，在社会经济发展比较落后的时期，在社会和私人投入不足的情况下，有利于加强政府的调控与管理，使体育公共产品的供给符合政府的公共意愿，有利于整合一切社会力量，整体上服务于农村体育公共政策目标的实现，有利于经费资源的合理配置。同时该供给模式也容易使政府的干预过多，导致农村体育管理垄断，不利于农村体育的社会化和市场化发展，难以满足农村千差万别的多元化体育公共需求；这种模式也容易弱化农村体育社团组织及其功能，妨碍其他参与和支持农村体育公共产品供给的渠道。

二、澳大利亚

澳大利亚农村体育公共事业较为发达，西北部农村地区居民参加体育活动人数较多，体育人口比较可观，高于全国平均水平。在澳大利亚农村乡镇，体育对当地社会、文化、政治和经济的相互联系起着举足轻重的地位。虽然农村地区还有一些神鬼信奉，少数村民对体育的功能认识淡薄，体育传播受到抵触[1]，但是这并不能够覆盖整个局面，只是体育运动在农村发展中的一个小挫折而已，体育运动已经成为许多农村居民的重要生活方式。[2] 体育一直在农村中扮演着重要的社会作用，不参加体育活动意味着被社会排挤。[3] 在澳大利亚农村，体育俱乐部被认为是民间聚会的主要场所。20 世纪末农村体育俱乐部蓬勃发展。根据澳大利亚国家统计局 2001 年统计报告显示，在六大洲中有 25% 的农牧民参加了各种组织性体育活动，或作为运动员或参加其他形式的体育活动。

澳大利亚农村体育事业是由政府和社会体育组织相互推动而发展起来的。政府和社会体育组织共同成为农村体育公共产品供给主体。在该供给模式下，政府设有专门负责农村体育的管理机构。政府主要对农村体育公共事务实行宏

---

[1]　Alomes, S. Tales of a Dreamtime: Australian Football as Secularreligion[M]. In: Craven, I. (Ed.), Australian Popular Culture. University of Cambridge Press, Cambridge, 1994: 46 - 65.

[2]　Alston, M. Social Exclusion in Rural Australia[M]. In: Cocklin, C., Dibdin, J. (Eds.), Sustainability and Change in Rural Australia. University of New South Wales Press, Sydney, 2005: 157 - 170.

[3]　Pearce, N., Davey-Smith, G. Is Social Capital the Key Toinequalities in Health[M]. American Journal of Public Health, 2003, (93): 122 - 129.

观管理, 提供相关体育方针政策与体育发展资金资助, 指挥、协调、监督农村体育事业管理。除此之外, 澳大利亚政府还指派相关部门作为准行政机构负责管理指导农村体育。在此制度体系下, 各类准行政机构形成供给主体, 对全国涉及农村体育的公共产品供给实施管理。在准行政机构中, 执行委员会或董事会成员是由政府任命的, 他们负责农村体育事务, 而具体工作则由雇用的专职和兼职人员完成, 这些人员都不是政府公职人员。准行政机构的重大体育事项由执行委员会全体成员决定。在早期, 澳大利亚的环境、体育与国土资源部是澳大利亚联邦政府机构中体育管理的最高机构。从 1994 年起, 环境、体育与国土资源部将部分重要体育组织的人事任免权, 以及其他体育管理职能全部移交给澳大利亚体育委员会。澳大利亚体育委员会是澳大利亚政府的延伸机构, 具有日常事务的自主权利, 但其中人事权归属联邦政府, 并向代表联邦政府的体育管理机构——环境、体育与国土资源部负责。该组织经费的都来源于联邦政府拨款。

在澳大利亚, 体育志愿者在建设和维持农村体育设施方面的作用是非常显著的。当大部分设施由当地政府部门提供时, 志愿者仍然提供劳动力和其他资源。当地政府不能提供农村急需的体育设施时, 志愿者的募捐活动是就显得相当的重要了。如, 运动训练设施的建设、高尔夫球场的换代、网球场的换面以及俱乐部房间的重构和重新布局等。

三、美国

美国是一个崇尚体育与运动的国家。每一个社区 (包括农村) 都有自己的体育活动中心, 中心内有多功能的体育馆、健身房、游泳池, 可以开展乒乓球、羽毛球、游泳、舞蹈、健身等活动。室外有网球场、钓鱼池、野营地等。农村社区体育设施建设的目的是为了服务于大众体育, 服务于农村社区居民, 以提高农村社区居民的生活质量为目的。无论体育项目的开展还是体育场地、场馆的建设位置等, 都必须做到照顾到老人、青少年、妇女儿童等多方需求, 服务于普通的农民大众。美国社农村社区体育的本土化、层次性、休闲化与大众化十分突出。

美国大多地方的州、市以公共财政对一些体育竞赛的举办和体育场馆的设施建设给予补贴。美国政府对城乡体育场馆建设所提供的补贴方式主要有四种: 一是对体育场馆的维护整修; 二是将场馆租赁给俱乐部 (低租金或无租金); 三是直接向场馆承包企业支付现金; 四是通过免税债券资助体育场馆的建设等。随着体育活动的增多和体育的公共化, 公共体育服务主要体现在公共场馆的提供, 竞技体育和大众健身更多是被当作私人品, 由私人部门组织生产与提供。政府鼓励社会自助，即社区准体育公共产品供给以及非营利组织供给：公共—私有合作供给以及体育非营利组织供给。公共—私有合作供给模式是政府公共经济政策的转变，政府将农村体育产品区分为纯农村体育公共产品和准农村体育公共产品，并实施不同的供给方针。政府制定农村体育政策法规、监督管理私人体育企业和市场；通过合同承包和特许经营的方式由私人企业经营农村体育设施场馆与体育活动。体育产品多方供给主体，打破了垄断，鼓励体育民营化，且政府采用合同外包、购买服务的方式与纯私人企业签订服务与购买合同节约了农村体育事业成本。此外，政府对企业给予一定的优惠政策或财政补贴。美国农村准体育公共产品的供给与城市供给并无差异。

美国非营利组织数量庞大，经济实力雄厚，在社会上影响广泛。1998年，美国注册登记的非营利组织就达160万个，平均每12个就业人员中就有1人为非营利组织员工。非营利组织已经与政府、企业形成三足鼎立之势。其中体育非营利组织也数量众多。[①] 在美国农村体育发展过程中，各级各类的体育非营利组织发挥了重要作用，例如，黑人促进会、美国青年俱乐部等，其大部分的资金收入来自社会慈善机构的捐助、企业赞助、政府拨款及私人捐款。另外，耐克、阿迪达斯等一些美国知名企业也常对农村贫困地区青少年体育赛事及体育后备人才进行公益性赞助。

四、德国

德国一个名副其实的体育强国。丰富多样的"供给方式"被认为是公共体育服务良性发展的重要表征，其中多元的供给主体通常被视为是公共体育服务活力的表现。德国农村体育供给主要为社会主导型和体育俱乐部式的供给机制。

德国联邦、州和地方三个层次的政府机构都对体育运动的发展提供支持，联邦政府对大众体育的支持主要体现在对全国体育运动发展起重要作用的非政府的全国性体育组织上，作为文化主权的重要部分；州政府在大众体育运动管理方面起主要作用，地方政府对体育运动的支持则主要体现在修建和维修当地的体育和娱乐设施上。德国政府一般不介入体育社团的具体事务，相关部门的主要体育职能在于体育场地设施的建设与维护以及资助社团体育组织，其重点是推动大众体育和学校体育。德国的市级和县级政府主要负责当地体育与休闲设施的建设与维护。

德国农村大众体育的发动、领导和组织均由各级体联和遍布全国城乡各地

---

① 孙倩. 美国非营利组织[J]. 社会, 2003(7): 49 - 51

的体育俱乐部具体实施。可见德国大众体育的基本组织形式仍是体育俱乐部。农村1/3的居民都是体育俱乐部成员。德国宪法明确规定，公民有权组建俱乐部及其他社会团体。体育俱乐部是德国农村体育活动开展的最基本组织载体。德国每个体育俱乐部既是德国体育联合会的会员组织，又是单项协会的会员组织。分布于全国各地城乡的体育俱乐部为不同行业和不同兴趣爱好的居民提供大量参与体育活动的机会。它们是以自由的成员资格、以成员利益为准则、不依赖第三者、共同参与和民主决策的自由团体。德国社区体育俱乐部按照德国俱乐部法进行设立，采用自主经营为主，不以营利行为目的的进行经营活动，且具有明确的法人地位。德国体育俱乐部的这些运行特点不仅与德国文化高度相关，也和德国政治经济制度紧密相连。

在德国，农村体育等公共产品主要由各种社会体育组织进行管理，政府一般不设立专门的体育机构，政府对于农村体育事务较少直接介入和干涉。即使在介入和干涉时，也常常是利用市场机制，采用法律或经济的手段间接地进行。联邦政府除通过体育彩票给予体育社团组织一定的财政补助以外，基本上不干预其管理事务，充分体现它的自治地位。在德国农村体育公共产品供给中政府充分发挥其宏观管理职能，社会各界力量的积极性和灵活性又能充分调动，能更有效率和多元化地满足农村体育公共产品需求，形成政府与社会互动支持的良性循环，并能相互弥补职能空缺，提高供给效率。一方面，政府设置专门机构对大众体育进行宏观管理，不插手具体事务，但另一方面又对社团组织进行高层次的掌控，使其不偏离体育公共服务的方向，从而有利于农村体育公共文化服务体系的构建。

在新农村建设的今天，我国借鉴该种制度模式，一方面能够发挥政府的主导地位与意志，实现政府的公共文化服务职能；另一方面还能弥补政府力量的不足与多样化局限，提高农村体育公共产品供给的社会化水平。

第二节　农村体育法制与政策

一个国家的农村体育要实现可持续性健康发展，必须构建科学的政策加以引导。在西方发达国家，享有体育服务被认为是公民享有的基本权利，体育场地设施成为公民理应享有的福祉。发达国家纷纷制定相关政策与法规，推动本国体育事业的发展。农村体育法律制度作为调整体育关系的法律规范，其产生和发展是与一个国家农村体育运动的产生和发展密切相关的。诸多发达国家很早就产生了现代意义上的体育法。英国、美国、芬兰、法国、意大利、西班牙等国政府分别通过了体育法。美国、日本、德国等国家的法律制度在促进农村体育发展中起到了积极的推进作用。

一、日本

日本农村体育的兴旺发达得益于该国体育公共服务均等化政策。随着公共服务理念在全国的深入,体育公共服务均等化逐渐成为日本社会体育政策的重要内容。该政策推行后,公共体育产品供给在城乡之间并没有因经济差异有明显的失衡;在区域层面的农村体育公共服务均等化也基本实现。为推动农村体育的发展,日本政府先后颁布了《体育振兴法》(1961 年)、《体育振兴基本法》(2000年)、《体育立国战略》(2010 年)、《体育基本法》(2011 年)、《体育基本计划(2012—2016 年)》(2012 年),对包括农村体育在内的大众体育发展目标与内容进行了规划,这些目标的实现在于建立一个人人都能平等享受体育权利的社会。

表 6－1　20 世纪 60 年代以来重要的大众体育法规

时间	名称	相关农村体育内容
1961 年	《体育振兴法》	提倡健全国民身心、丰富国民的生活;公民有选择参加体育运动的自由;政府对地方公共体育设施的财政补贴;实行体育指导委员;对于支持体育发展的捐赠资金实施免税制度等
2011 年	《体育基本法》	新公共理论;国家、地方公共团体的体育义务责任;整备体育指导者条件和振兴区域体育条件;确定全国体育日等

表 6－2　20 世纪 60 年代以来重要的大众体育规划

时间	名称	相关农村体育内容
2000 年	《体育振兴基本计划》	提高儿童体力;全国各市区町村至少建立一个综合型地区体育俱乐部,实现终身体育社会;设立社区体育贡献奖等
2010 年	《体育立国战略》	全民参与体育,强化大众体育等
2012 年	《体育基本计划》	2012 年之后的 10 年计划:发展儿童体育,提高市区町村体育设施环境建设等

《体育基本法》(简称《基本法》)①在日本体育法制史上具有里程碑意义，它开启了现代大众体育立法的新时代。《体育基本计划》(简称《计划》)②是为了配合《基本法》实施而出台的，规划了日本体育事业从2005年到2010年的大众体育目标、措施等。2000年日本颁布的《体育振兴基本计划》(以下简称《振兴计划》)中所确定的开展大众体育的一系列举措，在实施后基本取得了预期的成效。到2010年，连续每周1天以上从事体育运动的人员数量占国民总数的比例已经达到45.3%。不够完美的是《振兴计划》在执行不力时也出现了一定的薄弱环节。表现在一些地方的综合运动俱乐部，由于财政拨款不足，运营举步维艰，经营乏力，师资流失，设施建设搁置。③

日本的大众体育较为丰富发达，这得益于较为完备的体育法制体系。早在1961年日本就颁布了《体育振兴法》，随之颁发了大量的配套文件，如《体育振兴法施行令》《社会教育法》《学校体育设施对外开放法》《城市公园法》《自然公园法》等法律法规。1995年5月《地方分权法》的颁布实施，使大众体育发展目标拓展到城市基层社区、农村社区，地方政府在大众体育上权责越来越大，作用越来越突出。为了大力推动大众体育在城乡的有序开展，一些地方政府成立了大众体育专门执法机构，加强地方政府对体育执法机构执行力的监督。同时日本有关体育法还规定，国家及地方公共团体，在体育场馆设施的建设中应保证体育场馆、游泳池等体育设施达到所规定的标准。

对日本农村体育设施建设起推动作用的当属名噪一时《日常生活圈内体育设施标准》。该标准是日本保健体育审议会于1972年提出的，该标准的推广加快了农村体育公共设施的建设速度，农村体育公共产品的供给更加丰富。20世纪80年代，为适应体育人口的迅速增长和体育需求的不断增加，日本保健体育审议会于1989年提出了《体育设施建设方针》，规定了包括农村在内的各级公共体育设施所应具备的设施标准，同时还提出，地方农村等公共团体应具有主动积极性，按照区级、市町村级和都道府县级三个生活范围，立足于体育设施的功能，在标准化、规模和附属设施等方面予以完善，并且要将体育设施和图书馆等学校设施间的信息互通，形成网络化管理和一体化经营。④ 1972年12月，日本政府推出了"关于普及振兴体育运动的基本计划"，该计划突出了均等化的思想核心，明确规定了不同经济发展地区基本社区体育配套设施的标准。

---

① スポーツ基本法[Z].文部科学省,2011-06-24
② スポーツ基本計画[Z].文部科学省,2012-03-12
③ 李凌.日本体育新政策《立国战略》解析[J].山东体育学院学报,2011(11):5
④ 张小林.我国农村体育公共产品供给制度分析与创新[D].长沙:湖南农业大学,2010:88

中央直接负责47个都、道、府、县和3300个左右的市、町、村进行公共体育产品供给的分配，保证了体育公共服务的基本均衡。

综上，日本将区域体育公共服务均等化作为体育公共服务均等的重要内容。在实践中日本通过政策法规的制定和实施，帮助扶持经济相对落后的地区，特别是农村地区，使体育公共服务在区域间协调发展。体育公共服务均等化的过程，亦是日本政府将政策性的文本转化为制度的过程，20世纪90年代以后，随着经济鼎盛发展，政府开始着力于提高其国际政治影响力，实施体育强国政策，相继出台了一系列体育法规与大众体育发展规划，目标是培养体育人才，提高国民健康水平。这一系列措施都有力推动了大众体育在农村的快速发展。全面推动体育发展的宏观规划和法律法规在推动日本农村体育发展方面发挥了积极作用。

二、美国

美国体育法制政策实施有百余年的历史，20世纪30年代以后，美国体育法制政策已经进入了成熟期。社会需求主导体育发展，在国家宏观指导下美国体育走向大而强的发展道路。此时美国体育组织蓬勃发展，体育市场逐渐完善，体育产品供应充足。美国体育法制政策日臻完善，表现在：各类体育标准日臻完善并出台；扩大公民体育参与度，公民的体育权利备受重视与保护，相继出台相关法律保障公民体育运动权利；政府层面推行大量政策体育，确保公民体育健康。美国通过制定相关法律的方式，保障公民平等参与体育运动的权利，促进各类体育组织的蓬勃发展，使体育市场逐渐完善，最终形成了以社会主导和国家宏观调控相结合的社会主导型体育政策。

为了保证有效的农村公共体育均衡化供给，美国1965年通过《土地与水资源保护法》，规定联邦政府每年拨款7.8亿美元用于大众体育设施建设。美国《健康公民2000年》计划又把增加社区体育中心的数量作为一个重要的指标。[①]联邦政府还通过税收手段，实施金融政策的优惠，来鼓励、引导私人资金投向公共体育场馆建设。在《健康公民2000年》中明确规定：每个地区、社区体育中心的发展要大致均衡。每10000人要建1英里的野营、自行车式健身路径，每25000人要建一个公共游泳池，每1000人要建4英亩开放式休闲公园。对一些经济相对落后的地区，通过拨出专款和建立相关基金的方式，使其达到政府所规定的"社区体育中心基本均衡"。艾森豪威尔担任总统期间就曾多次召

---

① Healthy People 2000FactSheet〔EB/OL〕. http://odphp. osophs. dhhs. gov/pubs/HP2000/hp2kfact. htm. 2010 – 07 – 30.

开专门体育会议，就实行统一的学校体质测定标准等做出决议，还成立了"总统青少年体质委员会"。美国实行的"美国体育总统奖"制度也极大地激励着人们终身参与体育锻炼。50 个州都设有"州总统健康与运动委员会"。①

美国政府注重用众多的法律手段来对大众体育健身进行推动、管理和调控。1919 年，美国制订了《体育法案》，这是美国历史上第一个全国性的体育法案。美国议会 1972 年通过了《体育法案》修正案，增加了妇女教育权利，这就在妇女权利主体和体育权利内容上迈进了一大步，消除了对妇女体育活动的歧视和偏见，完善和发展了体育法。1973 年美国颁布了《残障人康复法》，该法令特别强调残疾人得到体育权利合法性，助推了残疾人体育运动的开展。美国在 1976 年专门成立体育律师协会，为了保证民众合法体育权利，以专业的团队服务处理大众体育的纠纷。美国的《业余体育法》是唯一一个专门针对业余体育运动的联邦立法，亦称为"泰德·斯蒂文森奥林匹克与业余运动法"，目前的版本为 1998 年由阿拉斯加资深参议员泰德·斯蒂文森发起而得名，是世界上最为重要的体育相关法律之一。② 美国的《业余体育法》自实施至今已被诸多国家和地区学习、仿效，是世界许多国家大众体育立法的重要参照性法律文本。

到 1989 年止，全世界有 116 个国家和地区公布了大众体育发展计划。美国就是其中的倡导者。美国农村体育的实施与开展，是美国各界、各级政府积极推动的结果。美国保健福利部于 1980 年出台了第一个十年规划——《增进健康，驱除疾病的国家目标》，保健福利部又于 1990 年颁布了第二个十年规划——《健康公民 2000 年》。《健康公民 2000 年》的目的在于倡导国民积极参与锻炼，不断提高民众体质。到 2000 年实现 6 岁以上的美国国民有 30% 以上要每天参加 30 分钟以上的轻度或中等强度运动的目标；到 2000 年实现一座游泳池/25000 人，1 英里跑道/1000 人的目标。

美国发达的体育法制政策的颁布与实施，启示我们在体育发展过程中，要想使我国的农村体育事业健康可持续发展，实现农村体育供给的均衡化，必须依靠法制政策的推进，必须要将工作重心转移到人本关怀和公民个体健康发展上，努力实现人的需求和经济社会发展之间的平衡。

三、德国

德国人口只有 8000 多万，占世界人口 1%，但德国的体育人口却很惊人，大约占德国总人口的 2/3，可见大众体育健身深入人心。依据德国宪法第 30 条

---

① 王斌. 外国体育行政管理体制比较研究[J]. 体育文化导刊, 2008(2): 104.
② Olympic Council of Asia Constitution & Rules.

的规定，德国体育发展的责任主要由州一级机构承担。各州政府负责体育场地设施的建设与维护以及对体育组织提供资助，市级和县级政府主要负责当地的（包括乡村）体育与休闲设施的建设与维护。德国的体育设施不但总量大，而且遍布城乡各地，为居民运动健身提供了极大的方便。德国体育设施归属方面，乡镇是体育设施最主要的承担主体或经营者（约60%），拥有相当数量的露天体育设施、游泳池和体育馆。德国体育设施的第二大承担主体是俱乐部，俱乐部拥有大批网球和射击设施。在老联邦州（西德地区），俱乐部经营的体育设施平均超过30%，而在新联邦州（东德地区）15% 左右。①

在德国大众体育发展中，政府扮演了重要角色，先后推出了三个"黄金计划"，推动了全国大众体育的迅猛发展，也极大地丰富了农村体育产品供给，带动了农村体育事业的可持续发展。第1个《黄金计划》（1960—1975年），德国的大众体育场地建设实际投资达185亿马克，州政府资助达30%~35%，联邦政府资助4%，其余绝大部分均由各地方政府筹集，实现了每一个德国公民300马克的公共体育供给。德国第2个《黄金计划》（1976—1984年）投资额为76亿马克。第3个《黄金计划》（1985—1990年）投资也近150亿马克。每个黄金计划政府是翻倍地增加财力支持。三个"黄金计划"的全面实施后，整个德国体育场馆建设的作用是显著的，从中可以看出德国大众体育发展的硬件设施在黄金计划的进程推进中得到全面的保障。

德国的大众体育政策遵循两项基本原则：一是每个公民都有机会参加体育活动，这包括以下4个方面：运动设施位于交通方便的地方；费用要在参与者能够支付的范围内；与参与者时间、社会和家庭条件一致；每个公民都能够在体育俱乐部中找到符合自己兴趣和能力的体育项目。二是政府提供必要的财政支持，并向所有人提供参加体育活动的机会和平等条件。②

联邦政府除了向体育组织直接提供资金，还有各种政策和渠道为体育产业开绿灯，比如对非营利性的俱乐部实行减税甚至免税政策。体育俱乐部和体育协会的捐赠者可以要求减免个人所得税。再如，俱乐部可以免费或者以很低的价格使用体育场馆等等。③

为了鼓励体育志愿者服务大众体育，德国奥体联从2000年起设立了"支持体育志愿服务奖"，用于表彰在政治、经济、媒体等不同领域积极支持体育工作的志愿服务人员和机构，每年都有大批服务于农村体育的志愿者的表彰与奖

---

① 侯海波译.德国体育场馆巡视[J].环球体育市场,2009(1):61.
② 石磊.德国大众体育管理体制及其运行机制的研究[M].北京:人民体育出版社,2002:284-285.
③ 李晓洁.德国大众体育发展探因[N].中国体育报,2015-4-8.

励。为了更好促进该项工作的大力开展，政府还为志愿者购买意外事故保险，对于其相关经营活动给予税收优惠等措施。在德国宪法中还准许体育俱乐部和体育联合会享有组织上的自治权。通过体育组织自我管理，增强国民的民主意识，同时也提高了国民参与体育志愿服务的积极性与主动性。

第三节　农村体育组织管理

发达国家体育事业的普遍发展不仅得力于体育项目的繁多，更得力于体育运动的组织形式及体育指导员的培训与管理。在发达国家，各类乡村体育俱乐部十分发达，政府对不同水平、不同层次的体育指导员进行培训与配置，有效解决了农村体育指导员人才匮乏的现实问题，促进了农村体育的快速发展。

一、日本

日本是非常注重健康的国家，是著名的长寿国家，居民的平均寿命居世界之首，健康体育被看成是一项社会福利事业。从政府到民间体育组织，都以增进人们的健康水平为体育工作的出发点。社区体育俱乐部的建设、体育设施的综合利用和体育指导员的配备工作方面走在世界前列。

日本体育的组织机构从性质上可分为三类：政府管理机构、社会团体和民间组织。以上体育组织在纵向的管理上都采用了三级管理模式：中央级、都道府级、市区町村级。

日本体育的管理体制相比于美国更加完备，由政府和民间机构共同构成大众体育的管理组织。第一类是政府机构。日本文部省体育局的教育委员会（在日本教委）及各级教委（市、区、町、村）下设体育科，管理大众体育的宏观规划与发展；第二类是在社区内设立的体育组织，包括市、区、町、村级的体育协会、体育指导员协会、休闲协会等，其职责是与社会各界联系，筹措资金，吸纳体育所需人才；第三类是社区体育（包括农村体育）中的民间组织，是社会上财团、企业、个人等自行筹建的体育中心、体育组织、部分体育俱乐部等，这类组织有自己的体育设施，经济独立、自负盈亏。

日本文部省体育局是日本政府管理农村等体育事业的最高机构，都道府县与市区町村的教委设置了保健体育科，负责指导农村体育的开展和大众健身的指导。日本农村体育管理的日常事务性工作主要由以日本体育协会和日本奥委会为首的社会体育团体承担。日本体育协会是在体育社会团体组织中级别最高、最具权威的大众体育社会团体。协会下辖都道府县体协和市区町村体育协会。日本农村都有体协在指导农村体育的开展和村民体育健康。

　　日本 20 世纪 60 年代就已形成了较为完善的社会体育指导员管理体制。当前,日本社会体育指导员采用的是政府与社会团体相结合的管理体制。日本体育协会统一负责社会体育指导资格的管理,体育社会团体承担社会体育指导员培训等事务性工作。日本农村社会体育指导员资格的认定必须经过各类日本体育协会组织的考试,审核合格后将人员资料报送日本体育协会,最后由日本体育协会审定并颁发资格认定证书。日本农村社会体育指导员级别分为高、中、低三个级别,资格有效期为 4 年。在 4 年资格有效期限内,必须参加相关课程培训考试(对游泳、滑雪、网球、空手道四项的社会体育指导员有特别的要求),更新执照。逾期一年未重新登记者,将被取消资格。同时,日本还每年定期召开一次全国体育指导员进修交流会。[1]

二、美国

　　在美国农村,娱乐体育和休闲体育是农村体育的核心内容,常规体育项目、健身运动、医疗保险运动是美国农村体育的主要活动内容。各种类型的体育健身和休闲俱乐部是美国农村体育的基本组织形式。美国政府对农村体育只是提供最基本场地和设施的支持,农民到体育场地参加活动是不收费的,被人们视为是纳税人的权利。

　　美国是当今世界体育产业最发达的国家,也是全球最大体育健身娱乐市场。早在 20 世纪 50 年代美国就开始出现健身俱乐部。美国以法律的形式确立了体育俱乐部在体育活动组织中的合法地位。2005—2015 年,美国健身俱乐部数量呈现持续上涨态势,健身俱乐部行业发展状况较好。2014 年,美国健身俱乐部数量达到 34460 家,同比增长 7.19%。2015 年,美国健身俱乐部的数量达到 36872 家,同比增长 7.0%。据《中国健身俱乐部行业市场调研与投资战略规划分析报告》数据显示,2005—2015 年,美国健身俱乐部会员人数除少数年份有所波动,总体上呈现出持续上升的态势。2014 年,美国健身俱乐部会员人数达到 5410 万人,较上年增长 2.27%。2015 年,人数达到 5570 万人,同比增长 2.95%。可见美国健身俱乐部在市场上相当普遍,民众的接受度高,称得上是美国产业的主流之一。在科技与经济进步的现在,休闲产业开始兴起。然而,虽然健身俱乐部产业的发展时间较其他产业短,但在近几年,其衍生产品的成长却是比较快速,例如多元的课程(瑜伽、杠铃有氧、拳击有氧等)、健身产品(相关服饰、营养品、健身装备等)、专业化的设备(交叉椭圆训练机、跑步机等)等。[2] 农村体育

① 李相如.日本大众体育和社会体育指导员的发展概况[J].首都体育学院学报,2002(4):12-14.
② 梁华伟.美国健身俱乐部经营特性研究[J].福建体育科技,2016(1):3

俱乐部以自愿参加为原则，以健康、休闲、娱乐为内容开展体育活动，以使体育成为所有农民的基本权利为目标，极大地推动了农村体育事业的发展。

由于美国农村体育活动的开展所需经费大多依赖于社会力量，所以在美国存在大量独立的和半独立的体育社团组织，在农村体育的组织管理方面保持着很强的独立性和自制性。参与美国农村体育等公共产品供给的有非常著名的体育社团组织——美国体育联合会，后来该组织又根据美国大众体育发展新趋向更名为——美国健康、体育、娱乐和舞蹈联盟，还有各种妇女体育协会组织、黑人体育促进会等在美国农村体育发展中发挥重要作用，并防止各种人群歧视，强调城乡各种族体育公共参与的平等机会。美国还有许多志愿组织在农村体育活动的开展方面发挥着重要的作用，如美国青年基督教协会、美国青年俱乐部等，他们都在为农村体育提供各类志愿服务。

在美国体育事业快速发展中，体育指导员是一支重要力量，对于美国体育事业的发展起着较大的推动作用。美国义务体育指导员队伍之大，数量之多，指导能力之强，是其他国家不可比拟的。体育指导员在组织体育活动的开展，科学健身的技术指导、大众体育消费的引导等方面都发挥着十分重要的作用，这就使得美国农村体育内容丰富、范围广、运动质量高成为现实。

美国的健身指导员资格认定有着严格的规范化制度。美国健身指导员须持证上岗，这是成为体育指导员的先决条件。美国的体育指导员的资格由以下四个部门认定与管理：美国运动医学学会（ACSM）、全美体育教练员联合会（NATA）、美国体力调整协会（NSCA）、国家体育舞蹈联合会（IDET）。美国的体育指导分为健康健身教练、运动指导员、健身总监、运动检查技师、运动指导专家、运动计划总监运动指导员、体力调整专家、私人指导员、有氧健身教练等。对体育指导员都有着严格的培训和组织管理。体育指导员培训的内容既注重理论，也注重实践技能。各种体育社会组织代表政府执行体育指导员的管理、资格认定、培训、监督等，体育指导员执照的更新都需要严格地培训，考试合格后可续体育指导员。严格而规范的体育指导员制度有效地保障了农村体育活动开展，促进了农村体育的发展。

三、德国

德国各种类型的体育俱乐部遍布全国城乡，农村体育活动的发动、领导和组织主要依靠各级体联和体育俱乐部。体育俱乐部是德国大众体育的基本组织形式。各地的体育俱乐部具体实施大众体育活动。德国体育联合会作为体育最高管理机构指导并管理着众多体育俱乐部。体育俱乐部成员资格自由，俱乐部活动以成员利益为准则，成员有义务参加工作，有权利参与民主决策。德国体育俱乐部举足轻重的地位和德国的体育公共产品方式有关。德国联邦、州和地方三个层次的政府机构都是体育运动发展的供给者。联邦政府对全国体育运动发展起重要推进作用，包括农村在内的体育法规和政策的制定与实施；州政府在大众体育运动管理方面中体现在对体育运动和娱乐设施上的修建与维护；体育俱乐部成员每人都在不计报酬地努力工作，他们每年奉献的农村体育经费已经超过了政府的拨款。德国宪法明确规定，公民有权组建俱乐部及其他社会团体，体育俱乐部是德国农村体育活动开展的最基本组织载体。德国每个体育俱乐部既是德国体育联合会的会员组织，又是单项协会的会员组织。

德国体育联盟(DSB)是作为民间体育活动的组织核心，在民间体育活动中发挥着重要的作用。德国体育指导员是在体协管理指导下工作。农村体育指导员分为普通体育指导员、特定项目指导员、青少年指导员、体育经营指导者4类。

农村体育指导员的推荐、派遣、资格认定、管理、培训等均由各种协会、民间团体等承担，政府起监督作用。州体联负责向有资格证书的农村体育指导员发放补贴金。德国农村体育指导员现分为三大类：志愿体育指导员、有偿服务的体育指导员和职业体育指导员。这三类指导员分别在不同类型的俱乐部工作，分别承担不同的任务，为大众提供灵活的活动计划，已经达到了市场化经营的目标，这也是体育指导员适应大众多样化需要的必然结果。

在德国政府通过购买公共体育服务的方式实现部分农村体育的契约化管理。政府与体育社会组织之间通过订立平等的契约，合同中明确购买农村体育服务项目内容、标的金额、服务期限、评估标准、评估方法、各方的责任和义务等一系列购买农村体育服务的主要条款。购买合同签订后，政府与体育社会组织必须严格履行合同。如有违反就必须支付合同违约金或赔偿，以弥补对方因此而遭受的经济损失。德国采取了政府拨款、服务收费、慈善捐助等多渠道方式购买公共体育服务，这种购买农村体育公共服务的管理模式大大促进了农村体育的迅速发展。

美国、德国、日本三国的大众体育优势不仅在于他们具有历史悠久的传统的多项目，更在于多部门型的综合性体育俱乐部和对体育指导员的培训与管理。在这些国家乡村体育俱乐部也是十分发达。农村体育俱乐部成为乡村体育的基本组织形式。俱乐部内部对不同水平的指导员，不同需求的指导员进行有效的培养和配置，解决了农村体育指导员人才匮乏的现实。在我国实现社会体育指导员完全社会化的过程中，必须尽快培育各种类型的体育俱乐部，真正建立起社会体育组织网络体系，为农村体育指导员提供服务场所和管理机构。

第七章

西部地区农村体育创新发展的法制对策

第一节　增强农民体育意识

一、树立正确的体育价值观

长期以来，我国广大农民对体育运动的目的、作用、意义认识不清。据调查，大多数农民认为农业劳作就是很好的体能活动，体育锻炼没有必要。"打球打球打不出粮棉油""体育锻炼是有钱人的事，与己无关"，这种思想在农村普遍存在。① 国家体育总局的调查结果显示：城镇居民参加体育锻炼的比例比乡村居民高出 24.1%，并且经常参加体育锻炼的人数比例是乡村的 2.7 倍。②

增强农民的体育锻炼意识，首先要树立正确的体育价值观。所谓体育价值观，就是社会个体以自我的角度出发，对体育进行主观评价的总和。同一时空的人们对同一体育现象的评价和取向会不相同，即使同一社会个体，在不同时期对同一体育现象的评价和取向也不会一致。③ 农村体育工作开展的效果如何，主要是取决于农民大众对于体育活动及体育事业的认知程度。目前我国广大农民对农村体育在认识理解上存在很多误区，很多人都认为体育与生产劳动是没有多大的区别，对体育活动很漠然。这种认识上的局限性从主观方面就严

---

① 阎孝英.对我国西部农民体育的思考[J].辽宁体育科技，2004(11)：3.

② 国家体育总局 2008 年中国城乡居民参加体育锻炼现状调查发布会在京举行[EB/OL]. http://www. sporl. gov. cn，2008－12－18.

③ 李留东，张文革.建设社会主义新农村视角下发展农村体育的几点思考[J].成都体育学院学报，2002(6)：4.

重阻碍了农村体育的健康、快速发展，影响了体育健身等项目在农村的普及程度。由此，发展农村体育的首要任务是先转变农民传统陈旧体育观念，使广大农民树立正确的体育意识。我国是世界上农业大国，农民的身体健康素质不仅是自身问题，更关乎我国农村生产的顺利进行和科学发展。

体力劳动与体育活动确实有相同之处。体育活动本身就起源于劳动。在古代人类的狩猎、游牧和农耕等为生的活动形成了行走、奔跑、跳跃以及投掷、骑乘、翻爬等技能，许许多多的劳动技能经过世代相传，逐步发展成为体育活动。

但是体力劳动与体育活动有着根本性的区别。农民的体力劳动是为了耕作的需要，身体是局部、单调而机械的活动。人们在常年的劳动中基本是单一劳动姿态的重复，长此以往，周而复始的相同劳动姿势会造成某些身体器官的过度疲劳，甚至于损伤；而体育活动却不然，它是一种有意识的能动性、娱乐性的身体活动。通过体育活动可以舒展身体，放松心情。既强身健体，又使心情获得了愉悦，使人充分享受着精神上的快乐。有人就此形象地概括，体育活动是"愉快地精疲力竭"。由此可见农村体力劳动不能替代体育运动，广大农民需要体育活动。但我国农村群众体育的整体状况是不容乐观的，特别是在西部经济欠发达地区的农村，必要的体育设施和健身场所建设不到位，农民们业余活动很单调。白天忙农活，农闲时基本都把精力放在看电视、打扑克、打麻将上，农民们的体质状况并不乐观，生活质量并非理想。

随着时代发展，体育的政治、经济、文化功能不断拓展，需要广大农民积极接受现代社会的体育多元功能和综合价值，树立科学的体育观。各级政府要树立以人为本的服务意识，将农民体质健康和农民生活质量作为工作的主要内容，将农民体育工作与社会主义新农村建设相结合，以城镇化建设为契机，加大对农村体育设施、体育运动场所的投入力度，引导农民积极开展健康向上、丰富多彩的体育文化活动。各级政府机构和体育组织可以通过网络、电视、报纸杂志、农村板报等载体传播体育信息、健身知识和农民关注的身边体育新闻，调动农民的体育热情，营造农民体育健身氛围；还可定期开展体育服务下乡活动，发放适合农民阅读的体育书籍和宣传册；还可针对不同地区农民的兴趣爱好，积极举行健身竞赛体育表演和农民运动会，以此增进农民的体育运动热情，使农民能够积极、主动参与体育活动。

二、强化农民的体育权利意识

在我国社会主义人权建设及法律保护的进程中，公民体育权利在我国的《宪法》《体育法》等法律法规中得以彰显。农民在社会生活中可以获得身体健康和进行体育锻炼的自由以及平等竞争的机会和资格，从而享有能达到最高体质和心理健康标准，最终实现最大自我利益和公共福利的可能性。① 农民只有树立体育权利意识才能逐步树立健康的体育观念。在长期的农村体育发展中，由于农民体育权利保障意识的缺失，体育权利保护落实不够。广大农民体育权利意识的淡薄，是阻碍其体育权利实现的一个重要原因。在"依法治国""依法治体"的社会背景下，政府要引导广大农民树立体育权利意识，使其知悉体育权利的相关内容，强化农民的体育维权观念，培养农民体育权利的价值取向与核心地位，将农民的被动体育行为变为主动的体育行为，使其积极主张体育权利。

就如何理解体育权利，有学者指出，应从以下几个层面正确认识体育权利：首先，公民的健康权。我国《体育法》第 1 条规定："为了发展体育事业，增强人民体质，提高体育运动水平，促进社会主义物质文明和精神文明建设，根据宪法，制定本法。"这也是体育法的立法宗旨。其次，公民的社会经济权利。体育与经济有着密切的关系，经济的发展推动了体育的发展，使人民有了享受体育权利的物质基础，同时体育可以在诸多方面对经济发展起促进作用。再次，公民的社会文化权利。《体育法》不但促进公民身体素质提高和社会经济发展，促进物质文明建设，体育本身作为社会文化的一部分也在促进精神文明建设上发挥着重要的作用。只有对发展西部农村体育事业从公民权利的角度进行理解，才能有利于强化公民的权利保障意识，才能将体育发展与西部地区的经济、文化事业发展相联系，最终得到政府对发展农村体育事业的重视。②

为此，要坚持不懈地加强体育法制宣传，强化农民对自身体育权利理解与运用，鼓励农民积极践行体育权利，促进城乡大众体育同步发展。体育行政管理部门要加强内部监督，通过社会媒体曝光、公民举报等多种方式加强广泛的社会监督，构建有效机制，以此保证农民体育权利的顺利实现。

第二节　维护农民体育权利

体育权利是否应是一个法学概念以及权利应有的内涵，是法学界和体育学界长期争论的问题。我国的根本法《宪法》和体育领域的基本法《体育法》对此都没给予明确的认定，但在条文中可以明确地解读出国家立法对体育权利的认可。2009 年《全民健身条例》中明确提出了体育权利，回应了这一问题。

---

① 张玉超，郑华. 对我国全民健身事业法制建设的思考[J]. 首都体育学院学报，2009(4)：404－405.
② 刘国华，钱思彤. 西部农村体育发展的制约因素及对策[J]. 北方经贸，2011(3)：40.

一、农民体育权利的内涵

权利一般是指法律赋予人实现其利益的一种力量。与义务相对应，是法学的基本范畴之一，权利问题是法学研究的重要内容。一部法实质上就是权利与义务的配置。从通常的角度看，权利是法律赋予权利主体作为或不作为的许可、认定及保障。张文显在《法理学》一书中指出，所谓权利，是指"规定或隐含在法律规范中、实现于法律关系中的、主体以相对自由的作为或不作为的方式获得利益的一种手段"。①

体育权利作为一项新兴的权利，我国学界对它的研究与其他公民权利的研究相比，数量上较少，理论研究不够深入。而在这些对体育权利的研究成果中，主要集中在对公民体育权利的理论研究。由于社会经济状况的进一步改善，人们的文化生活也随之进一步繁荣，公民的权利也随着人们多样性的需求而不断丰富。并且，在温饱问题得到基本满足的情况下，人们愈来愈关注自己的健康，也渐渐地认识到体育与健康的亲密关系，认识到体育是锻炼身体、增进健康的重要途径。现在，体育已经大踏步地走进人们的生活，成为人们日常生活的一个必不可少的组成部分。因为体育的重要性越来越凸显，于是，保障人们的体育权利就显得越来越必要。

（一）农民体育权利的概念

体育是伴随着人类的生产劳动而诞生的一种重要的社会活动，也是符合人类的生存和发展的追求健康利益的满足和更高的精神利益的正当性、合理性的要求。对于体育权利的思考和研究，西方国家要远远早于我国。我国在这方面的研究起步比较晚，直到 20 世纪 80 年代，才有谭华、于善旭、陈远军、常乃军等学者开始对体育权利进行相关的研究。谭华率先提出了"体育权义"的概念。他认为体育权利和体育义务应该是一个紧密联系的整体，并把"体育权义"作为一个核心的问题归入到体育法学领域。② 于善旭提到，"公民的体育权利就是公民为维护和追求与体育相关的各种利益，因社会承认为正当而受社会承认和保护的行为选择的自由和资格"③。陈远军、常乃军认为，"体育权利就是指公民或者组织在社会生活中，可以获得身体健康和进行体育锻炼的自由以及平等和竞争的机会和资格，从而享有能达到最高体质和心理健康标准，最终实现最

---

① 张文显.法理学[M].北京：高等教育出版社，1999：86.
② 谭华.试论体育权利和义务[J].成都体育学院学报，1984(3)：13–17.
③ 于善旭.再论公民体育权利[J].体育文史，1998(1)：31–32.

大自我利益和公共福利的可能性"①。刘玉、方新普认为,"农民体育权利指农民在现行的组织和社会生活中,具有获得身体健康和进行体育锻炼的自由,追求获得国家法律法规确认的关于身体活动等与体育内容相关的权利②。夏琼华认为,"公民体育权利,就是每一个独立的公民在具体参与体育活动过程中,依法应当享有的权利。在现行的法律法规体系中,公民的体育权利具备绝对性和强制性特征,是任何组织或者个人都无权剥夺的"③。

这些观点,根据权利的不同构成要素多角度地阐释了体育权利的基本内涵。作为弱势群体的农民,由于自身或社会条件的限制,难以获取足够体育资源满足自身的生存与发展需要,在一定程度上,需要国家政府、社会给予更多的关注支持。本研究认为,农民体育权利是指农民平等享受体育资源,依法参与体育活动,接受体育教育等实现其身心健康、和谐发展的权利。

(二)农民体育权利的构成要素

美国分析法学家霍菲尔德认为,权利的构成要素包括特权和自由、权利要求、权利、豁免。国内学者葛洪义则认为,个体自主地位、利益、自由和权力是权利的四大构成要素。夏勇又提出了权利的五要素说,即利益、主张、资格、权能和自由。

本书认为,农民体育权利应具备以下几个构成要素:

(1)农民体育权利的利益要素。利益要素是权利的基础和根本内容,所以说,它是权利的首要要素。从某种意义上说,利益是用来满足主体需要的。由于利益能够在不同程度上满足主体的需要,主体就会不断地追逐利益。毋庸置疑,利益也是农民体育权利的基本要素之一,权利主体可以从本身的需要自主地出发享有和维护一定的利益。农民体育权利之所以成立,是为了保护主体——农民所享有的在体育方面的各种合法利益。

(2)农民体育权利的资格要素。社会关系中的人,总是通过其自身的行为获得相应的利益,农民在社会中通过参加体育活动这种特定的行为,获得自身的体育利益,从而实现自己的体育权利。要实现某种权利,当然需要资格,含道德资格、法律资格,资格乃权利之要义。在我国,全体公民享有的体育权利首先由道德资格决定,又通过《体育法》《全民健身条例》一些相关的法律,将这

---

① 陈远军,常乃军.试论公民体育权利的社会实现[J].体育文化导刊,2006(12):16-18.

② 刘玉,方新普.信息传播视野中农民体育权利的缺失与回归[J].上海体育学院学报,2007(4):59-62.

③ 夏琼华.新型城镇化进程中失地农民的体育权利保障接轨路径分析[J].当代体育科技,2017(3):188.

种资格上升到法律资格,实现"体育面前人人平等"。即人人都享有参与体育活动和体育锻炼的资格。根据法律资格,农民与其他公民一样,均享有平等参与体育活动和体育锻炼的资格和机会。

(3)农民体育权利的意志自由要素。权利一定要从根本上服从和体现主体意愿,因而,权利的取得应该也必须是权利主体自主自愿选择的结果。所谓农民体育权利的意志自由要素,就是农民在行使自己的体育权利时,不受任何外界压力的胁迫或强制,而是完全按照自己的意志去行使或放弃参与体育活动的权利,这项权利应当不受任何人任何组织的干涉,而是根据自己的内心的意愿做出充分自由的选择。因此,农民体育权利的实现,也离不开意志自由要素。当然,任何权利的取得,仅仅拥有取得权利的意愿的表达是不够的,更重要的是,农民体育权利的实现,需要农民根据自己的主观意愿而付诸实际行动,让意愿变成主动参与的行为,包括直接参与和间接参与。直接参与就是直接参与到体育活动当中去,间接参与就是参与对体育活动的观赏、评论等等。

(4)农民体育权利的技术要素。体育技术是体育权利获得的方法和手段。农民实现其体育权利,离不开体育技术,也必须依靠体育技术。农民要享受体育权利,实现体育权利,要具备两个条件,一个是客观条件,一个是主观条件。客观条件是参与体育活动的时间、场地设施等,主观条件是农民参与体育活动的意愿和其所掌握的体育技术,其中,体育技术是一个非常重要的影响因素。如果你没有掌握一定的篮球技术,就很难通过篮球这项体育运动达到锻炼身体的效果。因此,农民必须通过掌握体育技术,获得相应的体育利益,从而真正实现自己应该享受的体育权利。

二、农民体育权利的属性

(一)农民体育权利是人权

人权(基本人权或自然权利)是指"人,因其为人而应享有的权利",属于权利的"最一般的形式"。人权是涉及社会生活各个方面的广泛、全面、有机的权利体系,是人的人身、政治、经济、社会、文化诸方面权利的总称。农民体育权利作为生命健康权的引申,属于基本人权。

人类社会物质文化在不断地向前发展,随之,人权也在不断地发展变化,人权的内容在不断地扩展和丰富。如今,人们的物质财富不断增加,生活境遇得到很大的改观,这时,人们便越来越重视生命的质量,越来越致力于追求健康地活着。随着联合国《经济、社会和文化权利国际公约》的正式颁布,健康权作为一种基本人权逐渐受到全世界人民的关注。在现代法治背景下,生命权和健康权可以从消极和积极两个角度去理解：消极意义——是指人的生命不能被杀戮和轻易剥夺（除非触犯刑法被判死刑），积极意义——是指人在生命被尊重的前提下，拥有提高生命质量，保证身心愉快和健康长寿的权利。

要保障人们健康权的实现，离不开医疗卫生，也不能缺少体育锻炼。健康权需要医疗卫生的强力保障，但也不能仅仅停留在医疗卫生权的保障上。同样是人体健康的保障方法和手段，相比之下，体育锻炼对于健康的保障更具有积极意义。尤其是西部农村，由于经济条件的制约，医疗卫生保障严重滞后，体育锻炼是当地农民获得健康的有效途径。要使体育锻炼发挥应有的对于健康的积极作用，首先必须充分保障农民的体育权利这项基本人权。

（二）农民体育权利是社会文化权利

文化有广义和狭义之分。从狭义的角度来说，文化主要是指精神文化。从广义的角度来说，文化则泛指人类社会在发展历程中产生的一切社会现象。文化是世界上一切物质与精神的总和。体育是一种"内外兼修"的身体运动，身体动作是外在的表现，文化是它的内涵和精神实质。简言之，体育本身就是一种文化。体育锻炼不但能增进人的健康，而且能愉悦人的心灵，提升人的精神境界。如顾拜旦（Coubertin）开创的以"更高、更快、更强"为口号，以维护和促进世界和平为目标的现代奥林匹克运动，就能充分地证明体育的文化属性。而顾拜旦所创作的诗歌《体育颂》，更是全面而深刻地揭示了体育的文化本质。因此，体育权利实际上也是一种社会文化权利。

过去，农民由于自身素质不高，经济水平低下，以满足自己的生活需求为主，随着生活水平的不断提高，农民逐渐从土地上解放出来，空闲的时间开始增多，丰富业余生活开始成为他们的追求，体育文化的建设在农村普遍开展起来，成为他们生活的一部分。在物质上不断得到满足的情况下，农民的精神需求也越来越明显。所以，保障农民的体育权利，也就是保障他们的社会文化权利。

（三）农民体育权利从属于社会经济权

体育与经济是相互作用、相互渗透、协调发展的互动关系，农民体育权利从属于社会经济权。在农村，农民通过生产劳动获得收入，农民的体质决定生产力，良好的体质是农民生活的保障，拥有健康的体魄和精神，就能强有力地推动当地经济的发展，经济的发展又必然推动体育事业的发展。这是相辅相成的。近些年，虽然农民收入增长比较快，但仍然属于低收入群体，严重疾病的威胁会造成经济上的困难，很可能影响个人的劳动能力乃至家庭的生活，医疗支出是农民的一大负担，于是"健康就是财富"喊出了大家的心声。

（四）农民体育权利是自由权利

农民在行使自己的体育权利时具有自由选择权，农民体育权利也是一项自由权利。自由是人权的基础。体育活动应该是人对自己身体和意志的自由支配，在体育运动与锻炼过程中，参与和放弃的主动权掌握在参与者本身。

（五）农民体育权利属于推定权利

权利推定是一个重要的法律概念。权利推定是指法律上并没用明确界定其权利的内涵与外延，而是依据法律已明示的权利、法律原则、法律精神或立法宗旨等为依据，推定出与以上相关的其他应有权利的合法性。

我国的根本大法是《宪法》。农民体育权利可以在《宪法》中寻找法律依据。如"增强人民体质"便是体育权利的《宪法》依据。《宪法》虽然没有直接规定公民的体育权利，但包含了体育权利的部分内容。如《宪法》第 46 条规定："中华人民共和国公民有受教育的权利和义务。国家培养青年、少年、儿童在品德、智力、体质等方面全面发展。"即可看作是对体育教育权的纲领性规定。

1995 年，我国出台了第一部体育法律，即《体育法》。《体育法》开宗明义地提出了要保障公民的体育权利，这是中华人民共和国立法史上首次明确提出包含公民体育权利内容的法律文本，具有开创性的意义。但是，由于当时法治大环境的局限，《体育法》也留下了明显的缺憾，对于体育权利的规定并不具体，也没有系统的立法设计，使得体育权利的保障依然存在一定的困难。基于我国《宪法》和《体育法》都对公民的体育权利没有具体的规定，所以体育权利仍归于推定权利。

三、农民体育权利的内容

体育权利的内容十分丰富，可以概括为以下几种：

（一）农民健康权

根据《现代汉语词典》，健康的语义为"生理机能正常，没有缺陷和疾病"。健康权是指自然人保持生理机能正常运作和功能的完善发挥，并以维护人体生命活动利益为内容的权利，健康权属于人格权。随着社会的进步和经济的发展，生活水平的不断提升，生命权被赋予了新的内涵。提高生命质量，保证身心愉快和健康长寿等方面均涵括其中。有了这一层内涵，健康权与生命权便有了不可分割的联系，可以这样说，尊重健康权就是尊重生命权，损害健康权就是损害生命权。基于生命面前人人平等这一事实，健康权作为一种基本人权，对于每个人来说都是平等的。农民的健康权也不能受到任何人任何形式的歧视和侵害。

健康是人生最宝贵的财富，没有了健康，生命将会变得黯淡无光。健康对农民尤为重要，农民是依靠体力劳动来生存的，健康的身体是进行生产生活的必要条件，失去了健康就失去了劳动的能力。而疾病是影响健康甚至危及生命的最常见的因素，医疗无疑是最快捷、最有效的救治方法，但缺陷是费用高昂。农民是低收入群体，体育对于增强体质、提高生命质量、促进身心愉悦则发挥着它不可替代的作用，能为其节约医疗成本。因此，健康权既是一种基本人权，又是农民体育权利的核心。

（二）农民体育活动参与平等权

体育活动参与平等权是指公民参与各项体育活动所享有的机会和平等待遇。农村体育的参与者不因民族、性别、年龄、经济收入和社会地位等因素受到不平等的待遇或受到排斥或歧视。人人都享有参与体育活动的平等权，是社会进步的重要表征。只要是公民，不分肤色，不分种族，不分阶层，也无论贵贱，都拥有平等参加世界上各种体育运动的机会和资格，同时分享体育事业发展的成果，真正做到"体育面前人人平等"。

但是，在中国特有的城乡二元社会结构中，由于城乡差别的长期存在，作为公民，农民应当享有的平等权利被普遍消解，甚至被看成"二等公民"，与城市公民相比，农民在经济、政治等多方面，实际上都没有享受到应该享受的权利。这种事实上的城乡差别，也体现在体育权利的保护差别性方面。如全民健身运动在城市里开展得非常火热，社区、公园随处可见免费的公共体育产品，但在农村，特别是在武陵山区的贫困山区，基础体育设施几乎是一片空白，很多村落连一个篮球架、一张乒乓球台都没有，更不用说其他更高档的健身器材了。乡村学校的体育设施也极为简陋。因此，保障农民体育活动参与平等权，缩小城乡之间体育事业特别是全民健身事业发展的差距迫在眉睫。

（三）农民体育受教育权

公民依法享有根据需要接受体育教育的权利，作为中华人民共和国的公民，农民当然享有接受体育教育的权利。农民的体育活动，一般是自发的，缺乏组织性，也缺乏时间上的延续性，基本上处于一个自发状态。需要有组织地对农民进行体育知识技能方面的教育和培训，提高他们的体育锻炼水平。同时，要组织农民进行体育法律法规方面的培训，让他们明晰自己的体育权利，加深对体育权利的理解。一方面，通过这些有组织的教育和培训，可以让他们的体育锻炼更科学、更有质量，取得更好的锻炼效果；另一方面，进一步普及和推广体育方面的法律法规，可以让农民充分了解自己应该享受的体育权利，以及如何实现自己的体育权利。

(四)农民体育话语权

"话语"是结构主义的基本概念，由瑞士著名语言学家费尔迪南·德·索绪尔提出，话语传播信息既包含口语和书面语等语言因素，也包含有大量的超语言因素。话语形成权力便是话语权。诚如米歇尔·福柯所言，话语是权力运作的方式之一，谁掌握了话语权，谁就能掌控和征服各种其他力量。

话语权，是一种实践性的权利。农民体育话语权是指以农民的立场来关注农民体育的存在和发展的语言表达权。农民体育话语权代表着农民体育权利的利益、资格、主张、技术及自由，包含着对农民言说及其主张所具地位和权力的隐蔽性认同。农民体育话语权在现实中的体现，就是农民在体育方面的发言权。如果农民在体育方面的发言权能够得到充分的保障，农民体育权利的实现才更有希望。

(五)农民体育的其他方面权利

前文已经提到，公民体育权利的内容包括体育的方方面面，很难对其做出详尽说明，并不是说农民体育权利就不具有这些方面的内容，或者这些方面的内容就不重要、不需要受到关注，相反，其他方面的体育权利内容同样重要，他们丰富了农民体育权利的内容，也是农民体育权利必不可少的组成部分，如体育信息权(体育知情权)等。而且，随着时代的飞速发展和进步，农村的政治、经济和文化逐步繁荣，农民对体育的需要会更加显著和强烈，农民体育权利的内容也会不断健全和丰富，进而需要在一定程度上扩充法律规定的公民享有的体育权利。

四、农民体育权利实现的国家义务

在城乡二元体制下，农民体育权利的保障与实现已经成为一个非常现实的难题。农民体育权利的法律保障和实现面临什么样的困境？如何寻求化解之道？法学界一直注重对权利本身的论证，期待通过国家权力保障权利的实现。

(一)农民体育权利保障与实现的现实困境

公民的体育权利在国际法和国内法规范中都有体现。1966年联合国大会制定的《经济、社会、文化权利国际公约》要求各缔约国保障"人人享有能达到最高体质和心理健康标准的权利";1978 年联合国教科文组织发布的《体育运动国际宪章》进一步明确:"参加体育运动是每个人的一项基本权利","每个人具有从事体育运动的基本权利,这是充分发展其个性所必需"。我国《宪法》没有明确规定"体育权利"。但是,其中第 21 条第二款规定了"国家发展体育事业,开展群众性的体育活动,增强人民体质";1995 年制定的《体育法》第 2 条重申这一规定,并明确指出,"体育工作坚持以开展全民健身活动为基础……";2009 年颁布的《全民健身条例》更是首次在国家体育法规中宣示,"公民有依法参加全民健身活动的权利"(第 4 条)。这种对"人人"的体育权利的宣告,或对"群众性"体育活动或"全民健身"的规定,都面临我国长期以来的城乡二元体制下农民这一庞大群体的明显弱势处境。因此,在《体育法》(1995 年)、《公共文化体育设施条例》(2003 年)、《全民健身条例》《全民健身计划(2011—2015 年)》(国发〔2011〕5 号)等法律法规文件中都专门提到农民体育权利的保障和实现,《国民经济和社会发展十二五规划纲要》也明确提出要"继续实施农民体育健身工程"。然而,实践中,农民体育权利保障与实现一直困难重重。结合已有的研究和本书组织的调研分析,制约农民体育权利保障和实现的核心因素可以概括为如下方面。

(1)农民缺乏体育意识和体育权利观念。有学者对武陵山区农民健身运动进行实证研究发现,农民体育意识成为该区域农民健身运动最大的影响因子:农民普遍认为体育活动与其日常生产劳动没有什么区别,所以每周的体育健身时间大多在 2 小时以下,而且健身项目种类很少。体育意识的缺乏也导致农民体育权利观念的贫弱。《全民健身条例》明确规定,"公民有依法参加全民健身活动的权利。地方各级人民政府应当依法保障公民参加全民健身活动的权利"(第 4 条);"公共体育设施应当在全民健身日向公众免费开放"(第 12 条),这都明确赋予了包括农民在内的所有公民的具体的体育权利内容,然而,农民对这些权利几乎毫无所知,甚至根本就没意识到参与体育活动、在全民健身日免费使用公共体育设施是他们的法定权利,也就无法诉请"地方各级人民政府"依法保障其参加全民健身活动的权利。

(2)农民经济能力有限。在城乡二元体制下,农村经济发展受到挤压。农民的经济能力差,加上体育健身意识和体育权利意识贫弱,进行体育运动的经济支出成为农民观念上和物质上不小的负担。尤其是体育市场化和竞技体育独大的形势更是加重了农民从事体育健身运动的经济压力。已经普遍化的体育商业化运作把体育精英变成演员和商品,把民众变成了观众和消费者,体育沦落为人们的休闲行为和消费行为,背离了体育的基本精神,增加了人们的生活支出。此外，《全民健身条例》第 29 条只规定了"县级以上地方人民政府体育主管部门"为"公园、绿地等公共场所""根据实际情况免费提供健身器材"（第 29 条），而没有明确村镇等非公园和绿地的农村公共场所能否享受政府提供免费健身器材的待遇。即使是全民健身日，因为缺乏便利条件，农民也难以免费享受公共体育设施。不少实证研究发现很多地方政府几乎没有体育经费，同时，农民体育运动健身消费也几乎为零。

（3）时间上难以保障。农民在"春耕""双抢""秋收"等农忙季节根本没有体育活动时间。农民以前只在农忙时节没有时间顾及体育运动，而现在随着家庭消费多元、经济压力增大以及农村产业多元化，农民农闲时候也努力创造"第二职业"机会。《全民健身条例》第 4 条规定，县级人民政府体育主管部门应当在传统节日和农闲季节组织适宜的全民健身活动，但是，"农闲时节"越来越难以确定。

（4）农民进行体育运动的场地和器材严重不足。根据"第五次全国体育场地普查"统计，我国现有 85 万多个体育场地，然而其中仅有 8.18% 分布在乡（镇）村，而且基本上分布在乡镇政府所在地。虽然通过"农民体育健身工程"等建设，农村的体育公共服务得到较快发展，但是，许多农村地区尤其是西部远离核心城市的农村地区，其体育公共服务仍然处于超低水平的状态。即使在经济水平较高的山东省，在"体育三下乡"和"亿万农民健身工程"后，还有 53.3% 的农村仍然没有公共体育设施，只有 46.7% 的农村修建了篮球场、乒乓球室和健身道路。

（5）农村体育运动缺少体育专业指导人才。现代体育健身融合了生理学、心理学、医学和体育运动学等众多学科知识，具有越来越充分的科学技术性，正因如此体育运动对身心的锻炼超脱了农民的日常劳动，而农民无疑缺乏这方面的基本知识和能力。1993 年发布的《社会体育指导员技术等级制度》标志着我国正式建立了社会体育指导员制度。农村社会体育指导员是农民体育技术动作的传授者和指导者，也是农民体育活动的组织者、带头人。当前农村社会体育指导员的数量和质量直接制约了农民体育健身活动的开展。有学者统计了河南省 60 个国家级试点村中，参加过县体育局社会体育指导员培训的只有 2 人，占 3.33%，只有 1 个村有社会体育指导员开展工作，占 1.66%，"这说明当前我国社会体育指导员大都分布在城市地区，农村地区非常缺乏"。除了农民体育权利能力建设受到忽视外，对农民进行定期体质测试也没有得到足够重视，农民的体育知情权、参与权都缺乏基本保障。

农民体育权利保障和实现面临的上述困境，从法律上审视，归根结底在于两个方面的原因：一方面，我国上述有关立法仍然未能摆脱竞技体育、城市体育、精英体育的基本立场，全民健身观念尚未取而代之成为体育立法的基本指导思想。全民健身实质上就是一种民生体育，然而，即使是《全民健身条例》也没有将体育与民生紧密结合，民生体育必然会充分考虑农民的现实生活，从而在法律制度设计上充分考虑农民健身主体的能力和职能，在有关责任和义务分担上做出倾斜。依赖国家权力尤其是行政权力的单向运行以保障农民体育权利的实现，因此上述法律规定并没有明确农民体育权利保障的权责。应该从根本上转变国家体育发展导向，确立民生体育观念，同时，在农民体育权利保障上改革管理法模式，树立服务型法观念，从国家义务的视角保障农民体育权利的实现。

（二）国家义务是实现农民体育权利的根本保障

1. 农民体育权利内在地产生了对国家义务的需求

现代社会，人的身心健康与体育已经难以分离，公民的体育权利成为现代人权的重要组成部分。如前文所述，国际法和我国法律法规都对其做了规定。基于体育权利的基本价值，从整体上看，公民体育权利"是公民的文化权利，是公民文化生活及其自由的一部分"。① 国务院新闻办公室于 2010 年 9 月发布的《2009 年中国人权事业的进展》白皮书在"经济、社会和文化权利"部分中指出："《全民健身条例》是中国第一部全面、系统规范全民健身事业发展的专门性行政法规"，"首次在国家法规中明确规定'公民有依法参加全民健身活动的权利'"。《国家人权行动计划（2009—2010 年）》也在"经济、社会和文化权利保障"的"健康权"（该节第 4 条）中指出："加强城乡社区体育设施建设，力争到 2010 年人均体育场地设施面积达到 $1.4m^2$，城市社区和农村村镇的公共体育设施条件明显改善。广泛开展全民健身运动，健全群众体育组织，完善全民健身体系。"

农民作为公民的一类群体，当然享有上述法定公民体育权利，然而，因为农村社会的组织化程度和经济、社会能力远远低于城市社会，农民体育权利基本依靠政府权力、"领导重视"等来保障和实现。然而，国家权力并不总是正义的，它往往具有侵略性，依赖于国家权力来保障公民尤其是弱势群体的权利，无法避免该权利不为国家权力所忽视甚至侵害。这是一种基于"全能政府"假设的管理型法律逻辑，在《体育法》中得到很好的体现，事实上，从文本上看，《体育法》第 12 条对农民体育权利的保障和实现就缺乏充分关照，该法普遍使

---

① 田思源.《体育法》修改的核心是保障公民体育权利的实现[J].天津体育学院学报，2011（2）：114 - 115.

用"应当"这一术语，而不是使用"必须""务必"等术语，不仅赋予了各级地方政府保障公民体育权的广泛的自由裁量权，而且对农村体育运动的开展并没有明确责任主体，甚至规定"农村""应当"发挥村委会等的作用，开展适合农村特点的体育活动，这样主体泛化的条文形同具文；《体育法》第45条则罕见地规定"乡、民族乡、镇"应当"逐步建设和完善体育设施"，但是，在现行财政体制下，乡镇政府基本上都不具备这一能力。这样的规定对农民体育权利与其说是保障还不如说是推卸责任。

这种依赖国家权力保障农民体育权利的方式，体现了国家与农民之间是管理和被管理的关系，这实际上出现了权利悖论：农民的体育权利依赖管理者保障实现，但是，其权利主体地位却片面地从属于国家对农民体育事业的单向权力。这与现代服务型政府建设也是相悖的。这其实提出了一个现实的法理问题，即国家体育管理权力的合理性是否来源于公民（包括农民）的体育权利？

近代个人主义国家观认为国家权力直接来源于国家义务而非公民权利，"主张公民权利首先产生了国家义务，国家为履行其义务才能拥有权力"①，正如狄骥所言，"个人主义学说主张个人拥有一种可以要求国家为某些行为或不为某些行为的权利，这不仅是指国家不得干涉个人的自治性，也不仅是指国家必须履行其所有的义务，而且还是指国家必须将其自身组织为一种尽可能保障其义务之实现的实体"，"统治阶级""如今保有权力的根据不再是它们所享有的权利，而是他们所必须履行的义务"，"那些统治者们只有出于实施他们的义务的目的，并且只有在实施其义务的范围之内，才能够拥有权力"②。从国家与公民关系的历史及其在现代法治国家的未来发展趋势来看，国家权力源于国家义务："权利产生了对国家义务的需要，为满足这一需要，权利进一步产生了国家权力；权利的需要决定国家义务的范围，并通过国家义务进一步决定国家权力的范围"。③"国家义务源自公民权利并以公民权利为目的，应当成为公民权利的根本保障"，国家义务成为国家权力正当性的基础，国家只有履行其义务时才能使其行使国家权力的行为具有充分正当性，通过其义务的承担而达到保障公民权利的实现，这实际上促成了国家和公民之间服务与被服务的关系，公民成为真正的国家主人，这是服务型政府最根本的特质。换言之，服务型政府是建立在国家义务的法理基础上的，国家及其权力的全部正当性都来自国家义

---

① 龚向和.国家义务是公民权利的根本保障——国家与公民关系新视角[J].法律科学（西北政法大学学报），2010（4）：5.

② 莱昂·狄骥.公法的变迁·法律与国家[M].沈阳：辽海出版社，春风文艺出版社，1999：235，13，444.

③ 陈醇.论国家的义务[J].法学，2002（8）：17.

务，"生活的全部高尚寓于对义务的重视，生活的耻辱在于对义务的疏忽"①。这样，国家与公民之间形成了更加紧密和负责任的关系，即"公民权利—国家义务—国家权力"关系，国家权力的产生和运行都在于履行国家义务，这样，公民权利的实现就能得到根本保障。二战后西方法治发达国家甚至在宪法中对国家义务源自公民权利的法理予以明确规定，如德国《基本法》第 1 条第 3 项："下列基本权利作为可直接实施的法律，使立法、行政和司法机构承担义务"。

在农民体育权利保障和实现领域，国家体育管理权力缺乏来自公民体育权利的基础，因为当前体制下，农民缺乏基本的体育权利意识，更缺乏将权利让与而形成国家权力的社会的、经济的和法律的基础和途径，各级人大中真正的农民代表比例普遍偏少早已为各界所诟病。因此，以权利让渡为逻辑起点，无法完成国家体育权力的正当性证成。只能从作为现代民生要素的农民体育权利产生了对国家义务的需要进而需要国家权力保障其实现这样的逻辑，才能论证国家对农村体育的管理权力的正当性，明确国家权力对农民体育权利的保障只是间接的，需通过国家义务的中介，而国家义务是农民体育权利的直接的、根本的保障。"从某种程度上讲，确定义务的内容比宣示权利更为重要。一是因为没有义务相对应的基本权利只是纲领性的道德宣教，中看不中用；二是基本权利在司法中的适用需要以明确的义务作为前提和基础。"②从立法上确立国家对农民体育权利保障的义务有利于强化国家的任务、目的和理念，突显农民体育权利，淡化国家权力，使农民体育权利成为法律的真正目的和追求。基于此，则国家体育立法应该突出农民体育权利保障和实现的国家义务规范，以及违反这些规范引发的相应的责任规范，这样的法律规范更明确、具体，更具可操作性。需要明确的是，国家义务只能由中央和地方各级人民政府承担，但不仅仅是地方政府的责任，尤其要考虑到在现行财政体制下，县级以及县级以下政府缺乏充分的能力承担农民体育权利的保障的重任，需要的不仅是县级以上地方政府将"全民健身事业"尤其是农民体育权利的保障和实现纳入本级国民经济和社会发展规划，更需要中央政府明确具体的财政、制度等责任。典型的如《全民健身条例》第 4 条规定的"地方各级人民政府应当依法保障公民参加全民健身活动的权利"，以及第 45 条关于乡镇政府对农村体育设施建设的责任的规定，这些内容都应该是中央政府和地方政府的共同责任，而不应该简单地归于地方政府尤其是几乎没有独立财经能力的乡镇政府（发达地区的情况属例外）。

---

① 西塞罗.论义务［M］.王焕生，译.北京：中国政法大学出版社，1999：9.
② 徐钢.论宪法上国家义务的序列与范围——以劳动权为例的规范分析［J］.浙江社会科学，2009（3）47－48.

2. 农民体育权利的保障和实现是国家的义务

无论是从政治学、社会学、经济学，还是从法学的立场看，农民（除了极少数发达农村地区的农民和先富的农民外）都是我国典型的弱势群体，其"弱势"主要表现在其经济能力、社会地位、组织化程度以及权利自觉和自主能力等方面。实质而言，是指农民缺乏制度化的科学合理的利益代表和利益表达机制、缺乏对社会舆论以及政策制定和执行过程的影响能力，对强势群体形成事实上的依附关系，概言之，即弱势群体缺少同强势群体平等对话的机制和前提。这些也是农民体育权利的保障和实现领域的严峻现实，依靠作为弱势群体的农民自身或作为社会精英的强势群体都不可能改变这些现实。前者整体上缺乏基本能力，后者则缺乏基本的动力，只能依靠国家本身作为主导性力量来改变这些现实，国家对农民体育权利的保障和实现负有义务，而且这种义务是绝对的和不可放弃的。

首先，农民体育权利的保障和实现实质是城乡体育权利平等的问题。国家的首要目的就在于建立公正、权威的社会秩序，其核心价值在于自由与平等，这也是我国法律面前人人平等的宪法原则的应有之义。"没有权利的平等，就没有所谓的民主；没有权利的平等，就没有所谓的现代文明。换句话说，权利平等是现代文明社会存在和发展的基础"①，"权利平等是全体社会成员进入国家社会的逻辑起点"②。城乡居民的平等体育权利具有神圣不可侵犯性，不能因为经济、社会地位的差异而有所不同。城乡居民体育权利的保障和实现的差异在一定程度上意味着对处于弱势地位的农民的体育权利的侵害。农民有权要求国家和社会保障其获得与"城里人"同等的体育权利，这对国家来说则是其应尽的责任与义务，不得以任何理由推卸向农民提供同等的体育公共服务，保障其同等的体育权利的实现，从而在城乡居民体育权利保障和实现方面形成公正、权威的社会秩序，"这种义务不是国家不作为的义务，而恰是一种绝对的、作为的义务"③。联合国《公民权利和政治权利国家公约》亦指出，当社会特定群体受到国家机关或其他群体严重有害的对待时，仅仅从法律上禁止歧视通常不足以保护真正的平等，国家必须采取积极措施，如赋予弱势群体临时性特权；或者通过立法为这些弱势群体提供特别保护，以防止强势群体对他们的歧

---

① 刘玉.体育权利与体育公共服务供给[J].北京体育大学学报，2011(12)：6.

② 梅萍.和谐社会权利平等的伦理思考[J].江淮论坛，2008(1)：21.

③ 韩秀义，陆志刚.平等社会权的建立：国家对弱势群体之绝对义务[J].河南师范大学学报（哲学社会科学版），2007(6)：74.

视与侵害①。

其次，农民体育权利是具体的社会文化权利。如上所述，农民体育权利性质上属于人权中的社会文化权利，有国际人权法和国内现行宪法和法律的基本依据。农民体育权利保障和实现并不是抽象的、纸面上的，而是具体的、现实的，同时，平等权也总是具体的、现实的。国家对农民体育权利的保障和实现负有的绝对义务不仅体现在具体的立法上，要保证法律法规之规定不存在对弱势群体的歧视和不公正的待遇，而且要在现实的体育事业管理与法律执行中避免对农民体育权利的侵害，造成"事实上的歧视"。换言之，对于农民体育权利的保障与实现，国家不仅要通过立法予以具体明确，还必须确保采取积极的法律行为，使处于弱势地位的农民有能力享有与城市居民同等的体育权利。

因此，在农民体育权利的保障和实现方面，国家负有一种绝对、积极的义务，它不仅是道德上的，也是法律上的，如果国家对其推卸或不顾，则是不义、不法。当然，国家本身承担义务的能力也是有限的，也不能对农民体育权利的保障和实现大包大揽，而是要从农民体育权利的确认、长效机制的建立、财政和人才的支持以及农民自身保障和实现其体育权利的能力建设等方面明确国家义务的具体范围。而理解农民体育权利保障和实现的国家义务的基本结构对这些范围的确定有积极的意义。

3. 农民体育权利保障和实现的国家义务的类型结构

对国家义务的类型结构，国际人权法学界和国内人权法和宪法学界日益普遍接受"三层次"分析方式，即对一般性国家义务归纳为"尊重的义务""保护的义务"和"实现的义务"三个层次②，这是对传统宪法学界"积极义务"和"消极义务"二分论的深化。"三层次"论有助于分析和理解农民体育权利保障和实现的国家义务的基本结构。

(1) 农民体育权利的国家尊重义务。

尊重义务是农民体育权利保障和实现的国家义务的最基本层次，其最根本的内核是国家权力对农民体育权利的尊重、不侵犯。原国家体育总局局长刘鹏指出，中国正在从体育大国向体育强国迈进。衡量体育强国的标准不仅是奥运金牌和奖牌数量，更重要的是国民健康水平和全民健身开展情况③。2010年，时任总理温家宝在其《关于发展社会事业和改善民生几个问题》的报告中更是

---

① 诺瓦克.民权公约评注：联合国《公民权利和政治权利国际公约》[M].上海：生活·读书·新知三联书店，2003：454.
② 杜承铭.论基本权利之国家义务：理论基础、结构形式与中国实践[J].法学评论，2011(2)：33.
③ 刘鹏.在2010年全国体育局长会议上的报告[EB/OL]. http://www.sport.org.cn，2010-01-26.

将建设"覆盖城乡公共文化体育服务体系"作为重要的民生问题，明确指出：要以基层公共文化体育设施为重点，建设覆盖城乡的公共文化体育服务体系，努力满足人民群众基本文化体育需求。政府要履行好发展公益性文化体育事业的责任，保障人民群众的基本需要和权益。体育成为民生的重要内容，民生体育成为国家和地方事务的重要问题，在观念上已经获得国家尊重。然而，根据国家体育总局《2007 年中国城乡居民参加体育锻炼现状调查公报》显示，我国 9 亿多农村人口中仅有 0.63 亿经常参加体育锻炼，城镇经常参加体育锻炼的居民是乡村的 2.7 倍。可见，事实上，农民体育权利尚没有获得国家实质性的充分尊重。"立法机关是国家尊重义务的第一承担者"①，农民体育权利首先应该获得立法权的充分尊重，立法机关不得通过立法限制农民体育权利。麦迪逊曾指出："权利法案的目的是为了'通过规定例外的情况下权力不应当行使或不应以某一特定的方式行使，对权力加以限制和限定'。基本的意图是：对立法机关加以防范。因为它最有权力，最有可能被滥用"②。防止立法不侵害农民体育权利，正是国家尊重义务的根本要求。行政机关的职能是执行国家法律，其应该承担的国家尊重义务主要是不得在缺乏法律依据的情况下直接进行行政立法或采取行政行为，侵害农民体育权利。司法权运行具有被动性，司法机关承担的国家尊重义务主要表现在为适用法律而进行法律解释时必须遵循宪法和法律规范、原则和精神，而不能做出侵害农民体育权利和自由的解释。我国《体育法》尤其是《全民健身条例》虽然要求县级以上地方政府将全民（包括农民）健身事业纳入国民经济和社会发展规划和有关预算，但是既缺乏有关审查和责任规定，又缺乏对中央政府国家尊重义务的明确规定。此外，有必要在体育法中规定司法适用中对有关法律规范不得做出损害农民体育权利的解释，以此明确对农民体育权利保障和实现的国家尊重义务。从权利主体的角度看，农民体育权利保障和实现的国家尊重义务最为明确具体的内容体现在，应该通过立法广泛赋予农民参与全民健身立法决策、财政规划决策和全民健身项目决策等的主体地位，以畅通农民体育权利保障的利益表达机制，形成对农民体育权利保障和实现的国家尊重义务的推动力。

（2）农民体育权利的国家保护义务。

国家保护义务首要的是要设计并实施有关制度，防止国家违反其尊重义务，并在国家违反该义务时能提供充分的救济，同时还要防止第三者违反"尊重义务"并对违反"尊重义务"给予充分救济。这涉及国家、农民体育权利当事

---

① 上官丕亮.论国家对基本权利的双重义务[J].江海学刊，2008（2）：151.

② 伯纳德·施瓦茨.美国法律史[M].北京：中国政法大学出版社，1990：35.

人、第三人三方关系中的国家行为义务。

国家立法机关承担的保护义务主要表现为及时通过立法将农民体育权利具体化、规范化，使农民的体育权利保障具有可操作性。当前紧迫的是要加强《全民健身条例》配套制度的立法，将民生体育观念纳入其中，对农民体育权利保障的财政制度、农村体育设施建设和管理制度、农村社会体育指导员制度、农民体育组织建设制度以及农民体育权利保障的责任制度和有关救济尤其是司法救济制度等做出明确立法。同时，将民生体育观念和国家义务法理用于指导《体育法》修改及有关配套制度立法，使农民体育权利保障和实现获得更具可操作性的更高位阶的法律支持。行政机关也对农民体育权利保障和实现负有国家保护义务，特别是当农民体育权利的保障和实现受到现实的制约或可能受到具体侵害时，行政机关应主动为农民提供指导、服务和保护，行政程序制度是体育行政机关承担农民体育权利保障和实现的国家保护义务的基本途径和形式。《全民健身条例》对于依法组织的全民健身活动，规定"任何组织或者个人不得非法设置审批和收取审批费用"，这也是对行政机关保障全民（包括农民）健身运动权利的国家保护义务的规定。农民体育权利的国家"保护义务"的实现中具有决定意义的是救济制度尤其是司法救济制度，司法救济是农民体育权保障和实现的国家义务的最权威形式。司法机关应该以事实为依据，以宪法和法律为准绳，准确适用法律，切实履行其对农民体育权利保障和实现负有的国家保护义务。

（3）农民体育权利的国家实现义务。

作为一种社会文化权利，农民体育权利的国家实现义务至少包括"最低限度的满足义务"和"逐渐实现的促进义务"这两个层面。"最低限度的满足义务"是"核心义务"，《经济、社会、文化权利国际公约》"第3号一般性意见"要求"每个缔约国都有责任承担最低限度的核心义务，以确保使每项权利的实现均达到一个最基本的水平"①。"逐渐实现的促进义务"是一个动态的、逐步的过程，它们是国家在整体上为保障和促进权利实现而应采取一定措施的义务。

行政机关是农民体育权利保障的国家实现义务的主要承担者，因为无论"最低限度的满足义务"，还是"逐渐实现的促进义务"都需要国家提供各种福利、帮助和服务，主要由国家行政机关来承担。行政机关的国家"实现义务"集中地通过给付行政行为直接向公民提供物质性帮助或服务；立法机关的责任则主要是遵照"法律保留"原则，通过立法使行政机关的给付行政行为受到法律约

---

① Committee On Economic, Social and Culture Rights, General Comment No 3 1990, In HRJ /GEN/ I /Rev, 6. 12. May 2003：16.

束，立法机关履行"实现义务"的主要方式就是立法机关的"法律保留"和财政立法。司法机关则通过对权利侵害的司法救济中具体适用法律以及法律适用中进行法律解释而履行其对农民体育权利保障的国家实现义务。

农民体育权利保障的国家实现义务需要经费和资金保障、场所和设施保障、专业运动技术指导和安全保障，以及侵权救济纠纷解决机制保障等，具体而言亟须重点解决的问题是：加强在村级人口集中区域的体育设施建设，明确县级以上地方政府为农村免费提供体育器材；将体育以及体育权利的宣传教育落实到村级区域；加强农村体育指导员制度建设，与乡村中小学体育师资相结合，逐渐实现农村体育指导员专门化等。

然而，落实农民体育权利保障和实现的国家义务，首先是要加强政府责任，"所有权利都要求政府积极地回应"，"几乎每一项权利都蕴含着相应的政府义务，而只有当公共权力调用公共资金对玩忽职守施以惩罚时，义务才能被认真地对待。没有法律上可实施的义务，就没有法律上可实施的权利"①。《全民健身条例》在这方面还存在明显不足：对政府是否将全民健身事业纳入国民经济和社会发展规划和有关预算缺乏任何审查和责任。如果政府投资不到位、不对农村健身活动提供相应的支持、怠于建设必要的合格体育场馆和提供必要设施、管理缺失等，均缺乏法律责任规定和追责机制。当前对政府在农民体育权利保障中怠于履行义务的行为，主要依靠上级政府监督，这是不充分的，应该通过立法落实农民体育权利保障的国家尊重义务，明确由上级机关责令下级机关积极作为，并对直接责任人员依法给予行政处分。"在条件成熟后应不失时机地将政府的体育管理行为纳入行政复议和行政诉讼的受理范围，建立能够给予公民以多样化方式监督并敦促政府履行相关义务的机制"②。

第三节　优化农村体育公共产品供给机制

为了加速农村体育文化建设，丰富广大农民文化生活，提高农民体育素质，我国继续坚持大力发展农村体育文化的工作方针。《国务院关于印发2011—2015年全民健身计划的通知》将农村体育列入了当地全面建设小康社会和社会主义新农村建设规划，统筹城乡全民健身事业发展，促进城乡体育资源

---

① 斯蒂芬·霍尔姆斯，凯斯·R·桑斯坦.权利的成本——为什么自由依赖于税[M].北京：北京大学出版社，2004：26.

② 汪习根，唐勇.论体育权利均等化——兼论《全民健身条例》配套制度设计的价值重心[J].政治与法律，2011(11)61-62.

和公共体育服务均衡配置，逐步建成城乡一体化的全民健身公共服务体系。① 从农民体育健身工程的建设、开展和实施情况来看，构建农村体育公共产品供给与服务体系是首要任务。农村体育公共产品是指以农村为服务区域的、在消费和使用上具有一定非竞争性和非排他性的体育设施和服务。主要包括各类用于开展农民全民健身活动的公共体育设施等实物型农村体育公共产品和体育服务、农村体育政策和法规等非实物型农村体育公共产品等。② 这一定义基本上涵盖了农村体育公共产品的概念要点，即以农村为服务区域，以满足农民体育健身需要为出发点，以一定的非竞争性和非排他性为基本属性，包括实物型和非实物型在内的公共体育设施和服务。③ 由此可以认为农村体育公共产品具有三个属性：①农村体育公共产品受益对象是农村居民。②农村体育公共产品实现的是农村居民的体育利益。③农村体育公共产品地域范围及于广大农村地区。针对农村体育公共产品的具体范围，目前学界认定的农村体育公共产品属于广义范畴。从分类上讲，它应当包括各类用于开展全民健身活动的公共体育设施的实物型农村体育公共产品，以及体育服务、农村体育政策和法规等非实物型农村体育公共产品。具体来说，其范围包括体育科研院所、体育设施、体育场馆、体育传播媒体、体育锻炼、健身咨询与指导等。

一、克服"二元化"的体育公共产品供给障碍

公共产品供给机制是从供给主体和运行机理的角度抽象出的公共产品供给模式。不同的主体遵循不同的原则，以不同的方式和渠道筹集资金，决策使用去向并予以监督的机制。④ 我国长期以来实行的国民经济与社会发展的战略方针是"以农补工、重城轻乡"，由此导致了城乡非均衡发展的"二元型"经济结构，在公共产品供给上呈现着严重的非均等化现象。广大农村地区，特别是西部农村地区的公共基础设施、文化教育、体育等公共产品供给严重不足。由于资金短缺及管理的缺位，农村体育健身设施和学校体育设施短缺，群众体育管理组织缺位，尤其是西部地区的农民体育协会等社团组织缺乏。根据2013年第6次全国体育场地普查统计，全国体育场地中，分布在城镇的体育场地96.27万个，占58.61%；场地面积13.37亿平方米，占68.61%。其中，室内体育场地12.87万个，场地面积0.54亿平方米；室外体育场地83.40万个，场地

① 国务院.国务院关于印发全民健身计划(2011—2015)的通知[Z]，2011-02-15.
② 张洪武，陈元欣，李溯.公共体育产品非政府供给的可行性与途径[J].北京体育大学学报，2007(5)：20.
③ 杨学文，李书泉.农村体育公共产品的法律性质解析[J].体育与科学，2012(2)：52.
④ 樊丽明.中国公共品市场与资源供给分析[M].上海：上海人民出版社，2005：253.

面积 12.83 亿平方米。分布在乡村的体育场地 67.97 万个，占 41.39%，场地面积 6.12 亿平方米，占 31.39%。其中，室内体育场地 2.73 万个，场地面积 0.05 亿平方米；室外体育场地 65.24 万个，场地面积 6.07 亿平方米。分布在东部地区的体育场地 71.10 万个，占 43.29%；场地面积 9.38 亿平方米，占 48.13%。分布在中部地区的体育场地 40.39 万个，占 24.59%；场地面积 4.18 亿平方米，占 21.43%。分布在西部地区的体育场地 42.63 万个，占 25.96%；场地面积 4.28 亿平方米，占 21.96%。分布在东北地区的体育场地 10.12 万个，占 6.16%；场地面积 1.65 亿平方米，占 8.48%。我国相关地区的划分：东部地区包括北京、天津、河北、上海、江苏、浙江、福建、山东、广东和海南；中部地区包括山西、安徽、江西、河南、湖北和湖南；西部地区包括内蒙古、广西、重庆、四川、贵州、云南、西藏、陕西、甘肃、青海、宁夏和新疆；东北地区包括辽宁、吉林和黑龙江。[①] 由于我国长期的经济"二元型"发展，农村体育公共产品供给城乡差异明显。城市的公共体育产品供给主体多元，供给内容较丰富，健身设施及场地覆盖范围较广泛，城市居民享受着政府提供的较为丰富的体育公共产品。而在广大农村地区，地方政府财力有限，乡级政府更是财力紧张，很难抽出资金投入到体育健身等公共产品的供给上来。

克服"二元化"公共产品供给的弊端，逐步实现城乡一体化的体育公共产品供给势在必行。要实现农村体育公共产品的均等化供给，首先要推进公共产品供给体制改革与创新。实施城乡一体化发展战略，在城乡之间开展大众体育要素间的互动机制和资源优化配置策略。可以从两个方面入手：①调整经济发展战略与国民收入分配格局。虽然近年来国家加大了对农业的扶持力度，在农民的增收减负上实施了一系列有力的政策，但从根本上改变城乡"二元化"的公共产品供给还任重道远。必须加快推进体育公共产品的均衡化供给，实施公平合理的现代化农村体育公共产品供给机制。将城乡差别的供给制度逐步并轨，实施统一的筹划、统一的政策、统一的标准、统一的待遇。在农村体育公共产品供给中各级政府作为供给主体不能"缺位"，通过政府转移支付等方式加大对西部农村地区公共产品的投入力度。按照公共服务均等化原则，逐步建立起医疗与体育城乡投入一体化公共财政体系，并纳入国民经济社会发展规划和财政预算体系。[②] ②加速发展城郊体育和小城镇体育。建设农村体育这个一个庞大的

---

① 中国 2 月官方制造业 PMI 为 50.1% 创 5 个月最低［EB/OL］. http://finance. ifeng. com/news/macro/ 20130301/7720132. shtml, 2013 – 03 – 01.

② 郑志丹，许月云. 社会公正视野下农村体育公共产品供给的制度创新［J］. 北京体育大学学报, 2009, (4)：14 – 16.

系统工程，需要找对切入口，找准解决问题的着力点。城郊和小城镇体育基础设施较好，村民经济条件较好，参与体育锻炼的热情较高，可以将城郊和小城镇体育作为推进农村体育发展的重要突破口，抓好重点，以点带面。同时对于人口较为密集村落实施优先发展，重点扶持。制定好推进农村体育发展规划，以点带面，层层推进。

二、实现农村体育公共产品供给主体的多元化

《农村体育工作暂行规定》指出，各级体育主管部门应当明确农村体育在体育事业中的基础地位，加大资金投入，扶持体育场地设施建设。该规定第 12 条明确指出，"农村体育事业经费和体育基本建设资金当列入县级财政预算和基本建设投资计划，并随经济发展，逐步增加对体育事业的供给。"在此确定了农村体育公共产品供给"以县为主"的模式。2003 年国务院颁布的《公共文化体育设施条例》总则第四条、第五条指出，"对农村地区的公共文化体育设施的建设予以扶持。公共文化体育设施的建设、维修、管理资金，应当列入本级人民政府基本建设投资计划和财政预算。"2006 年"中央一号文件"《国务院关于推进社会主义新农村建设的若干意见》明确指出，要"构建农村公共文化服务体系，推动实施农民体育健身工程"。2009 年"中央一号文件"也进一步重申了政府在农村体育公共产品供给与服务过程中的主体地位，各级政府应是供给的当然主角。

要实现农村体育公共产品的有效供给，除充分发挥各级政府主体作用外，还应根据农村体育公共产品的类别与层次，分别确定公共产品的供给主体，同时科学合理地划分不同供给主体在履行提供公共产品职能时的边界、职责与义务范围，实行多层次的、多元化的供给主体体系。具体应从以下方面入手。

（1）加大政府供给。政府利用公共财政体系，以政府的财政划拨、转移支付等方式承担着农村体育公共产品的供给。政府向农村体育公共产品的供给可以分为两种模式：①政府直接供给，即政府直接出资负担公共产品的成本，如农村义务教育、基础体育设施建设等；②政府间接供给，即政府出资向社会购买体育产品免费向农村供给；或者政府以资助的形式，联合其他提供农村体育公共产品的供给主体向农村供给。政府通过以上两种供给模式可以提高农村体育公共产品的供给效率。根据公共产品供应的分层次性特点，要合理划分政府事权与财权，明晰中央和地方政府在农村体育公共产品供给中的责任与范围。中央政府负责提供受益范围遍及全国的农村体育公共产品，如农村体育场地建设、体育产品供给政策扶持、体育信息网建设等；地方政府提供本辖区的农村体育公共产品。

（2）拓展农村社区供给。该供给方式是以农村社区为供给主体的供给方式，即农村体育公共产品的供给由社区集体组织提供。农村社区供给的内容、数量及质量由农村社区村民自治组织通过民主投票的方式决定。此种供给方式按其筹集资金方式可以分为三种：①农村社区集体筹集资金供给，即由社区集体筹集资金承担体育公共产品的供给成本、由社区全体成员负责监督管理的供给方式；②农村社区与全体成员共同筹资供给，即由农村社区集体与全体成员共同筹资承担体育公共产品的供给成本的供给方式；③农村社区与私人的联合供给，即由农村社区集体经全体村民同意与私人资本有条件合作提供体育公共产品的供给方式。2008 年，广西小平阳镇八冬村村民自筹资金，建设了该村第一座标准篮球场，全部投入使用的八冬村文化体育广场总投资 55 万元，其中国家投资 8 万元、地方配套资金 32 万元、群众自筹资金 15 万元。①

（3）构建多层次供给主体体制。在农村体育公共产品中各级政府当然地成为主要的供给主体，并承担着主要的供给义务。随着经济社会的发展，目前在广大农村准体育公共产品需求在不断地增长。为了提供更多的农村体育公共产品，可建立供给资金引导扶持机制，建立政府教育文化、科技民政等有关部门以及社会资本共同参与投入的机制。在供给主体中实行政府为主、市场参与的多元供给格局。在多元供给格局中，供给主体实行分类供给。对于关乎民生的基础型、发展型体育公共产品由政府供给，如农村学校体育、农民体育健身工程、青少年体育等。对于农村准体育公共产品及私人体育产品，如收费的现代体育健身产品和体育培训等，可通过承包、特许经营、政府委托或政府参股等形式，引导民间资本的参与热情，积极成为这部分公共产品的供给主体。同时政府在投资政策制定上应秉承"谁投资、谁受益"的经济利益原则，并构建完善的相关配套措施和经济的、金融的、文化的制度保障。② 对于企业或社会组织从事农村体育公共产品投资的，政府应给予相应的积极的财税鼓励政策，如财政补贴、贷款低息、税收减免等，充分发挥社会资本的供给效应。完善以政府出资为主，非政府的组织和单位为辅，农民组织和个体积极参与的多元筹资体系，以实现农村体育公共产品的有效供给。

三、完善农村体育公共产品需求表达机制与供给决策机制

农村体育公共产品需求表达机制是指农村体育公共产品供给过程中对供给需求的自主意思表达方式。农民以民主的方式，通过直接或间接的渠道向政府

---

① 闫祥岭.乡镇农民体育健身工程惠及广大农民[EB/OL].新华网，2009 - 04 - 10.
② 张小林，白晋湘.我国农村体育公共产品供给制度缺陷与优化[J].体育学刊，2010（5）：25.

表达农民对承担农村体育公共产品成本及获取农村体育公共产品利益的意见，以求实现其对农村体育公共产品需求的自我满足。

我国作为农业大国，农民是农村体育公共产品消费主体。众所周知，由于我国长期的"二元型"经济结构，农民成为社会的弱势群体，享受社会公共福祉较低。尽管农民队伍庞大，但由于自身体育权利意识淡薄，加之为社会因素所困，农民对农村体育公共产品期求的表达缺乏正式的渠道，以致现实中农民需求表达的缺失。农民身为农村体育公共产品的直接消费者和受益者，要获得农村体育公共产品更有效的供给，必须通过正当、规范、科学、合理、有效的渠道将其真实的需求内容及效果要求表达出来。

我国的农村体育公共产品供给存在着供给总量不足的问题，即"整体不足"。同时由于供给需求信息的不对称，或供给主体的盲目供给，又出现了"相对过剩"的现象。为了克服以上弊端，实现农民需求偏好的充分表达。建立切实满足农民需求的体育公共产品供给体制。现实中可以通过乡镇代表大会和村民代表大会等平台，以决议或建议的方式，制约政府不合实际的农村体育公共产品供给决策，最大化地表达农民对体育公共产品需求偏好。各级政府还应建立健全村民意愿调查制度、供给信息公开制度、投票表决制度等农村体育公共产品需求表达平台，使广大农民的需求建议和诉求得到充分的回应。

从人民公社到家庭承包责任制，我国农村体育公共产品的供给制度虽然随着经济体制的变化发生着转变，但是供给决策机制却依然延续着"自上而下"的政府决策，供给产品的内容与种类均由政府主管部门决定。福利经济学家庇古认为，对每个人而言，当公共产品的边际效用等于税收的边际负效用时，这时公共产品的供应便是有效的。总体上说西方公共产品最优供给理论的启示是：要达到公共产品的最优供应，就必须要充分考虑消费者对公共产品的需求状况。离开了对公共产品需求的考察，就无法达到公共产品最优供给的状态。①

在我国现有的体育公共产品制度安排中，大多带有较强的行政指令性。政府通过政策文件的等形式来安排农村体育公共产品供给的总量、供给的结构以及供给的次序。在基层农村体育公共产品供给决策上，往往由县级政府代替乡镇政府进行决策，乡镇政府代替村委会进行决策，而村委会时常也是由少数组成成员进行决策。决策带有较强的行政指令性、主观臆断性、机械统一性。供给决策中通常带有各级政府各自的"政绩"和某些"利益"。在提供的体育公共供给产品中热衷于硬性供给，忽视了对农村体育公共产品的软性供给，主要表现为在农村学校体育等体育公共产品供给明显不足，而农民不需要的或者是需

---

① 亚瑟·赛斯尔·庇古. 福利经济学[M]. 上海：上海财经大学出版社，2009：123.

求较少的体育公共产品却供给过剩。如部分农村地区修建场馆、体育中心时在选址与建设标准上脱离现实，利用率低，往往都成了摆设。这些农村体育公共产品在农民体育健身方面很难发挥实际作用。

供给决策机制必须与经济发展的实际情况紧密结合才能成为最有效的机制。全国性的、区域性的、制度性的农村体育公共产品，因涉及全国和区域农村经济的发展走势，必须由政府根据国家和地区经济发展的总体需要做出规划性决策，采取"自上而下"的供给决策机制更有利于农村体育公共产品的有效供给；而对于地方性、农村社区的供给，则应当充分考虑当地农民的实际体育消费需要，应该以需求为导向，进而实施"自下而上"的供给决策机制能更有效地满足农民各种不同的消费需求，提高农村体育公共产品的供给有效性。我国应改变缺乏农民自主参与的政府主导型决策机制，实行政府主导型决策机制与农民参与型决策机制有机结合的模式。乡镇的农村体育公共产品供给决策，实行间接民主，即代议民主的方式，由村选举代表，经过代表的充分讨论，最后形成供给决议；自然村农村体育公共产品的供给决策，由全体村民的共同投票表决，即直接民主的方法，实行少数服从多数的原则，来确定具体的供给方案。

在供给决策中重视需求主体，构建科学化、民主化农村体育公共产品供给决策机制。我国在税费改革之后，虽然"自上而下"的供给决策机制没有明显改变，但也出现了机制上的创新，如"一事一议"筹资决策机制的诞生。农民在村民自治组织（村民委员会）的组织下，就单项的体育公共产品筹资进行民主表决，以决定是否进行社区筹资以及筹资金额等事宜。"一事一议"筹资决策机制使农民对体育公共产品的需求偏好得到了初步的表达，"自下而上"的决策机制作为发展倾向开始出现雏形并逐步发展起来。

四、健全农村体育公共产品供给的监督机制

在农村体育公共产品的供给过程中，在资金的筹措、管理与使用上还存在监督缺位的情况。国家中央部门对农村体育的扶持资金、地方政府制度预算内及预算外对农村体育的扶持资金都缺少有效监督。农村体育公共产品供给资金存在着游离于财政管理之外，甚至被挪作他用的现象。如农村中小学、基层城镇体育中心、体育场馆、文化站等部门许多体育建设资金属于预算外资金，由于信息的不对称，管理部门对体育专项资金的使用是否合理很难界定。再加之基层政务、村务、财务公开的非规范性和非常态性，进一步导致了对非预算资金的使用缺乏透明度，社会监督更是难以实现。

完善我国农村体育公共产品供给的监督机制应从以下方面入手：

（1）加强权力机构和政府组织的监督力度。各级人大应当充分发挥其监督

职能，严格监督各级政府对农村体育公共产品的供给职责，特别是各级地方政府的主导责任；各级审计部门要严格监督各级政府对农村体育公共产品供给专项资金的使用状况，严格禁止供给资金的截留与挪用。

（2）增强村民自治组织的监督意识。政府应积极地引导农民增强监督意识，主动地参与农村体育公共产品供给过程的监督，使农民认识到自己既是农村体育公共产品供给的受益者，也是供给过程的监督者。

（3）扩大非营利组织的监督范围。政府还应当扩大非营利组织的监督范围，强化农村体育公共产品供给的外部监督机制，使各供给主体在供给的同时参与到监督机制中来。

（4）加大法律监督力度。政府应当制定体育公共产品供给的相关法规，用法律的方式规范政府的责任，使农村体育公共产品供给过程纳入法治监督的轨道。

（5）拓宽权利救济渠道。政府应当不断提高公共服务质量，积极拓宽权利救济渠道，使农民的体育公共产品的享有权得到充分保障。

（6）建立责任追究制度。各级领导干部的绩效考核中设定农民对体育公共产品供给的满意度评价指标。将体育公共产品的投入、产出、供给达到的目的、供给造成的影响以及供给的过程等列为考核指标，对于在体育公共产品供给中出现失职和不称职的主要负责人，追究其责任，建立责任制与责任追究制。

五、构建农村体育公共产品供给内外互生机制

农村体育公共产品有效供给必须从内在因素和外在因素两个方面进行建设，即构建内生机制和外生机制。我国西部农村公共体育建设参与者主要有农村居民和农村社区等内生变量，以及政府、企业和其他社会体育文化组织等社会资本参与的外生变量。只有农村居民、农村社会团体和政府、企业以及其他社会体育文化组织等建设参与者共同管理、共同协调，实行公共治理，才有可能建立和完善西部农村公共体育发展的长效机制。

（一）内生机制

农村体育公共产品是农村公共文化产品的重要组成部分，农村公共文化产品供给内外互生机制是农村体育公共产品供给的长效机制。农村公共文化的内生机制是指"在政府及市场的行为既定的情况下，农村居民和农村文化社团通过各种有效方式、组织一切可利用的文化资源、激发农民的参与热情、培养农民的公共文化活动能力，依靠农民的文化创造力量，最终实现农村公共文化建

设的持续健康发展，保证农民充分享受社会发展的文化成果"①。农村居民和农村社区是农村公共文化消费的主体，也是其承载和发展的主体，更是农村公共文化的创造者。如果没有广大农村居民的积极参与，农村公共文化就失去了根本动力，无从创造灿烂的农村公共文化；如果没有广大农村居民的积极参与，积极创造公共文化，农村公共文化也失去了其承载的对象。在这种情况下，政府、企业和其他社会组织也无法了解广大农村社会所希望的文化价值和文化品位，以及所需求的公共体育文化产品和服务，进而导致有效需求不足的情况发生。广大民众参与农村公共文化建设是公共治理的根本要求，也是西部农村公共体育文化建设的根本驱动力量，对西部农村公共体育文化发展具有决定性的作用。

　加强西部农村公共体育内生机制建设，主要包括经济、政治、文化三个方面的内容。经济基础决定上层建筑。经济是文化建设的基础，也是加强西部农村公共文化内生机制建设的基础。应千方百计发展科技，发展农村经济，提高农村居民的经济收入。一方面，使农村居民不为生计所焦虑，能够享受生活、安心学习、积极参与公共体育活动；另一方面，农民能够节省劳动时间，有空闲时间接受、欣赏和创造农村公共体育。在加强经济建设的同时，应加强广大农村基层政治和文化工作。加强基层政治民主等先进政治思想理念，提高广大民众的政治素质，自觉接受和创造先进的农村公共体育。此外，从广大西部农村的实际情况出发，从广大民众的文化水平出发，挖掘民间优秀文化，扩展体育文化产业，提升公共文化品位和欣赏价值。反过来，公共文化也能促进经济和政治的稳定发展，使经济、政治、文化良性循环、和谐发展，使西部农村公共文化呈快速发展的态势。在经济、政治、文化良性循环的基础上，大力发展和扶持西部农村文化社团组织，积极开拓公共体育文化，开展体育文化活动。农村社团组织扎根于广大农村和农民群众，具有深厚的民众根基，了解广大民众的需求，也明白自己所能提供的产品，开展的活动具有吸引力和感染力，应积极满足民众所需，提供有效需求。我国西部农村具有丰富的民族文化资源，拥有深厚的传统文化底蕴、强烈的民族特色、浓郁的地域特征。我们立足于西部民族体育文化特色，继承和发扬优秀的民间体育文化，打造西部民族特色文化，开展独特的体育文化活动，形成西部体育文化产业。

（二）外生机制

　外生机制相对于内生机制而言，是指影响西部农村体育公共文化发生、发

---

① 王晓艳.我国西部农村公共文化内生机制研究[D].兰州：兰州大学，2009.

展的外部环境因素及其所作用的方式。我们在整合外部环境的各种要素，发挥各种资源优势，引导发挥积极作用，完善西部农村公共体育外生机制。政府、企业和其他社会文化组织共同参与西部农村公共体育建设，相互配合。外生机制是建设西部农村公共文化不可或缺的长效机制之一。影响西部农村体育公共文化发生、发展的外生机制的构成要素主要有主体要素、功能要素和环境因素。主体要素包括政府、企业、其他社会组织等主体；功能要素包括西部农村文化制度、技术、管理和服务等；环境因素包括西部农村文化体制、机构、公共文化基础设施等保障条件。各种要素通过直接或间接的方式影响西部农村公共文化的发生和发展，其中包括价值规律、竞争规律等市场经济的作用。在各种要素中，政府承担整合外部环境各种要素和资源的责任，起着主导作用。一方面，政府积极增加投入，承担西部农村公共体育文化服务体系、基础设施建设的重任，实现城乡一体化，发展西部农村体育公共文化；另一方面，按照市场经济规律，政府引导企业、社会组织，整合各种社会资本进入西部农村体育公共文化事业，培植体育文化龙头企业，形成体育文化产业。同时，企业和其他社会组织积极参与西部农村公共文化建设事业，发掘文化内涵，为建立多样化的民族文化提供各种载体，包括各种文化传播的聚道、形式等内容。此外，政府要完善各种文化管理制度，提升技术，加强机构建设，提供符合广大农村居民所需求的体育公共文化产品和服务。

根据我国社会文化建设的实践经验教训，以及我国西部农村的特点，必须按照市场经济规律和农村公共文化建设规律，在公共治理理论的指导下，结合现代社会文明和传统文化，构建长效机制，包括内生机制和外生机制，解决文化消费的有效需求和有效供给的综合平衡，才有可能培育适合西部发展的农村公共体育文化，建设新农村。任何事物都是在内部因素起主要作用、外部因素的促进下才发生和发展。构建西部农村公共体育文化建设是一个极其复杂的系统工程，各建设主体具有不同的适应性，并且随着不同环境的变化而产生不同的变化。整个系统处于不断的变革之中。客观的研究西部农村公共体育文化建设的内生机制和外生机制的互动，可以更好地整合资源，提升发展水平。在西部农村公共文化发展过程中，外生机制和内生机制是相辅相成、相互促进、不可分割的统一整体。在加强内生机制建设的基础上，也要及时完善外生机制，才能形成西部农村公共文化发展的长效机制。

据有关统计，湘西土家族苗族自治州在"十二五"建设中，乡镇综合文化站建设158个，分4年建完。国家总投入4920万元，乡镇综合文化站建设投入资金为每个站24万元(中央财政投入20万元，省财政配套4万元)。吉首市每个站24万元(中央财政投入16万元，省配套6万元、县配套2万元)。完成建设的文化站配送价值 8 万元的设备,由省文化厅分批配送。文化站信息资源共享设备已配送安装完毕,群众文化活动设备配送下发各县市。文化大繁荣、产业大发展的局面已经出现。①

第四节　农村体育社会指导员队伍建设

在农村体育公共服务体系的构建中,与公共体育设施建设同等重要的是推进农村各类体育组织及其队伍建设。我国应当建设一支以社会体育指导员为主体的农村体育骨干队伍,充分发挥这支队伍在农村体育活动的组织和指导作用。国家体育总局在《2001—2010 年体育改革发展纲要》中指出"农村体育以乡镇为龙头,村民委员会为基础,农民体协为纽带,形成有辐射力的网络组织"。

现阶段农村体育教育人才极为匮乏。乡镇几乎没有体育工作人员编制,虽然有县一级的群众性体育协会,但因多种因素的制约,其触角很难延伸到农村,更不用说偏远山丘区、湖区。由于农村体育工作不是乡村两级组织的考核内容,没有组织机构,没有经济实体,农村体育指导员没有报酬或津补贴,其结果只能是队伍萎缩、人员老化。

2002 年《湖南省农村实施〈全民健身计划纲要〉意见》指出,每个乡镇需建立体育领导小组,逐步配备乡镇专(兼)职体育干部。要积极培养社会体育指导员队伍,力争 3—5 年内,乡镇一级要配有二级以上社会体育指导员,村级要有三级社会体育指导员。各级体育主管部门在重视已有体育教师的基础之上,还应当重视加强对体育专业人员的培养,特别是体育骨干的培养。促使体育专职人员的职业素养不断提高,充分发挥其优势。众所周知,由于缺乏科学的健身指导,农民对体育运动的热情也受到了很大的影响。因此,如何有效配置现有的体育资源,加强农村体育人才队伍建设是农村体育发展的关键环节。我国潜在的人力资源十分丰富,充分利用培训和教育等多种渠道,有效地进行人力资本投资,具有重要的现实意义。②

一、提高思想认识,扩大优化农村体育指导员队伍结构

推动农村群众体育事业的协调发展是各级人民政府的基本职能,是各有关职能部门应尽的职责。县委、县政府及相关职能部门应把农村体育事业纳入当

---

① 吴文平.公共治理视域中的西部农村公共文化发展机制研究[J].吉首大学学报,2012(6):105.

② 郭小娟.我国农村人力资本开发的现状及对策[J].内蒙古农业大学学报(社会科学版),2008(4):128.

地国民经济和社会发展总体规划，经常研究体育事业发展，采取有效措施解决实际问题，并将落实情况作为对乡镇、职能部门考核的重要内容。建立健全各级文化体育工作领导小组，制定体育事业发展及体育人才培养长远指导规划和工作方案。加大力度吸引、组织一批热爱体育活动、热爱公益事业、具有专业水准的中青年人才加入社会体育指导员队伍，优化改善年龄结构。可以针对在体育活动当中表现较好的农民群众，通过定期开设培训班等方式对其进行专门知识及技能培训，进而提升其各方面的能力，并最终成为农村的体育骨干。其中农村体育骨干主要负责农村体育活动宣传、指导与管理等工作。注重体育事业向农村倾斜，体育投入向农村集中，体育人才向农村输送，缩小城乡差距。在当前就业困难的情况下，针对在体育学校毕业的专业人才制定相应的优惠政策，引导并鼓励他们到乡镇等基层单位工作，从而指导农民开展体育健身运动。当然，还可吸纳大学生志愿者在课余时间积极地参与到农村的体育工作当中去。

二、健全组织体系，不断提高农村体育指导员管理水平

充分发挥体育工作部门及体育协会的组织协调作用，形成体育部门为主导、社会体育协会为主体、各种社会体育组织广泛参与，组织落实、结构合理、覆盖城乡、服务到位的组织体系。制定并施行"社会体育指导员管理办法"，规范社会体育指导员上岗要求、服务标准、道德规范和工作守则，推进社会体育指导员服务和工作规范化建设，使社会体育指导员工作有章可循。不断完善社会体育指导员工作管理的政策、法规、制度体系，进一步健全等级制度、培训制度、注册登记制度、服务考核制度、表彰奖励制度，逐步实现社会体育指导员工作制度化、科学化、法治化。组织发动社会体育指导员经常、广泛开展科学、安全、方便、高效的体育健身指导服务。

三、完善培训机制，不断提高农村体育指导员专业水准

按照"以用为本，学用结合"的原则，完善社会体育指导员培训、交流制度，增强培训、交流工作的科学性、针对性、实效性。科学制定培训大纲及年度计划，规范各类社会体育指导员培训工作，根据人文、民俗、爱好等实际，设置培训内容，增加特色培训内容。加强培训基地建设，做好培训基地设施配备及师资队伍建设，拓宽培训渠道，探索体育技能培训的新办法，丰富培训方式和内容。组织开展社会体育指导员技能展示和交流活动，推广各地、各单位的有益做法，学习借鉴先进经验；聘请组织专家、优秀社会体育指导员到基层巡回讲课辅导；定期组织县级社会体育指导员外出观摩大规模的群众体育赛事活

动，开阔视野。通过各种形式的培训、交流，不断提高各类社会体育指导员体育健身指导专业水准和服务水平。

四、加大体育投入，不断强化农村体育指导员活动保障

切实加强体育事业投入，为社会体育指导员开展体育健身指导服务搭建平台、创造条件、提供保障。积极争取在县财政预算中列支一定的社会体育指导员工作经费，在用于全民健身的体育彩票公益金中安排一定比例的社会体育指导员工作经费，并随着体育经费的增长逐步加大对社会体育指导员工作经费的投入；在重点保证培训经费下，资助社会体育协会开展活动，为社会体育指导员开展体育健身指导服务配备必要的装备、音响、灯光等，提供工作、交通补贴。积极争取企业和社会赞助，实现资金来源多元化、多渠道。鼓励各类社会团体、群众组织、机关企业事业单位为社会体育指导员开展体育健身指导服务提供物质保障。

五、丰富活动内容，全面发挥农村体育指导员积极作用

充分发挥乡镇文化站、乡村文化协管员、社会体育指导员、社会体育爱好者的积极作用，借助国庆节、春节等民族重大节庆日，组织开展富有地方特色、群众喜闻乐见的体育民俗活动。继续发挥县总工会、妇联、团县委等群团组织的号召作用，以"三八"妇女节、"五一"劳动节、"五四"青年节为契机，组织开展形式多样、丰富多彩、全面参与的社会大众体育活动。广泛开展文化体育"三下乡"活动，经常举办以乡镇、村为参赛单位的各种文体比赛和文体活动，坚持与生产劳动和文化活动相结合，组织开展具有地方特色、农民喜闻乐见、易于参与的体育健身和竞赛活动，满足农民多层次、多方面的文化体育需求。如利用传统节日和农闲季节，组织开展体育下乡活动，并形成制度。

六、强化宣传推介，充分激发农村体育指导员事业热情

充分利用互联网、广播电视、宣传栏，开办社会体育指导员栏目，制作社会体育指导员宣传片、宣传册、宣传画，宣传、树立社会体育指导员良好的公众形象，扩大社会影响，提高社会认知度。组织体育健身技能和理论学术水平较高的社会体育指导员深入社区和农村村镇开展宣讲、辅导和交流活动，吸引更多的群众参加体育健身活动。筹划开展社会体育指导员先进评选表彰活动，对评选出的先进典型给予精神和物质奖励，并广泛进行社会宣传，激发社会体育指导员的工作积极性和创造性，使其成为社会志愿服务的楷模，成为推动全面健身事业的中坚力量。

随着全民健身计划的推动，要加快农村社会体育指导员的队伍建设。应提高农村社会体育指导员整体素质，健全组织体系，完善培训机制，加大体育投入，丰富指导内容等系列有效举措，推进农村体育事业建设发展，多渠道、多层次加大农村社会体育指导员队伍建设。充分发挥农村体育指导员的积极作用，使农村体育指导员真正成为"全民健身的宣传者、科学健身指导者、群众体育活动组织者、体育场地设施维护者、健康生活方式引领者"，不断适应社会的需要和发展，促进人民群众的健身活动走向科学、健康、有序的轨道。

第五节　加强农村体育场地设施建设

体育场地设施是为开展体育活动而建造的，为体育教学、训练、竞赛、群众体育锻炼和休闲体育等活动之用的体育设施。体育场地设施应符合体育运动要求的，遵循体育活动的发展规律，达到人身健康的标准。农村体育场地设施是农村体育赖以运行的基础，是发展农村体育所必须具备的物质条件，是全民健身活动的重要物质保障。

《体育法》《全民健身计划纲要》《公共文化体育设施条例》《普通高等学校体育场馆、器材配备目录》《学校体育工作条例》《国家体育锻炼标准实施办法》等一系列法律法规的出台，对体育场地设施提出了新的要求。2001 年《湖南省农村实施〈全民健身计划纲要〉意见》指出，乡镇逐步达到一场（篮球场）、一室（不低于 40 平方米的体育活动室）。经济较发达的乡镇应有计划地建设农民文体活动中心，逐步做到一场（篮球场）、二房（武术训练房、乒乓球房）、二室（棋类室、游艺室）。

目前农村体育场地设施建设经费十分紧张。究其原因主要包括两个方面：①农村体育场地设施建设资金大都来自地方政府，而地方政府在农业税取消后，财政支付能力在下降，再加上西部地区经济欠发达，地方征税收入相形见绌，再用于投资建设体育健身四大硬件财政很是力不从心。②由于农村体育场地设施基本为民生公共产品，投资回报率较低，使得引进民间资本困难重重。由于农村体育场地设施的管理很不完善，后期维护在许多地方是很大的难题，尤其是西部地区与中东部地区在场地设施状况上存在显著的差距。在西部地区，由于生活水平较低，农民们体育健身观念相对缺乏，可供使用的体育活动场所和设施少之又少（见表 7 - 1，表 7 - 2）。③地方政府体育彩票公益金提留的部分本应为乡镇配备体育设施、修建体育场地，但实际上绝大部分市县只为乡镇一级提供较少健身器材，村落很少能分享得到。少量的场地设备，因缺乏专业人员的管理和维护、失修及人为破坏较严重的现象仍较为突出。

表7-1　第六次全国体育场地普查——室内外体育场地城乡分布情况

	城镇体育场地		乡村体育场地	
	数量 （万个）	场地面积 （亿平方米）	数量 （万个）	场地面积 （亿平方米）
室内体育场地	12.87	0.54	2.73	0.05
室外体育场地	83.40	12.83	65.24	6.07
合计	96.27	13.37	67.97	6.12

表7-2　第六次体育场地普查表　东、中、西部和东北地区体育场地分布情况

	省份数量（个）	场地数量（万个）	场地面积（亿平方米）
东部	10	71.10	9.38
中部	6	40.39	4.18
西部	12	42.63	4.28
东北	3	10.12	1.65
合计	31	164.24	19.49

资料来源：国家体育总局官方网站。

一、加强民族自治地方体育场地设施的立法

国家对民族自治地方体育立法很少，对于民族自治地方体育场地设施的立法更是凤毛麟角。因此，我们必须要加强国家对民族自治地方体育场地设施的立法，解决地方立法层次和效力低下的问题。同时，要完善国家现有的关于民族自治地方体育场地设施的法律规定操作性不强的缺陷，结合市场经济条件下民族自治地方体育场地设施的实际情况，对现有的法律进行及时的修改和调整，以便能够更好地让民族自治地方体育场地设施获得法律的有效保护。

加强和完善民族自治地方对体育场地设施的立法，民族自治地方的自治区、自治州、自治县都有立法权，而现有的五个民族自治区对体育场地设施的立法只局限于自治区一级的立法，因此我们要加强自治州和自治县的立法，尤其是要发挥自治县的立法作用，因为自治县作为立法的最基层主体，对当地的体育场地设施有着更深的了解，对于细化国家和地方对民族自治地方体育场地设施的法律规范，增加其现实的可操作性具有重大作用。

民族自治地方体育场地设施建设要因地制宜，注重民族特色。《全民健身

计划纲要》明确提出，要发展少数民族体育，在民族地区广泛开展以少数民族体育为主的体育健身活动。《全民健身计划细则》也提出，要积极发展民族体育，挖掘和整理民族传统体育宝贵遗产。《体育法》第15条规定，国家鼓励支持民族、民间传统体育项目的发掘、整理和提高。民族自治地方除具有一般大众的体育项目外，还有自己的特色体育项目，民族自治地方的特色体育成为丰富我们璀璨民族文化的重要组成部分，也是传统民族特色体育的重要发源地，民族传统体育在实施全民健身计划中占有现代竞技体育无法替代的地位并有助于全民健身计划的实施。因此，我们要提高民族自治地方对特色体育的保护意识，注重对民族体育的挖掘、整理和提高，完善和加强对民族自治地方体育场地设施的建设，不能够只追求金牌体育项目的场地设施建设，而忽略了民族自治地方体育发展的重要性特殊。如对于内蒙古自治区体育场地基础设施的建设要以体育健身服务为基础，突出高原训练、体育旅游、民族民间体育展演等综合发展的特色。

二、完善和加强民族自治地方体育场地设施的执法

法律的生命在于执行，完善和加强民族自治地方体育场地设施相关法律法规的执行，是实现民族自治地方体育事业的可持续发展战略的客观要求。因此，我们必须重视民族自治地方对体育场地设施执法的特殊性和必要性，主要从以下几个方面入手。

（1）提高执法者的素质主要是对执法者进行深入宣传教育，促使其学习体育法律法规，让民族自治地方体育执法者认识到体育基础设施建设的重要性，转变民族自治地方人民对体育事业的淡漠，提高执法者自身的体育法律素质，从而提高体育执法水平。

（2）从法律制度上规范执法立法，应该明确执法者的职权责任以及对执法者违法行为的究责制度。明确权利相对人的权利和义务，以便更好地建立执法监督机制；进一步明确执法的条件、种类、幅度，最大限度地减少执法的任意性以及由任意性导致的不公正和腐败。具体来说，面对破坏、侵占、挪用体育场地设施的行为要依法给予严惩，做到执法严，违法必究。同时，对于民族自治地方的小区、公园、广场等场所的体育场地设施的建设情况要根据实际情况因地制宜地进行检查和监督，对于暂时无力兴建的要依法按照法定标准留出预留地。此外，要将执法、司法、群众监督等方式有效统一起来，为民族自治地方体育场地设施的建设和体育事业的发展创造健康、稳定、有序的环境。

三、完善和加强民族自治地方体育场地设施的运作、管理

（1）依法加强民族自治地方体育场地设施运作、管理规章的制定。民族自治地方的立法要加强对民族自治地方体育场地设施的规划、建设、使用、管理等方面的规定，使体育场地设施的运作、管理可以有法可依、有规可循。同时，民族自治地方法律应当根据当地实际情况明确民族自治地方体育场地设施的管理员制度，明确管理员的职责、工资的来源和标准，以便其能够及时对体育场地设施进行维修更换，减少乃至杜绝体育场地设施的安全隐患，最大限度地维护民族自治地方农民体育权利。

（2）拓展民族自治地方体育场地设施建设、使用渠道。群众体育事业要实现持续、健康、快速发展，不搞基础设施建设犹如空中楼阁，不可能健康持续的发展。同样，民族自治地方的体育要获得可持续发展首先必须大力兴建体育场地设施。但兴建时应根据实际情况分阶段、分批次进行，同时要考虑民族自治地方的体育特殊性，注重利民、便民的原则，体现民族特色，因地制宜，不可一刀切。要充分利用民族自治地方的机关、企业、学校的场地设施和广场、公园、空地等健身场所。对于应当向公众开放而不向公众开放的场所设施，要对相关负责人进行批评教育，情况严重的要依法给予相应的处罚。对于那些可以向公众开放的场所设施，根据实际情况，可以收取一定的费用，给予一定的补偿。

总之，要多渠道地解决民族自治地方体育场地设施短缺的问题，加强和完善民族自治地方体育法制建设，逐步建立起一个以宪法为指导，以体育法为龙头，以体育行政法规为骨干，以部门规章以及地方性法规为基础的层次分明、衔接配套和比较健全的体育法体系，从而为民族自治地方体育场地设施提供法律上的有效保护，消除民族自治地方体育可持续发展的瓶颈，保障民族自治地方体育健康、有效、持续的发展。

四、加大支农体育基础设施建设资金投入

若想大力改善农村体育场地设施的供给困境，加大支农资金投入的力度是当务之急。乡村公共体育场地设施所需资金主要是由政府部门投入，但由于诸多原因，目前乡村公共体育场地设施资金投入还很不够。聂春雨等对广西田阳县新农村体育场地设施现状考察得知：田阳县体育场地设施建设资金来源中大部分属于机关、事业单位自筹，包括文体文化局等，占50.8%；政府部门财政拨款，包括区、市、县政府，各行政单位、机构各个局，占33.5%；农民群众自筹资金，包括社会捐赠者、外出打工者、个体经商户、村干自捐形式等，占

25.7%。县城建设资金只有三种渠道，大部分来自自身的投资，学校场地设施器材的资金投入，则由教育系统给予补助和学校自己支付。①

各省政府财政部门要统一增拨农村公共体育场地设施建设资金，各县市财政部门也要增拨农村公共体育场地设施的建设资金等。同时还需拓宽资金来源，发动爱心企业和爱心人士进行适当的捐款，也可在农村项目招标过程中将乡村公共体育场地设施建设纳入总项目。多渠道、多途径，广泛筹资，从而保障西部农村地区场地设施必要建设资金落到实处。

第六节　着力发展农村中小学体育教育

目前，农村中小学的体育教育在农村体育事业处于特殊地位，是体育教育的重要组成部分。目前中小学的学校体育教育困难重重，鉴于其发展的紧迫性，高度重视农村体育教育，促进农村体育教育的良性发展尤为重要。

一、提高对农村学校体育教育的认知

学校领导重视体育对学校体育发展的作用是不言而喻的。每个学校都会有专门的领导来分管体育工作，对于这些领导来说，尤其要加强对中小学体育重要性的认识。近年来青少年在体育锻炼中猝死事故频发，"上海杉达学院一名大二男生篮球课上倒地猝死""东华大学一名安徽男生跑完 1000 米后猝死""九江中学一名高二男生 1000 米长跑中死亡""厦门一名大学生备战马拉松猝死""塘沽一中一名高三学生猝死"……仅在 2012 年一年中，上海、广东、浙江、福建、安徽、陕西、河南等地接连报道了多起青少年学生在运动中猝死的事件。

这些青少年怎么了？身体为什么这么脆弱？本研究认为这与他们在中小学时期没有得到足够的体育锻炼不无关系。对于增强学生体质，国家层面一直很重视。2010 年的全国学生体质健康调研与监测结果表明，我国学生体质健康状况与 2005 年相比，有所改善。2012 年国务院办公厅转发教育部等部门下发的《关于进一步加强学校体育工作若干意见的通知》，进一步强调要更加重视学校体育教育，这是因为学校体育工作仍是教育工作中的薄弱环节。体育教育是教育的基础，要在思想上高度重视，积极践行体育教育。学校体育效果如何关乎学生的身心健康，关乎祖国的未来，关乎民族的前途与命运。各级政府要通过务实的举措，积极引导广大青少年和学校，乃至全社会树立科学的教育观和健康观。本研究认为应先从提高学校领导对学校体育的重视开始。国内已经有一

---

① 聂春雨，江俊.田阳县新农村体育场地设施的现状分析与对策研究[J].考试周刊，2014(13)：113.

些学校领导做出了表率,比如四川成都七中首创"体育毕业证",创新布置"体育寒暑假作业",提出"3 年跑 600 千米"的目标,并规定"要拿学校毕业证,先拿体育毕业证",这些创举都来自学校领导层对体育的高度重视。本研究认为,成都七中的做法可作为示范在广大农村地区推广,加强对国家宏观政策的理解,大胆改革创新,把西部农村中小学体育的重要性提到新的高度。

二、加强农村学校体育的经费投入与基础建设

国家对学校体育教育经费的保障性法规、文件有 1990 年发布的《学校体育工作条例》、2007 年发布的的《中共中央国务院关于加强青少年体育增强青少年体质的意见》(中发〔2007〕7 号)和《国家中长期教育改革和发展规划纲要(2010—2020 年)》等,这些文件都对推动学校体育科学发展,促进学生健康成长,以及学校体育经费的投入做出了规定。文件还指出各级教育行政主管部门必须加大学校体育教育经费投入力度,以专项经费的形式列入学校年度教育经费预算,并要求与教育总经费实行同步递增。中小学校的公用经费须有一定比例的学校体育工作经费。纳入预算是基础,专项经费和一定比例工作经费是保障。教育部部长袁贵仁在 2014 年全国教育工作会议上的讲话指出:"教育投入要保基本,使每一所学校都达到基本办学条件。要统筹城乡义务教育资源均衡配置。加快发展农村教育,改善办学条件,提高教育质量。增加对农村义务教育薄弱学校改造资金投入,提高农村中小学生均公用经费基准定额。落实《关于全面改善贫困地区义务教育薄弱学校基本办学条件的意见》,使贫困地区学校教学设施、生活设施符合安全、学习和生活的基本需要。对确有需要的村小和教学点,不仅要坚持办,而且要办好。教育部将会同相关部门,将各地办学条件达标情况列入督导,全面普查,纳入学校管理信息系统,并向社会公开。要多策并举,切实加强农村教师队伍建设。认真抓好 2013 年启动实施的乡村学校和教学点教师生活补助政策,使优秀教师下得去、留得住、教得好。对加强青少年体育锻炼提出了更具体的要求,包括了对体育课、课间操、课余体育(特别是阳光体育)的要求。"[1]从国家的宏观层面,学校要在体育方面投入多少比例的经费还真不好定一个硬性的标准。但本研究认为也应该给出一个最低标准或者参考标准,否则就没有办法保证体育经费的稳定投入,导致各学校在体育经费的实际投入方面较为随意,甚至挪用体育的专项经费。实际上,有的省市已经开始这么做了,比如新疆维吾尔自治区教育厅、体育局对新疆各类中小

---

[1] 教育部部长袁贵仁在 2014 年全国教育工作会议上的讲话[EB/OL]. http://www.ict.edu.cn/news/n2/n20140213_7767_4.shtml, 2014 – 02 – 13.

学提出的最低体育经费投入标准为不低于学校公用经费的 8%；内蒙古自治区要求政府把学校体育卫生工作纳入重要的议事日程，学校最低体育经费投入标准不低于学校公用经费的 10%。这些做法是对《中共中央国务院关于加强青少年体育增强青少年体质的意见》和《学校体育工作条例》有力的实质性推进。学校的体育基础建设与学校体育经费投入直接关联，尤其在学校体育教育现代化的发展趋势一片高呼的背景下，经费投入对学校体育发展来说更加重要。当然，学校体育场地设施的建设也需要体育教师多开动头脑，开发农村中小学拥有的自然资源和当地的传统文化资源，结合当地特色来建设学校的场地设备。

三、完善农村学校体育教育的体系

学校体育工作的落脚点最终还是要落在学生实际的体育参与方面，而体育课、课间操和课余体育是学生参与学校体育活动的主要形式，也就是说要促进学生的体育参与，就要力争改善体育课、课间操和课余体育的开展状况。实际上，国家不断在提高对这些方面的重视程度。在 2014 年的全国学校体育工作座谈会上，国务院副总理刘延东强调"健康是青少年成长成才和幸福生活的根基，关系国家民族未来和亿万家庭福祉"[1]，她还说"加强学校体育工作是促进学校回归育人本原、促进学生全面发展的重要途径，要通过学校体育活动使学生强健体魄、健全人格，养成终身体育锻炼习惯和健康生活方式"[2]。教育部部长袁贵仁提出："深化教学改革，强化体育课和课外锻炼。一是开足上好体育课。任何学校不得以任何理由和借口占用体育课时。严格按课程标准开展教学，保证运动负荷，让每个学生都得到充分锻炼，并学会至少两项终身受益的体育锻炼项目。二是确保每天锻炼一小时。开展阳光体育运动，推行每天早操、晨跑等早锻炼活动，上午统一安排大课间体育活动。三是改进体育考试评价。将体育课作为国家统一规定的学业水平考试的必考课，毕业和升学必须达到合格水平。将学生体质状况和体育特长如实记入学生综合素质评价档案，作为学生毕业和升学的重要参考。"[3]另外，教育部将把"体育与健康"作为国家义务教育质量监测的两个学科领域之一，委托基础教育质量监测中心负责制定监测的指标体系、抽样测试和监测结果的发布。实行工作效果评估和年度检查报

---

① 刘延东在全国学校体育工作座谈会上的讲话［EB/OL］. http://news. xinhuanet. com/sports/2014 – 07/29/c_126811859. htm, 2014 – 07 – 29.

② 刘延东在全国学校体育工作座谈会上的讲话［EB/OL］. http://news. xinhuanet. com/sports/2014 – 07/29/c_126811859. htm, 2014 – 07 – 29.

③ 袁贵仁. 抓好学校体育工作提升学生体质健康水平［EB/OL］. http://www. jyb. cn/china/gnxw/ 201407/t20140730_592244. html, 2014 – 07 – 30.

告制度，对学校体育工作，分优秀、良好、合格和不合格四级考核评估，学生体质挂钩学校评估。在国家领导和教育部的高度重视下，认真组织开展开农村中小学的体育课、课间操等体育活动，调动学生积极性，使学生更主动地参与体育活动。结合中小学学生特点和需求，不断创新体育教学内容，广泛开展校外体育活动，如体育知识讲座、体育知识竞赛、趣味运动会等。根据国家有关体育政策标准，加强农村校园体育场地设施建设，引进专业体育教育人才，更有效地增强农村学生的身体素质，使其更健康地快乐成长。

第七节　弘扬民族传统体育

我国西部地区是少数民族聚居区，有着悠久的民族传统体育文化底蕴。民族传统体育经历了数千年的传承，内容丰富且方式多样，在增强农民体质、丰富农村文化生活发挥着重要的作用。

民族传统体育大致分为五类：一是源于原始生产生活和战争的体育萌芽形式，如射、御、角力、田猎、跳高、奔跑等；二是源于宫廷和贵族体育、逐渐流行于民间的娱乐形式，如蹴鞠、斗鸡、投壶、走犬、杂技等；三是源于战争频繁、社会衍生的"奕"类斗智形式，如围棋、象棋、九连环等；四是建立在对生命的认识基础上，运用人自身的运动锻炼手段，对人体生命功能进行强化或优化的养生体育形式，如五禽戏、导引术、气功等；五是源于军事战争，后随着经济发展，出现武艺为生的艺人分化，融入娱乐健身寓意的武术体育形式，如少林拳、太极拳，以及各种武术器械，如棍术、枪术、刀术、剑术等。可见，民族传统体育孕育在中华民族五千年的发展进程中，经历了历朝历代的传承和发展，代表着中华民族文明教化的水平，具备文化性、习惯性、民俗性、健身性、娱乐性及群众喜闻乐见等特点，蕴含了巨大的社会价值及文化价值，且几千年来，民族传统体育的形成、传播和融合归功于人民，凝聚着历代人民对美好事物的追求与向往，激励着人民对生活的热爱。[1] 我国少数民族体育文化彰显民族性、竞争性、娱乐性、时令性、季节性、多样性和非物质文化遗产的本真性的特点，具有良好的健身价值。同时作为我国的非物质文化遗产，其隐存着的民族精神与情趣不可忽视，在促进民族民间文化认同感和爱国主义教育方面都发挥着重要的作用，因此，弘扬传承民族传统体育文化是发展农村体育的重要内容。

---

[1] 邱世海.民族传统体育项目在全民健身可持续发展中的传承与应用[J].体育科技文献通报，2015(8)：16.

一、民族传统体育的社会功能

（一）拓展体育教育资源

在学校及社会体育教育中，我国西部民族传统体育项目是重要的体育课程内容，如在湘西土家族苗族自治州，丰富多彩的莲花十八响、摆手舞、八宝铜铃舞的体育舞蹈，鼓舞、接龙舞等民族体操，打地螺、踢毽子、打飞棒等体育游戏，苗拳、苗棍等武术，大批民族传统体育项目经过课程化改造后，形成了符合民族地区学生心理、习惯，与开发和利用民族传统体育文化遗产保护有机统一的课程。课程内容与学生的生活经验紧密相连，在教学手段、方式上形成了民族地区体育教育的特色。

（二）促进全民健身活动开展

我国西部民族地区蕴含着丰富多彩的民族传统体育项目。这些传统体育活动有利于农村居民抒发情感、协调关系、丰富文化生活，同时也是少数民族长期以来赖以强身壮体的重要载体。活动中体现了民族地区的习俗，深受广大农民的喜爱，有着广泛的群众基础。民族传统体育活动的内容基本上起源于民族习俗，但在新时期又加入了现代元素。如摆手舞，现已成为全民健身中的大众体操，摆手舞已经从土家族生活聚居区的湘西农村辐射到周边城镇、都市，成为城市社区体育活动的重要内容。诸如此类的还有贵州黔南布依族苗族自治州平塘县组织的玉水鹅飞节、龙舟赛，藏族地区的赛马、马术、押加、赛牦牛，甘肃省的赛骆驼、赛牛、赛羊等，这些颇具地方民族特色体育活动已深入人心。这些民族体育活动以其趣味性、娱乐性和健身性，吸引了众多各民族群众的踊跃参与。

二、发展民族传统体育的举措

（一）挖掘民族传统体育的旅游资源

伴随着人们生活水平的提高以及闲暇时间的增多，假日旅游已经成为人民生活中重要部分。我国西部秀丽的自然风光、浓郁的民族风情，深受广大旅游者的青睐。近年来民俗文化村旅游已逐步成为旅游热线。游客沉浸在具有"新、奇、乐"的民族地区体育、健身活动之中。这就要求民族地区各界政府要加大将民族体育文化拓展为旅游观光资源的力度，加快推进民族民俗体育项目较高的观赏价值和较强的参与性。加快引进民间资本，加快民俗村、文化生态村建设。内蒙古祖鲁节、麦尔节、祭敖包、打鬃节、那达慕、马奶节，湖南沅江苗族的龙船节，东北地区赫哲族乌日贡节，新疆维吾尔族的古尔邦节，新疆塔城地区的达斡尔族沃其贝节，西藏的望果节、雪顿节、转山会都包含了丰富的民族民间体育文化，成为区域旅游等产业发展的重要内容。通过民族地区的节事活动，将得天独厚的民族体育旅游产业化经营，用体育文化旅游产品带动民族地区经济的繁荣与发展。

（二）抢救民族传统体育非物质文化资源

2006 年"少林功夫"作为国家级非物质文化遗产第一批入选国家名录，这极大地鼓励了申遗工作迈向世界级申报。2010 年第 34 届世界遗产大会正式将中国登封"天地之中"少林寺历史建筑群列入《世界遗产名录》。中国商标专利事务所对世界五大洲 11 个国家、地区进行了商标注册调查，结果显示，其他国家和地区都在抢注"少林"或"少林寺"商标，共发现 117 项、116 个商标品牌，平均每个国家和地区 10 余项，而这些"少林寺"与"嵩山少林寺"无任何血缘关系。① 1998 年，少林寺投资成立河南少林寺实业发展有限公司，并注册了"少林""少林寺"商标，正式开启了对"少林功夫"知识产权的保护。在四川，"青城派"和"青城掌门"被人抢注成酒类商标后，武林人士群起呼吁收回武术品牌，但商标抢注者把 2 个注册商标公开挂牌叫卖，而价格在外人看来是一个天价——600 万元。另外，随着我国互联网技术的高速发展，以知名传统体育文化名称为域名被抢注后遭高价倒卖的现象时有发生，目前主要集中在"少林""太极""武当"等。在印度，瑜伽是该国的传统体育项目，随着全球瑜伽热的兴起，这项流传千年的印度国粹却遭到美、英、德、日等国健身公司的剽窃，被商人占为己有。据悉，仅在美国，有关部门已经批准 150 项和瑜伽有关的专利以及 2315 种瑜伽商标。为保护瑜伽知识产权，印度政府专门成立了一个工作组，对瑜伽姿势和技巧进行登记备案，然后申请专利。② 以上是传统体育文化遗产被侵害现实的冰山一角。为传承和发展民族传统文化，民族传统体育保护工作迫在眉睫。

民族传统体育源自民族民间传统社会的体育文化，有的生根于生产劳动，有的生根于军事战争，有的生根于宗教祭祀，有的生根于养生保健，有的生根于游戏娱乐等。近代社会以来，西式体育大量传入我国，加上我国近年来大抓经济建设，民族传统体育项目作为体育非物质文化遗产的表现载体逐渐被忽视。传统体育项目赖以生存的原生态环境遭到严重破坏，逐渐消失传承延续的

① 中国被抢注知名商标有多少？［EB/OL］. http://ip. people. com. cn/GB/17240451. html, 2012 - 02 - 28.
② 王卓. 公益诉讼：传统体育非物质文化遗产法律保护的新思路［J］. 上海体育学院学报, 2013(4)：21.

平台，面临着失传的困境。从我国民族传统体育资源丰富的西部来看，由于经济欠发达，城乡收入差异较大，农村人口外流现象严重，中青年大部分流入发达省份务工，很多村落成了留守儿童、老人村。民族传统体育传承人越来越少，传承者保护意识薄弱，致使传统体育文化遗产的传承出现了断层，民族传统体育抢救工作时不我待。

（1）挖掘、整理体育项目。各级政府的有关部门要加强协作，加快对民族传统体育项目，特别是对少数民族传统体育项目的挖掘与整理。基层民族民间体育的非物质文化遗产保护普查、登记工作更是尤为迫切。以历史为主线，科学普查，清晰分类，对民族传统体育项目分类整理，及时将濒危的重点体育项目记述、录像，做好文字、文献和实物资料的收集工作，建立体育非物质文化遗产资料纸质和电子数据库。

（2）扶持民族传统体育文化产业开发。文化产业作为朝阳产业，近些年来在北京、上海、广东等发达省市发展迅速，就连西部云南、四川、贵州等地文化产业也呈蓬勃兴起之势。在民族传统体育的保护方面，还需大力推介，使民族传统体育被广大地区的广大民众所认知、喜欢，甚至发展成大众积极参与的体育活动。政府应加强对民族传统体育文化产业化的培育与扶持。同时国家还需通过市场进行高效资源配置，在财税、产权交易等方面给予优惠扶持政策，与广大文化企业一同提高民族传统体育文化资源的现代服务供给效率，形成"政府主导、各界参与、群众受益"的民族文化产业格局。大力推进与民族传统体育有关的媒体建设，如演出、音像、图书、报纸、网络传媒。

（3）凝聚社会力量支持民族传统体育。民族传统体育文化传播、发展需要诸多社团组织与企事业单位和广大民众的积极参与。近年来，随着市场经济的发展和国家政府的重视，我国民族地区相继建设成了一批文化馆、健身馆等文化体育设施，并已面向社会公众开放。具有民族地域特色的各类传统文艺及体育健身活动开展得丰富多彩。这极大丰富了西部民族传统体育公共产品供给内涵，扩大了农村公共服务体系的覆盖范围。为了加快民族地区体育事业的发展进程，国家制定更加优惠的经济、金融、税收等支持政策，鼓励、引导社会各界积极参与体育公共设施建设。民族贫困地区可以通过扶贫项目资金加大体育公共产品供给。引入社会资本，降低准入门槛，多渠道吸引私人以及社会力量，积极引导、鼓励与支持民族传统体育活动的开展，加大民族传统文化市场的开放度。

第八节　完善我国农村体育法律体系

自改革开放以来，随着国家经济社会的快速发展，我国体育事业开始踏入现代化进程。我国越来越重视体育立法，体育立法获得了很大加强，截至目前，我国的体育法制已经基本形成以《宪法》为根本，《体育法》为核心，其他体育法律法规为补充的体育发展保障法制体系。西部地区要发展体育事业，必须依靠现有的更有效的法律给予强有力的支持。

一、完善我国农村体育发展的宪法制度

陈华荣等对全球 187 部成文宪法进行检索和分析发现有 41 个国家宪法中在公民权利章节写入体育条款。在法律中在写入体育条款的 74 个国家中，占 55.4%，超过半数；在全球 187 个成文宪法国家中占 21.9%，以全球 192 个国家为总量，占 21.4%。全球至少有 1/5 的国家认为体育应视为一项权利，而在那些宪法已写入体育条款的国家中，超过半数国家认为体育应作为权利对待。[①]《宪法》是我国根本大法，具有最高的法律效力。《宪法》中有不少条款是关于发展体育事业的。《宪法》第 21 条规定："国家发展体育事业，开展群众性的体育活动，增强人民体质。"《宪法》第 46 条规定："中华人民共和国公民有受教育的权利和义务，国家培养青年、少年、儿童在品德、智力、体质等方面全面发展。"这是我国根本法中明确对生命健康权保护的体现，并将增强人民体质、促进全民全面发展作为法制目标，从国家义务的角度强调开展大众体育的必要性和重要性。《宪法》第 119 条规定："民族自治地方的自治机关自主地管理本地方的教育、科学、文化、卫生、体育事业，保护和整理民族的文化遗产，发展和繁荣民族文化。"这一规定是国家发展少数民族体育的最高法律依据，从国家根本大法上保证了少数民族体育事业的发展。我国民族众多，我国除汉族外，有五十五个少数民族，占全国总人口的 6.6%，分布在我国总面积 50% ~60%的土地上。少数民族有着悠久的文化积淀，传统体育资源丰富，国家授权民族自治地方的自治机关保护、整理多彩的、珍贵的文化遗产，传承中华民族的传统文化。《宪法》第 4 条规定："国家根据各少数民族的特点和需要，帮助各少数民族地区加速经济和文化的发展。"《宪法》第 122 条规定："国家从财政、物资、技术等方面帮助各少数民族加速发展经济建设和文化建设事业。"以上两个法条是以发展民族地区的文化事业为目标，要求国家给予财力支持与保障。

我国宪法从共同纲领到五四宪法、七五宪法、七八宪法，直到现行宪法——八二宪法，都没有从公民基本权利的角度将公民体育权利明确写入宪法，对体育权利只是间接定位。国家在《宪法》体系中强调体育事业的发展义不容辞，但未强调公民体育权利是公民的一项基本人权，这显然不利于推进我国

---

① 陈华荣，王家宏.寻找宪法中的体育权利[J].体育学刊，2012(3)：24.

体育事业的纵深发展。对在公民权利章节写入体育条款的宪法文本数量的统计中，欧洲国家最多，为14个，占41个体育条款写在公民权利章节的总文本数的34.1%，超过1/3；美洲其次，12个，占41个总文本数的29.3%，接近1/3。数据进一步显示，欧洲14个国家在公民权利章节写入体育条款的宪法文本，占19个欧洲写有体育条款的宪法总数的73.7%，几近3/4；占41个欧洲成文宪法文本国家的34.1%，占全部43个欧洲国家的32.6%。美洲国家虽然在公民权利章节写入宪法的文本总数不如欧洲，但是，在相对比例上要更高。12个国家将体育条款写在公民权利章节的宪法文本，占16个美洲国家写有体育条款宪法总数的75%，占34个美洲成文宪法文本国家总数的35.3%，占全部美洲35个国家的34.3%。亚洲和非洲在这方面整体情况都不乐观，而且亚洲比非洲还要差。非洲有8个宪法文本的国家在公民权利章节中写入了体育条款，占41个总文本数的19.5%，占19个非洲写有体育条款的宪法文本数的42.1%，占该洲所有国家宪法文本（53）的15.1%。亚洲只有7个宪法文本在公民权利章节中写入体育条款，占41个总文本数的17.1%，占19个亚洲写有体育条款的宪法总数的36.8%，占46个亚洲成文宪法的15.2%，占47个亚洲国家总数的14.9%。① 据此，从全球整体情况来看，至少有1/5的国家和地区的宪法已将公民体育权利明确写入宪法。

党的十六大以来，依法治国、建设社会主义法治国家，已成为我国重要战略方针和战略目标。我国《宪法》无论总纲还是宪法正文都没有明确提出公民体育权利，这极大地降低了体育权利的法律效力。应在以后的宪法修正案中加以完善，将公民体育权利明确写入宪法，给体育权利更加具体、切实的根本法保障，为部门行政法规和地方性法律的制定提供宪法依据，提高公民参与体育活动的积极性和主动性，使公民体育权利得以更好实现。

二、完善我国农村体育发展的体育法制

20世纪90年代颁布的《体育法》是我国的体育基准法，在体育法律规范体系中居于核心地位，亦可称为"体育宪法"。《体育法》于1995年10月1日起实施，内容包括总则、社会体育、学校体育、竞技体育、体育社会团体、保障条件、法律责任、附则，共八章，56条。《体育法》的颁布，开创了我国体育工作进入依法行政、以法治体的新时代，填补了我国体育法制史上的空白，表明国家对体育事业的高度重视，这是新中国体育事业发展的一座里程碑。《体育法》第1条规定："为了发展体育事业，增强人民体质，提高体育运动水平，促进社

① 陈华荣，王家宏. 寻找宪法中的体育权利[J]. 体育学刊，2012（3）：25.

会主义物质文明和精神文明建设,根据宪法,制定本法。"该条开宗明义阐述立法目的。《体育法》第 2 条规定:"国家发展体育事业,开展群众性的体育活动,提高全民族身体素质。体育工作坚持以开展全民健身活动为基础,实行普及与提高相结合,促进各类体育协调发展。"该条突出阐明我国体育工作的重心是以开展全民健身活动为载体的全民族身体素质的提高。《体育法》第 3 条规定:"国家坚持体育为经济建设、国防建设和社会发展服务。体育事业应当纳入国民经济和社会发展计划。国家推进体育管理体制改革。国家鼓励企业事业单位、社会团体和公民兴办和支持体育事业。"该条指明国家、社会、个人在发展体育事业的责任。《体育法》第 6 条规定:"国家扶持少数民族地区发展体育事业,培养少数民族体育人才。"该条体现了对民族地区体育事业的保障。《体育法》第 12 条规定:"地方各级人民政府应当为公民参加社会体育活动创造必要的条件,支持、扶助群众性体育活动的开展。城市应当发挥居民委员会等社区基层组织的作用,组织居民开展体育活动。农村应当发挥村民委员会、基层文化体育组织的作用,开展适合农村特点的体育活动。"这指明了地方政府及自治组织在农村体育中的职能作用。总之,《体育法》作为体育领域的基本法,所适用的范围都是体育发展整体性的、全局性的大问题,就国家发展体育事业的宗旨方针、任务原则和主要措施做出了明确的规范。《体育法》调整对象事关国家、社会、有关组织的体育工作职责范围,维护公民体育权利以及促进体育可持续发展等重大体育问题中的基本法律关系和管理关系。由此可知,《体育法》是规范和调整体育关系的基本法律依据,是我国发展体育事业、开展体育工作的基本纲领和总章程。

　　1995 年颁布实施的《体育法》,迄今已经受了 20 多年的检验,实践证明了《体育法》的重要历史作用和深远的历史影响。但任何法都不是完美无缺的,随着社会关系,特别是法律关系的发展变化,法律法规是要不断调整、修改的。再加之当时立法技术的某些不足,修改、细化体育法是当务之急。目前实施的《体育法》最大不足就是内容较为宽泛。我国《物权法》颁布实施一年就又出台了实施细则,但《体育法》实施多年来一直未作修改,更未颁布具体要求和实施细则作为补充。譬如缺乏公民体育权利的明确界定和内涵设计,未明确规定较为完整的体育权利内容和系统的体育权利保护法律框架。没实现一项权利在法律规范层面应有的内涵与外延的立法设计,使得体育权利在法律保障上仍存在一定的困难。至此无论是我国《宪法》还是《体育法》都没有实现体育权利立法上的确定化,从而使体育权利仍归于一项推定的权利。此外,还存在体育权利保障物质机制、组织机制等缺乏明确的法律指向,平等、公平、体育自治等法律原则缺位等问题。我国现已成为体育大国,体育领域不断拓展,体育纠纷也越来越多，法律责任机制设计已不合时宜，纠纷的解决机制明显不能很好地发挥作用。伴随着体育事业的逐步市场化，体育产业、体育市场亟待依法治理。竞技体育和社会体育难有一个精准的定位和统筹协调机制，全民体育事业，特别是农村体育事业缺乏充足的资金保障，一些涉及体育事业发展的深层次问题，在体育事业发展进程中彰显而又迫切的问题，都亟须通过修改、完善现行的《体育法》来加以解决。

三、完善我国农村体育发展的民族区域自治法制

我国是各族人民共同缔造的统一的多民族国家。1984年第六届全国人民代表大会第二次会议通过、2001年第九届全国人民代表大会常务委员会第二十次会议修正的《中华人民共和国民族区域自治法》(简称《民族区域自治法》)第41条规定："民族自治地方的自治机关自主地发展体育事业，开展民族传统体育活动，增强各族人民的体质。"《民族区域自治法》第42条规定："民族自治地方的自治机关积极开展和其他地方的教育、科学技术、文化艺术、卫生、体育等方面的交流和协作。自治区、自治州的自治机关依照国家规定，可以和国外进行教育、科学技术、文化艺术、卫生、体育等方面的交流。"《民族区域自治法》第50条规定："民族自治地方的自治机关帮助本地方各民族发展经济、教育、科学技术、文化、卫生、体育事业。"《民族区域自治法》第59条规定："国家设立各项专用资金，扶助民族自治地方发展经济文化建设事业。"《民族区域自治法》第64条规定："上级国家机关应当组织、支持和鼓励经济发达地区与民族自治地方开展经济、技术协作和多层次、多方面的对口支援，帮助和促进民族自治地方经济、教育、科学技术、文化、卫生、体育事业的发展。"

《民族区域自治法》是民族地方制定本辖区自治条例的法律依据和纲领性文件，我国的民族自治地方可以依据《民族区域自治法》在自治范围内制定有利于本地区发展的体育法规。进一步规范国家机关在扶持民族自治地区发展体育事业的责任与义务。

四、完善我国农村体育发展的行政法制

自中华人民共和国以成立来，我国的竞技体育得到了长足的发展。2008年奥运会的成功举办和取得的骄人成绩引起了世界的极大反响，我国正在从体育大国向体育强国迈进。但与竞技体育形成鲜明对比的是我国的群众体育还任重而道远，各级政府的重视程度不高，全民健身活动在全国还有待大规模普及，民众的亚健康状态还在不断扩大。日益增长的人民大众健身所需社会体育资源还相对不足，体育公共服务供给与需求的矛盾显得十分突出。作为增强公民身

体素质最重要平台的全民健身活动还仍存在诸多薄弱的环节。学界和体育界强烈呼吁加强相关立法，认为要从制度建设入手，推进全民健身工作向纵深发展。2009年1月7日，国务院决定将每年8月8日定为"全民健身日"。同年国家为了进一步促进全民健身活动的大力开展，充分调动广大民众的健身活动热情，保障公民全民健身活动的体育权利，提高公民健康水平与身体素质，制定了《全民健身条例》。该条例由国务院于2009年8月30日公布，自2009年10月1日起施行，是我国第一部规范全民健身的行政性法规，也是我国第一部全民健身领域的专门立法。该条例的出台标志着全民健身工作已走向法制化、规范化。

《全民健身条例》明确了公民在全民健身活动中的权利，如第4条规定："公民有依法参加全民健身活动的权利。地方各级人民政府应当依法保障公民参加全民健身活动的权利。"这是我国有关体育权利的第一次法律文本上的体现。之前无论是我国的《宪法》，还是《体育法》都没有明确提出体育权利；《全民健身条例》突出强调各级政府以及行政部门在全民健身活动中的责任；特别规定全民健身工作经费应列入财政预算；政府加大对基层体育公共设施建设的投入力度；针对当前城乡公共体育发展不均衡、青少年体质较差等突出问题，做出了保障性规定，明确了管理职责，以促进全民健身事业的可持续、均衡、协调发展。如第2条规定："县级以上地方人民政府应当将全民健身事业纳入本级国民经济和社会发展规划，有计划地建设公共体育设施，加大对农村地区和城市社区等基层公共体育设施建设的投入，促进全民健身事业均衡协调发展。"《全民健身条例》要求县级体育主管部门在开展农村体育项目时应贴近农民，调动广大农民的积极性和参与热情。如第14条规定："县级人民政府体育主管部门应当在传统节日和农闲季节组织开展与农村生产劳动和文化生活相适应的全民健身活动。"第27条规定："公共体育设施的规划、建设、使用、管理、保护和公共体育设施管理单位提供服务，应当遵守《公共文化体育设施条例》的规定。公共体育设施的规划、建设应当与当地经济发展水平相适应，方便群众就近参加健身活动；农村地区公共体育设施的规划、建设还应当考虑农村生产劳动和文化生活习惯。"

我国《全民健身条例》自2009年10月1日实施以来，至今已有10个年头了。由于国家经济社会的快速发展，人民大众的物质水平明显提高、精神生活也极其丰富，全民健身活动的形式、内容、保障措施都在提出更高的要求。需要相应的一系列的配套法规来细化和规范全民健身活动，适应新时期国家对于全民健身的发展的新要求。《全民健身条例》一系列配套法规的出台可以使诸多地方健身立法的内容范畴相对一致，也可避免地方政府对全民健身事业经费投入的不足。

五、完善我国农村体育发展的宏观调控法制

国家统计局 2013 年 2 月公布的 2012 年国民经济和社会发展统计公报：我国总人口为 135404 万人，其中城镇人口为 71182 万人，占总人口比重为 52.6%。我国农村人口尽管在缩小，但仍接近全国人口的一半。但公共产品的城乡供给差别还很大，非均等化问题十分突出。近年来在新农村建设和全民健身工程的引领下，农村体育公共产品供给有了一定的进步，还不能满足农民的需求，提高农村体育公共产品供给效率仍然是供给者所要解决的首要问题。在城乡存在巨大差别的同时，我国东西部地区体育公共产品供给也存在着明显的差别。根据 2013 年第 6 次全国体育场地普查统计，分布在东部地区的体育场地 71.10 万个，占全国体育场地的 43.29%；场地面积 9.38 亿平方米，占 48.13%；分布在西部地区的体育场地 42.63 万个，占 25.96%；场地面积 4.28 亿平方米，占 21.96%。西部地区农村居民参与体育文化活动的积极性还有待提高，制度、政策还很不健全，措施、资金还很不到位，农村体育公共产品供给种类单一、供给质量不高，监督管理机制欠健全，供求体系不合理，有效运行机制不畅通。

农村体育公共产品的概念研究援引的是萨缪尔森的公共产品理论，张洪武等是国内较早研究农村体育公共产品概念的。

张洪武等指出，农村体育公共产品是指以农村为服务区域的，在消费和使用上具有一定非竞争性和非排他性的体育器材、设施和服务。[①] 刘艳娥指出，农村体育公共产品是用于满足农村和农民体育公共需要的物品和服务，具有满足人的高层次需求、着眼于增进农民健康、增强农民体质、直接参与和服务于农村的物质文明和精神文明建设、增强农村的凝聚力和社会认同、促进农村社会稳定和谐等积极作用和多样化功能，属于高增值性的产品。[②] 孟凡强指出，农村体育公共产品是指在农村地域范围内的一类准公共产品，主要体现社会福利性质，以满足广大农民体育需求为目的，在消费和使用上具有不完全的非竞争性和非排他性的公共体育设施和服务。[③]

农村体育公共产品的概念是由以下元素组成，即区域、本质属性（目的性）和内容。因此农村体育公共产品可以定义为：农村地域内为满足日益增长的农

---

① 张洪武，陈元欣，李溯.建设社会主义新农村与我国农村体育公共产品供给研究[J].北京体育大学学报，2007，30(5)：602.

② 刘艳娥.农村体育公共产品供给现状、机制及对策研究——以"新农村"语境中的湖南农村为例[J].河北体育学院学报，2009(3)：24

③ 孟凡强.农村体育公共产品的特征及供给问题思考[J].成都体育学院学报，2010(11)：12.

村地区和农民的体育健身及文化需求，以政府为主体的多元供给主体提供的公共设施和服务。

我国农村体育公共产品内容复杂、类型繁多。依据的不同标准其分类也不同。以农村体育公共产品供给主体不同来划分，可分为纯农村体育公共产品与准农村体育公共产品。纯农村体育公共产品又可分为物质型农村体育公共产品、服务型农村体育公共产品、法律法规型农村体育公共产品、政策制度型农村体育公共产品。分类见表 8－1。

表 8－1　农村体育公共产品的分类

类别		内容
纯农村体育公共产品	物质型农村体育公共产品	主要包括健身场地、健身设施、文化站、综合广场等
	服务型农村体育公共产品	主要包括健身指导、健身咨询、体育活动的媒体宣传、图书、期刊、管理队伍等体育公共服务
	法律法规型农村体育公共产品	《体育法》《公共文化体育设施条例》《全民健身条例》《农民体育健身工程实施意见》等一系列法律法规等
	政策制度型农村体育公共产品	《农村体育工作暂行规定》《国务院关于加快发展体育产业促进体育消费的若干意见》《全民健身计划（2011—2015 年）》等文件
准农村体育公共产品		农村体育旅游资源开发与利用、经营性的户外运动、私人或村队提供的体育娱乐设施等

农村体育公共产品之所以需要宏观调控法的规范和制度保障，是因为农村体育公共产品在供给过程中的政府失灵和市场失灵可以通过宏观调控法来克服。

宏观调控法是经济法的一个重要组成部分，也是规范经济领域的一系列重要法律制度的集成。在市场经济下无法克服的经济的自身盲目性、非均衡性以及无法自给性，必然需要国家的宏观调控，来实现社会公平。在现代市场经济中，市场是资源配置的基础性工具。但市场机制也非万灵，有时会出现失灵现象。当市场失灵无法通过自身力量克服或者自身克服成本过高的时候，就需要一种力量对失灵进行克服。[①] 但国家在运用调节机制介入市场时也存在诸如违

---

① 李长友，吴文平.政府干预经济行为法治化之探究[J].吉首大学学报，2014(4)：83.

背客观经济规律、权力与经济相结合由此而生的腐败以及为政绩而发布虚假信息由此损害社会经济正常运转等失灵现象，因此，需要通过法律予以规制和保障国家的调节行为。①

宏观调控法正是基于克服市场机制唯利性和市场调节作用的被动性和滞后性这一社会经济基础应运而生的。推进有效的农村体育公共产品供给市场主体是不可或缺的，如经营性企业、组织就是最重要的体育产品经营者。近年来，虽然这些体育产品的经营者通过慈善捐助等方式对农村的体育公共产品进行了一定程度的资助，但考虑到体育公共产品投资大、周期长、收益回报慢甚至会亏损等因素，这些具有天然趋利性的市场主体不可能从中获得收益或收益甚微，市场主体们基本上不可能主动将资金筹投到农村体育领域。

农村体育公共产品属于社会公共产品，是社会体育的组成部分。社会公共产品的特质决定了需要由各级政府作为其主要供给主体。政府作为农村公共产品的垄断供给主体，由于监控不到位，极易产生的寻租行为，会导致"政府失灵"。同时伴随着公共产品需求的扩大，农村准体育公共产品供给也日有所增，非政府组织和营利性的组织和个人已经成为不可或缺的供给主体。农村准体育公共产品的供给需要引入市场机制，为克服市场本身固有的、不可克服的弱点，需要宏观调控加以调整，宏观调控法必将在此发挥着引导、监督和规制作用。

宏观调控法是由计划法、财政法、税收法、金融法、产业政策法和价格法构成的法制系统。这些法律规范在农村体育公共产品供给从不同角度发挥着作用。

（一）发展规划法

发展规划是国家计划调控部门通过编制和实施国民经济和社会发展计划，依法对国民经济和社会发展进行的调节与控制。法对社会经济领域有着很强的引领作用。农村体育公共产品的供给当然需要发展规划法律制度引领、引导。在一些体育公共产品供给发达的国家，如日本、美国、英国、澳大利亚等国都相继制定有体育规划法律规范。日本政府先后颁布了《体育振兴法》（1961年）、《关于面向21世纪体育振兴计划》（1989年）、《体育振兴基本法》（2000年）等，将日本体育事业发展的目标、任务、规范、措施等进行了行业规划与依法规范，旨在建立能使大众享受体育权利，人人热爱体育的社会。加拿大、美国、英国、澳大利亚等发达国家也都拥有完善的体育规划，明确农村体育公共

---

① 漆多俊.转变中的法律——以经济法为中心视角[M].北京：法律出版社，2007：311.

的投入是各级政府会议议程的重要事项,引导社会组织向农村地区进行体育公共投资。我国近邻体育大国俄罗斯也制定有《俄联邦2006—2015体育运动发展计划纲要》。纲要中指明体育财政支出数额,以及大众与竞技体育投资之比约为19∶12。当前与我国体育事业规划调控有关的法律法规有《全民健身计划(2010—2020年)》《体育事业发展"十二五"规划》《中共中央、国务院关于加强和改进新时期体育工作的意见》《2001—2010年体育科技发展规划》《"十二五"公共体育设施建设规划》《体育事业发展"十二五"规划》《全民健身计划纲要》《关于实施农民体育健身工程的意见》《全民健身条例》《体育法》等,分别提出了新时期我国体育事业发展总的指导思想和指导方针,要求各级政府将体育事业经费和建设资金列入本级财政预算和建设投资计划,要求体育行政部门应增强科技经费总量调控和统筹计划经费投放,体育设施建设要纳入城乡建设规划,落实国家关于城乡公共体育设施用地定额的规定等。① 上述规定是有效地配置体育公共产品(含农村体育公共产品)的供给在规划调控方面的总要求和规划实施依据。但是在我国国民经济和社会发展的进程中,由于受传统计划经济体制的影响,传统的计划立法没有完善的计划程序,制定计划无法完全遵循法定的程序,难以保证所制定的计划具有合法性与科学性。② 面对以往的原则性、比较抽象性、欠执行效力的规定,需要对我国发展规划法进行制度的创新与变革。要制定相应实施细则和具体详尽的管理办法。公共体育事业规划力争做到制定、修改、审批程序安排合理,监督主体到位,实施有力,权力规制,程序合法科学,法律责任明晰等,充分发挥发展规划法在农村体育公共产品供给中的时效性,促进体育公共产品供给的持续、协调、有效。

(二)财政调控法

所谓财政,就是国家为了实现其职能,采取一定的形式,通过收支活动参与社会产品分配,形成的以国家为主体的分配活动。③ 将财政政策及其手段法制化是现代法治国家的基本任务。财政调控法就是实现政府调控宏观经济所运用财政政策法制化的结果。作为经济法的重要子部门,具体而言财政调控法是调整政府在调控宏观经济时所发生取得、使用和管理公共财的过程中的社会关系系列法律规范。主要包括财政管理体制关系、财政收支管理关系、财政社会关系等。

---

① 戴龙文.宏观调控法视角下的体育公共服务有效供给研究[D].吉首:吉首大学,2013.
② 邱本.经济法研究:下卷[M].北京:中国人民大学出版社,2008:67.
③ 漆多俊.经济法学[M].北京:高等教育出版社,2007:363.

面对体育公共产品供给的城乡结构不合理、农村供给不足等问题，国家主要通过建立健全财政调控法克服这一困境，实现国家发展城乡体育事业的宏观管理职能。具体可以从两个方面加以调控。

(1)完善财政转移支付法律制度。财政转移支付起因于中央和地方财政之间的纵向不平衡以及各区域之间的横向不平衡。国家通过此政策力求实现区域间各项社会经济事业的协调发展，克服区域间经济发展的不协调、不平衡状况。政府间财政转移支付是财政资金在中央与地方、上级与下级政府之间的再分配，旨在实现地区间财政均衡及基本公共服务均等化，并以一般性转移支付和专项转移支付的合理搭配及规范化为追求。尽管财政转移支付在财政体制中极为重要且资金数额巨大，但其在我国的法治化程度较低，不仅尚未制定一部专门的"财政转移支付法"，而且主要依靠大量的行政规范性文件运行。在我国，中央和地方政府的财政能力是有差异的，基层政府在农村体育公共产品供给问题上更显得财力有限。需要大量的财政转移支付才能弥补农村地区体育公共服务资金不足的缺口，才能提供较多的农村体育公共产品。在现实中，财政转移支付不可避免地出现了转移支付的人为干扰。为了保证转移支付的顺利实施，实现国家的政策目标，需要制定完善的法律制度对转移支付进行规制。德国在《基本法》中强调了"生存条件一致"的原则，规定经济发展水平高的州必须对经济发展水平低的州提供一定的财政补助。为落实这一宪法原则，德国先后通过《税收分配法令》和《联邦与州间财政平衡法令》，对转移支付制度的具体操作办法做出了详细的规定。加拿大也于1982年将财政均等化纳入宪法。①

我国财政转移支付法律制度主要包括财力性转移支付与专项转移支付制度。在财力性转移支付制度中，我国应明确中央对农村地区体育公共产品供给的资金补助比例及地方财政统筹范围、比例，以及明确划分各级政府的职能与事权，防止权责不统一。例如，在体育公共产品供给上，首先要明确体育公共产品供给的国家义务。应明确各级政府各自的事权和财权，应构建财力性转移支付的第三方监督制度，对中央对农村地区体育公共产品的财政补助、各级政府职能和事权的履行进行严格监督。在专项转移支付制度方面，应建立起中央财政为实现特定的宏观发展目标的补助资金制度，主要规定对农业、教育、文化、体育等进行专项补助，以及对非营利组织、营利组织和个人提供的体育公共服务进行财政补助或补贴，以鼓励这些组织向农村地区提供体育公共产品。

---

① 阳建勋.基本公共服务均等化之经济法路径[J].法学,2008(5):125.

专项转移支付必须专款专用。同时为克服信息的不对称而引发的中央对农村地区和农民们真正要的体育公共服务、体育公共产品缺乏了解，由此导致这种专项补助供给不对称、失灵，应当建立畅通的体育信息制度。例如，通过选取一些有代表性的农村地区进行试点工作，探寻农村地区农民喜好的体育公共产品与活动，将底层民众真正的需求反馈到政府部门，实现专项资金的有效配置。如国家体育总局于 2006 年在全国范围正式启动的"农民体育健身工程"就是一种很好的财政转移支付制度的证明。经过 20 年的发展，我国财政转移支付已有较大规模且已初步形成一定体系，但由于制度结构不科学、制度运行不规范，转移支付对财政平衡实现的作用有限，地区间财力差距呈现出逐渐拉大的趋势。我国新《预算法》第 16 条首次以法律形式对财政转移支付做出规定，明确规定财政转移支付的目标、组成、比例等基本内容。虽然目前新《预算法》已有规定，但因其只是纲领性规定，现实中更多发挥作用的是部门规章乃至行政系统内部文件，其法律层次较低。对于一般性的转移支付，财政部通过每年发布《一般性转移支付办法》来实施；对于专项性的转移支付，主要是通过《革命老区专项转移支付资金管理办法》《边境地区专项转移支付资金管理办法》等来实施。法治化程度低下，使得行政机关及相关主管部门基本上控制了转移支付的决策权和执行权。这需要完善《宪法》相关内容，以此作为财政转移支付制度的宪法依据。除此，在条件成熟时制定一部专门"财政转移支付法"，使财政转移支付的决策、审批、支付、监督、法律救济、责任追究等各环节法制化，才能确保农村体育公共产品供给能有效实现。

（2）完善体育彩票公益金法律制度。要实现体育权利的城乡均等化，国家需要从各个方面提供保障，而中国体育彩票公益金（以下简称体彩公益金）是实现体育权利均等化的重要资金保障。体育权利作为自由权是人人享有的权利，作为社会权是需要国家提供充分保障的权利。2001 年，体育彩票为国家筹集公益金 27 亿多元。截至 2012 年 12 月 4 日，体彩筹集公益金达到 266 亿元，是 11 年前的将近 10 倍。2012 年，国家体育总局至少将有超过 3 亿元的本级体彩公益金用于全国各地全民健身设施的援建。利用体育彩票公益金建设的健身工程为广大群众参与体育活动提供了重要的物质条件，体育彩票公益金在体育权利实现中的作用也越来越大。目前已经成为推动全民健身活动开展与体育公共服务体系建设的重要资金来源。无论是国家体育总局还是各省地方行政机构，对于体彩公益金的使用会对体育权利的保障产生直接的影响。对此我国先后颁布了《体育彩票公益金管理办法》《国务院关于进一步规范彩票管理的通知》《彩票管理条例》《彩票管理条例实施细则》《彩票公益金管理办法》《中央集中彩票公益金支持体育事业专项资金管理办法》，但是在实际运作中还存在很多问题需要解决。

2013 年颁布的《中央集中彩票公益金支持体育事业专项资金管理办法》规定体彩公益金的补助范围包括群众体育和竞技体育，其中用于群众体育的比例不得低于 70%，用于竞技体育的比例不得超过 30%。但更多的地区没按此办法执行。从各省市区县的执行来看，有的省市执行得比较好，能够更好地保障人民的体育权利，如贵州省、广东省、江苏省、黑龙江省、南京市、济宁市、沧州市、东方市、谷城县等；但是也有的并不能完全按照该办法的规定执行，有的还是侧重于竞技体育。

从公布的体育彩票公益金用于《全民健身计划》的数额来看，差距比较明显，江苏省是 60946 万元，内蒙古自治区是 1831.2 万元，相差 33 倍；南京市是 4432.43 万元，东方市是 13.29 万元，相差 333 倍；荣昌县是 23 万元，谷城县是 3.8 万元，相差 6 倍。投资数额不同势必影响人们享受体育权利的质量，造成了不均等。而且可以发现经济越发达的地方，筹集的公益金数额越多，层级越高分到的公益金数额越多，越是基层反而分到越少。实际上越是基层的民众越是更加需要加大资金投入与保护，这样势必会加剧体育权利享有的不均等。

体育彩票公益金是专项用于发展体育事业的资金，按照政府性基金管理办法纳入预算，专款专用，结转和结余按规定使用。2013 年新颁布的《中央集中彩票公益金支持体育事业专项资金管理办法》明确了体彩公益金的补助范围和支出内容，明确群众体育和竞技体育主要用于哪些方面，以及不得用于哪些方面的支出，特别强调了不得用于公务接待、公款用车、行政支出等。在此之前体彩公益金在体育行政部门超范围使用非常严重。上海市 2008—2009 年审计体彩公益金时发现用于场馆改造的公益金共计 1643 万元，但有 543 万元用在场馆办公房改造及场馆出租房屋的修缮、办公设备购置等方面，超出规定范围，占总支出 33.05%。[①] 2013 年徐州市审计局对徐州市 2012 年体育彩票资金使用及管理情况进行了审计，指出全民健身活动经费投入偏少，只占到 15.4%，未按照预算使用体彩公益金。如徐州市体育局在承办中国武术套路王中王争霸赛中，将结余的 171099.1 元用于其他事项支出，省拨资金计入往来核算，未上缴财政专户，资金支

---

① 上海公示公益金审计情况：体彩 543 万超范围使用［EB/OL］. http://sports.sohu.com/20100827/n274512866.shtml, 2014 - 5 - 28.

付不规范，未按照规定进行政府采购等。① 目前我国对体彩公益金的监管
力度不够，机构不一，有的是彩票管理部门，有的是体育行政管理部门，审
计部门介入的并不多。这不利于体彩公益金的合理发展，应将相关信息公
开，避免挪用、挤占，赢得社会更多的信任与支持。

综上，体彩公益金的法律规范还应加强。进一步规范体彩公益金的提取与
分配；明确体彩公益金的使用范围与禁止支出内容；建立体彩公益金信息披露
制度；完善体彩公益金绩效评估与管理机制等。

（三）税收调控法

税收是国家干预经济主要方法，是国家的重要财政手段。税收是筹集财政
收入的基本手段，税收所得收入是主要的财政收入，财政的职能主要是通过税
收的职能实现的。② 国家通过税收来实现对社会财富的再次分配，以减轻社会
分配的不公平及过大的贫富差距。税法的宏观调控机制主要体现在两个方面：
①税法通过设置各税种、税制来调控社会经济的总需求与总供给，进而促进某
一宏观经济社会目标的实现；②通过运用某种具体税种法中的税率幅度调整、
减税、免税等方式来引导经济行业的发展，进而达到优化社会经济结构的
目的。

在农村体育公共服务领域，我国也应完善相关税法以发挥对体育公共产品
供给的调控作用。主要是通过立法明确税收优惠特别措施，即对所得税进行缓
征、减征或免征等方式来进行调控。如《企业所得税法实施条例》第53条规定：
"企业对体育公共服务所做的公益性捐赠或者赞助可以抵扣应纳税额，鼓励社
会企业向体育事业提供资金。"我国《企业所得税法》规定："企业发生的公益性
捐赠支出，在年度利润总额12%以内的部分，准予在计算应纳税所得额时扣
除。"此外《营业税暂行条例》及《全民健身条例》都规定了"将与提供体育公共
服务有关所得的收入予以税收免除或者减收"。

为促进我国体育公共产品有效供给，国家通过税收优惠等税收特别措
施的调控职能来进行宏观支持性调控，方式有所得税的缓征、减征或免征
等。税法的完善应体现在：对于提供体育公共服务的市场主体，可以规定
采取提高税收起征点或者划定一定范围的免征额，以间接的方式来鼓励社
会资本更多地提供体育公共服务，进而彰显税收的宏观调控作用。对于一

---

① 徐州市审计局[EB/OL]. http://www.xzaudit.gov.cn/news_show_id_5521，2014 - 05 - 30.
② 邱本.经济法研究(下卷)[M].北京：中国人民大学出版社，2008：135.

些向农村捐赠公共体育设施、设备的公益性社会组织以及为农村培训公共体育指导员的社会机构实行税收优惠，以多元方式、多条渠道、多项举措形成合力，来鼓励各种社会力量加大对农村提供体育公共产品供给，进而发挥税法不可或缺的、独特的宏观调控功能。

(四)金融调控法

金融宏观调控是指以银行为依托，运用相关的货币政策，凭借金融工具来调节货币供给量，从而引导社会需求，进而实现社会供需均衡，促进经济协调发展与稳定增长的机制与过程。目标是实现社会经济总量平衡，实现社会正义，促进社会经济协调、稳定发展。支持农村体育公共产品的供给，运用金融宏观调控法可从以下方面入手。

1.通过金融立法加大融资。国务院办公厅 2010 年发布《关于加快发展体育产业的指导意见》，明确指出要加大融资力度，支持体育事业大力发展。该指导意见指出："支持有条件的体育企业进入资本市场进行融资，通过发行股票、债券，以及项目融资、资产重组、股权置换等方式筹措资金。研究和探索体育彩票市场发展规律，不断丰富体育彩票新品种。"在农村体育场馆等公共体育筹资活动中，可借鉴美国政府的做法，即通过发行债券，包括普通债券和专门用于收益的债券、租借拨款债券和增值税债券等，进行公共融资。[①] 公共体育设施的融资途径除了发行债券等法定方式外，还包括政府提供项目资金但委托私企负责相关项目的收益来源，从而达成政府与民间的融资合作方式。[②] 对准农村体育公共产品需求方购买力显现不足时，银行等金融机构应该在贷款条件、贷款担保条件以及贷款利息等方面实行更宽松的政策，给予更多的优惠。

(2)构建多元化的农村金融支持体系。商业性金融机构和合作性金融机构等金融机构对农村公共产品供给发挥着重要的融资作用。但现实中农村金融支持体系的主体还存在功能定位不清、职能重叠等现象，还没能在其应有的层面上为在农村体育公共产品供给服务。今后在实践中要进一步加强中国农业银行和中国农业发展银行的服务与主体功能，要进一步深化各级农村信用社的金融职能，突出其公共产品供给主力军作用，在我国构建一个分工明确的多元化的

---

① 伯尼·帕克豪斯.体育管理学：基础与应用[M].北京：清华大学出版社，2003：149.

② 小罗宾·阿蒙，理查德·M.索撒尔，大卫·A.巴利尔.体育场馆赛事筹办与风险管理[M].高俊雄主，译.沈阳：辽宁科学技术出版社，2005：254.

农村金融支持体系。

（3）制定有效供给的金融政策。农村体育公共产品供给的主要困难在于供给主体相对单一，以政府为主。若要多元的主体参与，势必要为其提供更优惠的政策。这就需要各类商业银行以及其他涉农金融机构在为农村公共产品建设提供贷款服务时，能尽量提供减免所得税、营业税等税收或财政补贴政策优惠。对于边远贫困地区应给与更优惠的金融政策，如无条件放款或财政贴息等政策优惠，鼓励资金流入农村，流向农村体育事业建设。

（五）产业政策调控法

我国从1953年到2010年，已陆续完成十一个"五年计划"，并取得了举世瞩目的成就，现已成为世界经济大国。中国经济继续保持稳步高速增长，社会主义市场经济体制已经初步建立，市场在资源配置中的基础作用显著增强，宏观调控体系日趋完善，为国民经济的持续发展打下了坚实基础。国家各界主动适应经济发展的新常态，力争引领不同经济业态发展的新常态。

体育产业现已成为国民经济的一个部门，作为经济产业，必将追逐市场效益和经济效益。但与此同时，体育产业又不同于其他产业部门，其产品的重要功能在于提高居民身体素质、促进社会生产、振奋民族精神。随着社会的发展、生活水平的提高，人们对体育的需求也在日益增长，体育事业的产业化日益完善，专门从事体育服务的产品生产者和经营者越来越多。

体育产业现已成为名副其实的朝阳产业。国外一些经济学家和社会学家预言，体育产业将成为世界21世纪四大产业之一。美国体育产业对于美国经济的贡献占到11%，我国体育产业的贡献则只有0.7%，我国体育产业尚处于国际体育产业发展过程中的初期，世界级运动员姚明也投入到体育产业中。

在中国，体育市场的产业化兴起较晚，始于20世纪80年代，到了90年代中期，中国体育产业才具有较为完整的产业形态和较为完善的体育行业的制度。1992年，为响应中央颁布的《加快第三产业发展的决定》，国家体委正式提出体育产业的概念。不仅将体育管理机构进行了较大的改革，成立了20个运动项目管理中心，同时推出足球职业化的试点性改革，打开了中国体育产业改革的大门。1995年6月，国家体育总局出台了《1995—2010年体育产业发展纲要》，指出中国体育产业要用十五年时间逐步建成适合社会主义市场经济体制、符合现代体育运动规律、门类齐全、结构合理、规范发展的现代体育产业体系。虽然目前中国体育行业的资产存量、人力资源状况和资本增值效率在快速增长，但不可否认的事实是中国的体育产业尚处于发展阶段，各个环节的市场化程度还很低。学习和借鉴西方发达国家在体育产业经营方面的经验和模式，是中国体育产业快速成长的捷径。①

　　我国长期以来产业结构不合理，体育产业的发展相对缓慢，明显落后于世界，离建成体育强国还有相当长的距离。若要快速发展体育产业，必须要求国家、各级政府在政策上给予大力扶持。国务院办公厅于 2010 年 3 月 29 日发布实施《关于加快发展体育产业的指导意见》，该指导意见规定了体育产业发展的基本方针、目标、主要措施等。国家产业政策扶持是国家进行产业宏观调控的重要方式。民族传统体育产业化政策是政府部门为实现国民经济和社会发展目标，根据我国民族传统体育产业化发展规律，运用各种经济手段和政策工具，规划、干预、引导民族传统体育产业的形成和发展的一种经济政策。因此，通过产业政策引导和推动其产业化发展，对于推动我国文化产业结构升级与优化，以及弘扬民族文化，增强国家文化软实力具有重要意义。②

　　2009 年 7 月国务院制定出台了《文化产业振兴规划》，明确提出国家要加快步伐，振兴文化产业，推动民族文化产业快速发展的战略。在当前经济发展复杂的形势下，旅游产业在近年来已成为我国经济的主要业态(见表 8 - 2)。广大民众健康旅游热情高涨，大力发展体育旅游产业势在必行。2015 年中秋与"十一"黄金周相近，假期时间较长使得旅游消费集中释放，居民出游热情活跃。据国家旅游局假日旅游市场信息显示，游客出行需求呈多样化，城市休闲、乡村旅游最受欢迎，假日旅游方式已从传统的观光型向观光休闲复合型转变，旅游拉动消费作用明显。7 天共接待游客 2962.17 万人次，门票收入 15.88 亿元。

① 揭秘未来十大造富职业 体育传媒等上榜 [EB/OL]. http://www.ce.cn/xwzx/kj/201302/25/t20130225_24139304.shtml, 2013 - 2 - 25
② 田祖国. 我国民族传统体育产业政策研究[J].南京体育学院学报, 2011(3).

表8－2　2015年"十一"黄金周全国各省(自治区、直辖市)旅游收入排行榜①

名次	省、自治区、直辖市	旅游总收入（亿元）	同比增长	接待游客总数（万人次）	同比增长
1	山东	392.10	12.80%	5139.10	8.20%
2	四川	316.45	24.50%	5349.76	14.50%
3	河南	266.20	11.70%	4570.40	10.50%
4	山西	213.47	16.15%	3357.63	17.22%
5	陕西	200.90	26.50%	4088.60	24.30%
6	湖南	突破200	7.98%	突破3700	7.58%
7	安徽	178.60	11.20%	5101.50	10.20%
8	湖北	165.90	12.48%	3517.05	11.07%
9	贵州	136.35	21.30%	2116.22	20.60%
10	福建	124.37	25.80%	1848.99	20.40%
11	北京	83.10	7.10%	1151.60	1.60%
12	天津	68.35	8.10%	764.19	1.10%
13	重庆	65.04	13.16%	2087.22	12.38%
14	吉林	59.45	28.50%	1001.45	19.60%
15	甘肃	55.7	20.14%	928.6	19.53%

　　在我国广大农村有着丰富的体育旅游资源，可以进行登山、徒步、划船、漂流、峡谷探险、冲浪、滑雪、攀岩、自驾车等体育活动；在西部民族地区更是有着深受人们喜爱的民族体育旅游资源和项目，如贵州省、云南省、湖南省西部、广西壮族自治区、四川省、重庆市、湖北省苗族的荡秋千、划龙舟、爬坡杆、爬花杆、上刀梯、手毽(麻古)、掷鸡毛、赛马、跳鼓、猴儿鼓舞、拉鼓、踢毛菌、接龙舞、舞狮、跳狮子、打泥脚、打禾鸡、踢角架、布球、打"草蛇"、穿针赛跑、织麻赛跑、穿花衣、穿花裙赛跑、踢枕头、摔跤、芦笙刀、射弩、射背牌、打花棍、金钱棍、舞吉保、苗拳、蚩尤拳；湖南省、湖北省、四川省、重庆市土家族的打飞棒、踢毽子、抢贡鸡、扁担劲、抢磨盘赛跑、抵杠、跑泽田、搭撑

①　小冰.十一黄金周各省旅游收入排行榜出炉原来是这样的 山东排第一[EB/OL]. http://mt.sohu.com/20151010/n422893040.shtml, 2015－10－08

腰、肉莲花(莲花十八响)、撒尔荷(打丧鼓)、荡秋千、打磨秋、摇旱船、舞板凳龙、舞草把龙、地龙、双虎凳、跳红灯、脚踩独木穿急流、攀藤、撑杆跳远、拔地劲、倒挂金钩、玩抱姑、五码旗、吉么列(高脚马)、跳马儿、抱蛋、拉头巾、踏木桩、潜水游戏、漂滩、滚坛子、滚环、拣子、搂腰带、土家族武术、举石、立阳桩、耍石碗、护身耙、火棍、鸡形拳、虎占山捶。

当前我国体育产业发展速度较慢，产业化程度不高。传统体育项目开发利用不足，仍有很大的拓展空间。在我国促进体育产业发展主要是依靠大量产业政策。产业政策与产业法规相比较灵活易变，严格而言，产业政策并不具有强制性。若要强有力地推动产业的发展，势必须要将政府制定和执行产业政策的行为上升为法律上规制，这也是建设法治国家的必然要求。我国应当把一些重要的产业政策形成法律制度文件，以加强和完善产业立法，实现产业结构关系法制化、产业组织关系法制化、产业技术关系法制化、产业布局关系法制化，以克服资源浪费、无序竞争、自发性、盲目性，实现体育产业错位发展格局。通过制定相应的产业法，引导、鼓励对农村体育产业进行投资，避免出现一些利润回报高、周期长的行业盲目、重复投资现象。具体从两个方面入手。

(1)尽快制定"体育产业促进法"——产业结构法视角。我国业已颁布的专项产业立法有《农业法》《电信法》《邮政法》《航空法》《公路法》《铁路法》《民办教育促进法》等。体育产业作为朝阳产业，需要通过丰富产业结构的专项产业法来保障其蓬勃发展，特别是农村体育产业化的进程需要由此而推动。

(2)制定切实有效的行政规章——产业布局法视角。我国在"六五计划"中首次提出"地区经济发展计划"，根据不同的地域条件和特点将沿海、内陆和少数民族分成三类不同地区，实施不同的产业布局。2001年1月，国务院颁布实施《关于实施西部大开发若干政策措施的通知》，并且在"十五计划"中专门列入"实施西部大开发战略，促进地区协调发展"内容。西部大开发是我国产业布局调整的一项重大举措。国务院在推进西部大开发战略的政策中关注西部体育事业，加速推进西部大众健身工程，给予政策上的极大支持。对产业发展进行强制性干预，包括配额制、专营制等。政府通过指导、建议、宣传教育等形式对产业发展进行间接的干预。

目前，由于农村体育公共产品供给中存在政府与市场双重失灵的现象，我国体育事业的发展农村远落后于城镇，体育公共产品的供给也是农村远低于城镇。因此，要发展农村体育，把全民健身服务体系覆盖到广大农村地区，使广大农民平等地享受到基本的体育服务，有必要通过完善与健全发展规划法、财政法、税法、金融法、产业法等宏观调控法律制度，规范与保障国家运用发展规划、财政、税收与金融等手段调控农村体育公共产品的供给，克服当前我国城乡、区域体育公共产品供给不平衡之困境，以维护体育领域中社会分配正义，保障国民体育基本权的实现以及促进和谐社会的构建。

六、完善我国农村体育发展的地方性法制

我国体育事业发展离不开广大城乡地方体育事业的支撑，这就要求各级地方人大、政府及行政主管部门从本地方体育事业发展的实际情况出发，以增强人民大众体质、大力发展城乡体育事业为宗旨，制定出符合本地方体育发展规律、保障群众体育权益的地方性体育法律、法规。

截止到 2012 年 12 月 31 日，现行有效的体育地方性法规大约 78 件。其中省、自治区、直辖市的人民代表大会及其常委会制定的地方性法规为 52 件；省会市、较大市、经济特区所在地市人大及其常委会制定的地方性法规为 26 件。现行有效的体育地方性政府规章大约 98 件。其中省、自治区、直辖市人民政府制定的地方性规章 67 件；省会市、较大市、经济特区所在地的人民政府制定的地方性规章 31 件。地方政府规章的数量较地方性法规的数量多。①

我国西部地区的四川、云南、重庆、贵州、西藏、陕西、甘肃、青海、宁夏、新疆 10 个省、自治区、直辖市和西安、兰州、西宁、银川、乌鲁木齐、成都、昆明、贵阳、拉萨 9 个较大的市，到 2012 年共制定地方体育立法 145 件，其中，甘肃、制定地方性法规 21 件，其中贵州、青海、陕西、云南、四川、宁夏、西藏、新疆、重庆 10 个省、自治区、直辖市共 17 件，成都、西安、贵阳 3 个较大的市共 4 件。制定地方政府规章 18 件，其中贵州、青海、陕西、四川、云南、宁夏、新疆 7 个省、自治区共 15 件，成都、贵阳、西宁 3 个较大的市共 3 件。制定规范性文件 106 件，其中甘肃、贵州、陕西、云南、四川、宁夏、西藏、新疆、重庆 9 个省、自治区、直辖市共 79 件，西安、兰州、成都等 9 个较大的市人民政府直接发布或人民政府办公厅转发的规范性文件共 27 件。②

众多的地方性法规共同关注的重点是全民健身活动的开展。2009 年《全民健身条例》发布实施后，2011 年国务院发起实施第二阶段的全民健身计划，发布了《关于印发全民健身计划(2011—2015 年)的通知》，群众性体育活动得到蓬勃发展，全民健身活动日益深入人心。在地方体育立法中，全国 31 个省市、自治区、直辖市，相继出台全民健身的地方体育立法 148 件。地方性法规有 25 件，地方政府规章有 4 件，规范性文件有 119 件。但是涉及农民体育健身的只有 1 件：《广东省农民体育健身工程建设规划(2007—2010 年)》。更多的农村

---

① 张彩红.我国地方体育法规和规章间关系研究[J].经营管理者，2014(3)：116.
② 吴飞艳.我国地方立法的现状及发展研究[D].天津：天津体育学院，2013.

体育工作要求包含在县级体育工作的开展规范中。我国的四川省、湖北省、陕西省、广东省，还有西安市、福州市等出台了加强发展县级体育事业的通知。

从以上数据可知，在如火如荼的全民健身活动中，广大的农村地区和在城市务工的广大农民并没有得到更多的关注。因此要尽快调整地域结构和人群结构的立法不均衡，西部省份和有立法权的市要根据《全民健身条例》的要求及立法精神制定适合本地区实际情况的健身条例。尤其是民族地区，有着悠久的民俗文化和丰富的民族传统体育活动，有必要在制定本地区的健身条例中予以传承和法律保护。

我国是一个农业大国，在全国总人口中，农民所占的比例一直都比较大。据国家统计局发布的数据显示，到 2014 年底全国总人口（不含台湾、香港、澳门）为 136782 万人，其中城镇常住人口为 74916 万人，占总人口比重为 54.77%，乡村人口 61866 万人，占总人口比重 45.23%。① 三农问题是党和政府多年来特别关注的问题，从 2004 年到 2012 年，中央的"一号文件"都是关于"三农"问题，极大地推动了新农村建设。众所周知，"三农"问题一直是我国经济社会整体发展的主要瓶颈。改革开放 40 年来，广大农民的生活有了较大的改善，但由于地域、资源的限制以及制度的制约，农民至今仍居于低收入的弱势群体，农民的经济、文化、教育等权利也得不到很好的保障。

目前在我国法制体系中，全国性的规范性文件涉及农村体育、农民体育的法律、地方性法规、行政法规、自治条例及其他规范性文件有：《宪法》《体育法》《全民健身条例》《农村体育工作暂行规定》《国家体育总局、文化部、农业部关于印发〈关于发挥乡镇综合文化站的功能进一步加强农村体育工作的意见〉的通知》《国家体育锻炼标准施行办法》《学校体育工作条例》《国家体委关于深化改革加快发展县级体育事业的意见》《公共文化体育设施条例》《国务院关于印发全民健身计划(2011—2015 年)的通知》《国家体育总局办公厅关于开展〈全民健身计划(2011—2015 年)〉实施效果评估的通知》《国务院办公厅关于加快发展体育产业的指导意见》《〈普通人群体育锻炼标准〉施行办法(试行)》《关于进一步加强社会体育指导员工作的意见》等。

法律是农村体育发展的有效保障，在促进西部地区农民体育的健康发展中起着重要的推动作用，必须依托法律保驾护航，建立完善的体育法律保障体系，真正坚持和实现"依法治体"。

---

① 2014 年国民经济和社会发展统计公报 [EB/OL]. http://news. xinhuanet. com/2015 – 02/26/c_ 127520244. htm. 2015 – 3 – 20.

参考文献

1. 著作

［1］孙津.中国农民与中国现代化［M］.北京：中央编译出版社，2004.

［2］冯治.中国农村现代化道路与规律［M］.北京：人民出版社，2004.

［3］小宫隆太郎，奥野正宽，岭村兴太郎.日本的产业政策［M］.黄晓勇，等译.北京：国际文化出版公司，1988.

［4］世界银行世界发展报告编写组.变革世界中的可持续发展［M］.北京：中国财政经济出版社，2003.

［5］曾珍香，顾培亮.可持续发展的系统分析与评价［M］.北京：科学出版社，2000.

［6］傅崇兰.城乡统筹发展研究［M］.北京：新华出版社，2005.

［7］编委会.中国体育年鉴1949—1962［M］.北京：人民体育出版社，1964.

［8］丁屹.中国体育百年日记［M］.北京：中国物资出版社，2002.

［9］编委会.中国体育年鉴1949—1962［M］.北京：人民体育出版社，1964.

［10］何爱国.当代中国现代化的理论与实践［M］.北京：科学出版社，2011.

［11］编委会.中国体育年鉴1949—1962［M］.北京：人民体育出版社，1964.

［12］编委会.中国体育年鉴1979［M］.北京：人民体育出版社，1981.

［13］编委会.中国体育年鉴1965［M］.北京：人民体育出版社，1982.

［14］编委会.中国体育年鉴1978［M］.北京：人民体育出版社，1981.

［15］周西宽.体育史［M］.北京：人民体育出版社，1993.

［16］杨永福.响誉中原［M］.郑州：河南人民出版社，2012.

［17］郭凤岐.天津通志·体育志［M］.天津：天津社会科学院出版社，1994.

［18］刘巍.新农村体育事业发展问题研究［M］.北京：中国物资出版社，2009.

［19］《当代中国的湖北》编辑委员会.当代中国的湖北下：［M］.北京：当代中国出版社，2009.

[20] 西安市地方志编纂委员会编.西安市志(第六卷)[M].西安：西安出版社，2002.

[21] 辛鸣.十七届五中全会后党政干部关注的重大理论与现实问题解读[M].北京：中共中央党校出版社，2010.

[22] 国家体育总局政策法规司.体育事业"十二五"规划文件资料汇编[M].北京：人民体育出版社，2011.

[23] 王文章.弘扬传统节日文化现状与对策——中国传统节日文化调研录[M].北京：文化艺术出版社，2012.

[24] 肖林鹏.体育管理学[M].北京：北京师范大学出版社，2011.

[25] 风笑天.社会学研究方法[M].北京：人民大学出版社，2001.

[26] 周克臣，刘德佩.湖南体育现象研究[M].北京：人民体育出版社，2006.

[27] 姚慧琴，徐璋勇.中国西部发展报告（2012）[M].北京：社会科学文献出版社，2012.

[28] 李嗣生，朱新义.预防医学[M].郑州：河南科学技术出版社，2013.

[29] 李英.中国战争通鉴[M].北京：国际文化出版公司，1995.

[30] 皮明勇.中国传统军事文化观念与军事近代化刍论[M].北京：军事科学出版社，1996.

[31] 冯东兴.科技文化与外战胜败史论[M].北京：军画谊文出版社，2008.

[32] 朱家新.新时期农村体育发展理论与实证研究[M].合肥：安徽大学出版社，2007.

[33] 王伟光，建设社会主义新农村的理论与实践[M].北京：中共中央党校出版社，2006.

[34] 张素罗，高迎霞，崔艳蕊.农村公共品投入与社区服务[M].北京：金盾出版社，2012.

[35] 杨洪辉.体育社会学视野下大众体育的组织与管理[M].西安：西安地图出版社，2009.

[36] 袁伟民.中国体育年鉴（2010 年）[M].北京：中国体育年鉴社，2011.

[37] 马进.西北世居少数民族日常交往心态研究[M].北京：民族出版社，2011.

[38] 体育概论编写组.体育概论[M].北京：北京体育大学出版社，2013.

[39] 李相如.休闲体育概论[M].北京：高等教育出版社，2011.

[40] 樊丽明.中国公共品市场与资源供给分析[M].上海：上海人民出版社，2005.

[41] 亚瑟·赛斯尔·庇古.福利经济学[M].上海：上海财经大学出版社，2009.

[42] 张文显.法理学[M].北京：高等教育出版社，1999.

[43] 莱昂·狄骥.公法的变迁·法律与国家[M].沈阳：辽海出版社，春风文艺出版社，1999.

[44] 西塞罗.论义务[M].王焕生，译.北京：中国政法大学出版社，1999.

[45] 诺瓦克.民权公约评注：联合国《公民权利和政治权利国际公约》[M].上海：生活·读书·新知三联书店，2003.

[46] 伯纳德·施瓦茨.美国法律史[M].北京：中国政法大学出版社，1990.

［47］斯蒂芬·霍尔姆斯，凯斯·R.桑斯坦.权利的成本——为什么自由依赖于税［M］.北京：北京大学出版社，2004.

［48］漆多俊.转变中的法律——以经济法为中心视角［M］.北京：法律出版社，2007.

［49］邱本.经济法研究：上卷［M］.北京：中国人民大学出版社，2008.

［50］漆多俊.经济法学［M］.北京：高等教育出版社，2007.

［51］邱本.经济法研究：下卷［M］.北京：中国人民大学出版社，2008.

［52］伯尼·帕克豪斯.体育管理学：基础与应用［M］.北京：清华大学出版社，2003.

［53］小罗宾·阿蒙，理查德·M.索撒尔，大卫·A.巴利尔，体育场馆赛事筹办与风险管理［M］.高俊雄，主译.沈阳：辽宁科学技术出版社，2005.

2. 期刊论文

［1］马宣建.论中国群众体育政策［J］.成都体育学院学报，2005(6).

［2］徐勇.农民理性的扩张："中国奇迹"的创造主体分析［J］.中国社会科学，2010(1).

［3］吴声光.试论社会主义初级阶段农村体育的特征［J］.体育科技，1999(1).

［4］陈梦周.农村体育与农村经济发展关系研究［J］.天津体育学院报，1995(4).

［5］林克明.建设小康社会进程中我国农村体育现状、特征及发展对策的初步研究［J］.安徽体育科技，2005(1).

［6］王辉.新农村体育设施建设研究［J］.体育文化导刊，2012(1).

［7］陈尧，王晓明.我国农村体育现状研究的文献综述［J］.体育世界，2014(3).

［8］刘胜.我国农村体育人口偏少的成因及对策研究［J］.武汉体育学院学报，2002(3).

［9］罗湘林.对一个村落体育的考察与分析［J］.体育世界，2006(4).

［10］陈尧，王晓明.我国农村体育现状研究的文献综述［J］.体育世界，2014(3).

［11］周建新.我国农村体育组织管理特征［J］.体育文化导刊，2012(4).

［12］吕树庭.以小城镇为重点的中国农村体育发展研究［J］.体育刊，2005(3).

［13］田雨普.全面建设小康背景下我国农村体育的发展策略［J］.体育学刊，2006(5).

［14］郭琴.我国农村体育研究综述及其思考［J］.上海体育学院学报，2010(7).

［15］牛鹏飞，陈焱.我国农村体育消费研究综述［J］.体育文化导刊，2008(6).

［16］张金桥，史兵.西部地区要素禀赋与体育产业发展的关系研究［J］.武汉体育学院学报，2008(1).

［17］饶远，张云钢.发展少数民族体育产业的政策与社会环境分析［J］.北京体育大学学报，2003(7).

［18］余守文，石磊.国外体育经济影响研究述评［J］.城市观察，2010(6).

［19］张军.国外大众体育管理体制类型及其组织特征分析［J］.南京体育学院学报，2004(6).

［20］赵国武.国外体育社会学研究现状与发展趋势［J］.长治学院报，2007(2).

［21］丁涛.对英国体育发展状况的考察与调研［J］.北京体育大学报，2005(11).

［22］汪洋，殷建华，马力.体育产业税收政策与法律问题探讨［J］.体育科学研究，2008(4).

[23] Beate Littig, Erich Grieftle. Social sustainability: a catchword between political pragrnatism and social theory [J]. International journal of sustainable development, 2005(8).

[24] 冯胜. 国外城乡统筹发展模式比较研究[J]. 软科学, 2011(5).

[25] 张小林, 刘蓓. 农村公共产品研究理论及其发展[J]. 经济研究刊, 2010(2).

[26] 徐建. 国内外文化生态理论研究综述[J]. 山东省青年管理干部学院学报, 2010(5).

[27] 熊春林. 国内文化生态研究述评[J]. 生态经济, 2010(3).

[28] 龚建林. 体育文化生态系统的类型及其特征[J]. 广州体育学院学报, 2013(5).

[29] 荣高棠. 新中国四年来的体育运动[J]. 新体育, 1954(38).

[30] 武军. 中国农村体育的动力, 争创体育先进县[J]. 体育文史, 1995(3).

[31] Raynor D. A., Colemen K. J., & Epstein, L. H. Effects of proximity on the choice to be physically active or sedentary[J]. Research quarterly on Exercise an Sport, 1998, 69.

[32] 张铁明, 谭延敏, 刘志红等. 农村非正式结构体育社团的发展研究[J]. 体育科学, 2009, 29(11).

[33] 张建平. 体适能概念辨析[J]. 体育文化导刊, 2002(6).

[34] 马宣建. 论中国群众体育政策[J]. 成都体育学院学报, 2005, 31(6).

[35] 肖焕禹. 休闲体育的演进、价值及其未来发展取向[J]. 上海体育学院学报, 2010, 31(1).

[36] 蔡俊武. 德国大众体育进入"正确健身"新阶段[J]. 中国体育科技, 1997(5).

[37] 王斌. 外国体育行政管理体制比较研究[J]. 体育文化导刊, 2008(2).

[38] 张传义. 新农村农民体育健身工程实效性建设的社会价值研究[J]. 体育与科学, 2010(3).

[39] 张笋, 于楼成. 国外社区体育经验对构建我国终身体育体系的启示[J]. 南京体育学院学报, 2007, 21(5).

[40] 李凌. 日本体育新政策《立国战略》解析[J]. 山东体育学院报, 2011, 27(11).

[41] 刘欣. 日本体育设施建设与管理的启示[J]. 体育科研, 2009, 3 (5).

[42] Зуев. В. Н, Виноградов. П. А. О парадигмереформирования федеральных органов государственнойвласти сферы физической культуры и спорта впостсоветский период[J]. теория и практика физическойкультуры, 2011(11).

[43] 阎孝英. 对我国西部农民体育的思考[J]. 辽宁体育科技, 2004(11).

[44] 李留东, 张文革. 建设社会主义新农村视角下发展农村体育的几点思考[J]. 成都体育学院学报, 2002(6).

[45] 张玉超, 郑华. 对我国全民健身事业法制建设的思考[J]. 首都体育学院学报, 2009(4).

[46] 刘国华, 钱思彤. 西部农村体育发展的制约因素及对策[J]. 北方经贸, 2011(3).

[47] 张洪武, 陈元欣, 李溯. 公共体育产品非政府供给的可行性与途径[J]. 北京体育大学学报, 2007(5).

[48] 杨学文, 李书泉. 农村体育公共产品的法律性质解析[J]. 体育与科学, 2012(2).

[49] 郑志丹, 许月云. 社会公正视野下农村体育公共产品供给的制度创新[J]. 北京体

育大学学报, 2009, 32(4).

[50] 张小林, 白晋湘. 我国农村体育公共产品供给制度缺陷与优化[J]. 体育学刊, 2010(5).

[51] 吴文平. 公共治理视域中的西部农村公共文化发展机制研究[J]. 吉首大学学报, 2012(6).

[52] 郭小娟. 我国农村人力资本开发的现状及对策[J]. 内蒙古农业大学学报(社会科学版), 2008(4).

[53] 聂春雨, 江俊. 田阳县新农村体育场地设施的现状分析与对策研究[J]. 考试周刊, 2014(13).

[54] 王卓. 公益诉讼: 传统体育非物质文化遗产法律保护的新思路[J]. 上海体育学院学报, 2013(4).

[55] 谭华. 试论体育权利和义务[J]. 成都体育学院学报, 1984(3).

[56] 于善旭. 再论公民体育权利[J]. 体育文史, 1998(1).

[57] 陈远军, 常乃军. 试论公民体育权利的社会实现[J]. 体育文化刊, 2006(12).

[58] 刘玉, 方新普. 信息传播视野中农民体育权利的缺失与回归[J]. 上海体育学院学报, 2007, 33(4).

[59] 田思源.《体育法》修改的核心是保障公民体育权利的实现[J]. 天津体育学院学报, 2011(2).

[60] 龚向和. 国家义务是公民权利的根本保障——国家与公民关系新视角[J]. 法律科学(西北政法大学学报), 2010(4).

[61] 陈醇. 论国家的义务[J]. 法学, 2002(8).

[62] 徐钢. 论宪法上国家义务的序列与范围——以劳动权为例的规范分析[J]. 浙江社会科学, 2009(3).

[63] 刘玉. 体育权利与体育公共服务供给[J]. 北京体育大学学报, 2011(12).

[64] 梅萍. 和谐社会权利平等的伦理思考[J]. 江淮论坛, 2008(1).

[65] 韩秀义, 陆志刚. 平等社会权的建立: 国家对弱势群体之绝对义务[J]. 河南师范大学学报(哲学社会科学版), 2007(6).

[66] 杜承铭. 论基本权利之国家义务: 理论基础、结构形式与中国实践[J]. 法学评论, 2011(2).

[67] 上官丕亮. 论国家对基本权利的双重义务[J]. 江海学刊, 2008(2).

[68] 陈华荣, 王家宏. 寻找宪法中的体育权利[J]. 体育学刊, 2012(3).

[69] 张彩红. 我国地方体育法规和规章间关系研究[J]. 经营管理者, 2014(3).

[70] 刘艳娥. 农村体育公共产品供给现状、机制及对策研究——以"新农村"语境中的湖南农村为例[J]. 河北体育学院学报, 2009(3).

[71] 孟凡强. 农村体育公共产品的特征及供给问题思考[J]. 成都体育学院学报, 2010(11).

[72] 李长友, 吴文平. 政府干预经济行为法治化之探究[J]. 吉首大学学报, 2014(4).

[73] 张洪武, 陈元欣, 李溯. 建设社会主义新农村与我国农村体育公共产品供给研究[J]. 北京体育大学学报, 2007, 30(5).

[74] 阳建勋.基本公共服务均等化之经济法路径[J].法学,2008(5).

[75] 郑志,许月云.社会公正视野下农村体育公共产品供给的制度创新[J].北京大学体育学报,2009(4).

[76] 田祖国.我国民族传统体育产业政策研究[J].南京体育学院学报,2011(3).

[77] 邱世海.民族传统体育项目在全民健身可持续发展中的传承与应用[J].体育科技文献通报,2015(8):16.

[78] 汪习根,唐勇.论体育权利均等化——兼论《全民健身条例》配套制度设计的价值重心[J].政治与法律,2011(11).

[79] 夏迟.国外大众体育概览[J].国际社会与经济,1994(8).

[80] 许晶.美国大众体育健身服务业发展研究及其启示[J].南京体育学院学报,2010(5).

[81] 张永龙,赵先卿.中美两国社会体育指导员管理体制之比较[J].体育科研,2008(1).

[82] 韩坤,于可红.我国城市社区体育管理体制改革的制约因素与创新动因探析[J].浙江体育科学,2007(1).

[83] 卢文云.新农村建设背景下西部农村居民体育活动现状、问题与对策研究[J].北京体育大学学报,2012.35(11).

[84] 荣高棠.新中国四年来的体育运动[J].新体育,1954(38).

[85] 贾晓璇.简论公共产品理论的演变[J].山西师范大学学报,2011(5).

[86] 郭熙保.论发展观的演变[J].学术月刊,2001(9).

[87] 于晓光,曹继红.日本大众体育设施的"政府促进"之研究[J].运动,2013(10).

[88] 夏琼华.新型城镇化进程中失地农民的体育权利保障接轨路径分析[J].当代体育科技,2017(3).

[89] 冯剑.我国公共体育场地流失的法律规制[J].西安体育学院学报,2017(1).

[90] 沈娟.日本社会体育发展的特征、问题及对中国的启示[J].南京体育学院学报,2016(6).

[91] 张丹,王健.基于科学知识图谱的我国农村体育研究现状、特征与趋势[J].武汉体育学院学报2017(2).

[92] 彭国华,张莉,庞俊鹏.中国农村公共体育服务政策变迁历程及启示[J].体育文化导刊,2017(3).

3. 报纸

[1] 胡锦涛.在中共中央政治局第四次集体学习时强调扎扎实实推进服务型政府建设,全面提高为人民服务能力和水平[N].人民日报,2008-02-23.

[2] 推广广播体操,大家都来做广播体操[N].人民日报,1951-11-25.

[3] 评论员.农村体育活动需要加强领导[N].体育报,1964-02-24.

[4] 华明.江苏召开农村体育工作座谈会[N].体育报,1964-02-24.

[5] 中共香河县委.加强党对农村体育工作的领导[N].河北日报,1975-06-10.

[6] 通讯员.坚持正确路线,办好农村体育[N].山西日报,1975-08-2.

［7］逐步开展农村中的体育活动［N］.光明日报,1956 – 01 – 09.

［8］为八亿农民着想,开展农村体育活动——国家体委召开全国农村体育工作座谈会［N］.体育报,1982 – 01 – 13.

［9］顾兆农.全国"农村体育年"拉开帷幕［N］.人民日报,2004 – 02 – 06.

［10］袁伟民.围绕"农村体育年",积极促进农村体育活动的开展［N］.中国体育报,2004 – 02 – 28(1).

［11］美丽新疆［N］.北京周报,2014 – 07 – 29.

［12］刘模明.浅谈农村体育指导员的培养及作用［N］.湖南日报,2009 – 11 – 10.

［13］喀什地区2012年国民经济和社会发展统计公报［N］.喀什日报,2013 – 3 – 27.

［14］崔向阳.有组织有领导地开展农村体育运动［N］.北京日报,1956 – 03 – 15.

［15］侯海波.日本推动大众体育发展的启示［N］.中国体育报,2015 – 02 – 06

4. 学位论文

［1］马东顺.民族传统体育与农村体育的融合发展研究［D］.曲阜:曲阜师范大学,2012.

［2］刘伟.我国体育可持续发展系统及评价研究［D］.上海:华东师范大学,2008.

［3］刘会强.可持续发展理论的哲学解读［D］.上海:复旦大学,2003

［4］刘开运.城乡群众体育统筹发展研究［D］.南京:南京师范大学,2011.

［5］薛凌.城乡群众体育统筹发展探讨［D］.长沙:湖南师范大学,2011.

［6］郑宇.统筹城乡视野下的中国农村体育发展研究［D］.北京:中国体育大学,2012.

［7］冯珂.对我国体育公共产品理论及目前处境的研究［D］.长春:吉林大学,2011.

［8］张小林.我国农村体育公共产品供给制度分析与创新［D］.长沙:湖南农业大学,2010.

［9］韩振丽.文化生态的哲学探析［D］.乌鲁木齐:新疆大学,2008.

［10］徐建.当代中国文化生态研究——基于文化哲学视角［D］.上海:华东师范大学,2008.

［11］伯扣兰.我国早期体育现代化进程研究［D］.苏州:苏州大学,2007.

［12］周建东.中国体育现代化的历史进程与文化抉择［D］.济南:山东师范大学,2014.

［13］傅振磊.中国农村体育现代化研究［D］.苏州:苏州大学,2011.

［14］高静飞.湘西土家族苗族自治州苗族村落体育研究［D］.吉首:吉首大学,2012.

［15］曲国洋.日本竞技体育体制研究［D］.北京:北京体育大学,2011.

［16］王晓艳.我国西部农村公共文化内生机制研究［D］.兰州:兰州大学,2009.

［17］吴飞艳.我国地方立法的现状及发展研究［D］.天津:天津体育学院,2013.

5. 法规、文件等

［1］中华人民共和国宪法.1982.

［2］中华人民共和国体育法.1995.

[3] 中华人民共和国民族区域自治法.2001,2005(修订).

[4] スポーツ基本法.文部科学省,2011-06-24

[5] 中共中央关于进一步发展体育运动的通知.1984

[6] 全民健身计划纲要.1995.

[7] 国家体育总局.2001—2010年体育改革和发展纲要.2000.

[8] 国务院.国务院关于印发全民健身计划(2011—2015)的通知,2011-02-15.

[9] スポーツ基本計画.文部科学省,2012-03-12

[10] 中共中央国务院关于进一步加强和改进新时期体育工作的意见.2002.

[11] 张堰玲.我国体育产业的现状、问题及发展对策研究.第18届中国国际体育用品博览会暨体育产业与体育用品发展论坛,2006.

[12] 丁孝民,陆一帆.农村体育研究现状及对策分析.第三届全民健身科学大会论集,2014.

6. 电子文献

[1] 百度百科.农村体育[EB/OL].http://baike.baidu.com/view/186187.htm.

[2] 金仙女.韩国大众体育管理体制[EB/OL].http://www.chinasfa.net/lr.aspx?id=2515.

[3] 体育事业发展"十二五"规划[EB/OL].http://www.sport.gov.cn/n16/n1077/n1467/n1843577/1843747.html.2014-10-20

[4] 国家体育总局.关于实施农民体育健身工程的意见[EB/OL].http://news.sohu.com/.

[5] 杨喜龙.城乡结对共建美好新农村西安市体育局送体育下乡[EB/OL].西安体育网,http://www.sn.xinhuanet.com/2011-12/02/content_24253425.htm,2011-12-02.

[6] 肖阳熠.十项举措助推西安市初步形成公共体育服务体系[EB/OL].西部网,http://sports.cnwest.com/content/2014-12/01/content_11896231.htm,2014-12-01.

[7] 人口情况概况[EB/OL].http://www.alt.gov.cn/index.aspx,2014-07-26.

[8] 喀什地区2012年国民经济和社会发展统计公报[EB/OL].http://epaper.ts.cn/ftp/site1/ksrb/html/2013-03/27/content_5784.htm,2014-10-3.

[9] 四川省介绍[EB/OL].http://www.360doc.com/content/11/0625/15/1164894_129483608.shtml,2011-06-25.

[10] Healthy People 2000FactSheet[EB/OL].http://odphp.osophs.dhhs.gov/pubs/HP2000/hp2kfact.htm.2010-07-30.

[11] 日本2009年财年医疗开支创新高[EB/OL].http//news.163.com/10/0817/14/6E9VP9J1000146BC.Html,2013-01-10.

[12] "举国体制"俄寡头颠覆苏联体育系统[EB/OL].新华网.http://Phtv.ifeng.com/hotsPot/OlymPicmil/history/200808/0824_4358_743558_l.shtml.2008-08-24.

[13] 国家体育总局2008年中国城乡居民参加体育锻炼现状调查发布会在京举行[EB/

OL]．http：//www．sporl．gov．cn，2008 – 12 – 18．

［14］中国 2 月官方制造业 PMI 为 50.1% 创 5 个月最低［EB/OL］．

［15］http：//finance．ifeng．com/news/macro/20130301/7720132．shtml，2013 – 03 – 01．

［16］闫祥岭．乡镇农民体育健身工程惠及广大农民［EB/OL］．新华网，2009 – 04 – 10．

［17］教育部部长袁贵仁在 2014 年全国教育工作会议上的讲话［EB/OL］．http：//www．ict．edu．cn/news/n2/n20140213_7767_4．shtml，2014 – 02 – 13．

［18］刘延东在全国学校体育工作座谈会上的讲话［EB/OL］．http：//news．xinhuanet．com/sports/2014 – 07/29/c_126811859．htm，2014 – 07 – 2．

［19］袁贵仁．抓好学校体育工作提升学生体质健康水平［EB/OL］．http：//www．jyb．cn/china/gnxw/201407/t20140730_592244．html，2014 – 07 – 30．

［20］中国被抢注知名商标有多少？［EB/OL］．http：//ip．people．com．cn/GB/17240451．html，2012 – 02 – 28．

［21］2014 年国民经济和社会发展统计公报［EB/OL］．http：//news．xinhuanet．com/2015 – 02/26/c_127520244．htm．2015 – 3 – 20．

［22］刘鹏．在 2010 年全国体育局长会议上的报告［EB/OL］．http：//www．sport．org．cn，2010 – 01 – 26．

［23］Committee On Economic，Social and Culture Rights，General Comment No 3 1990，In HRJ/GEN/I/Rev，6.12．May 2003：16．

［24］上海公示公益金审计情况：体彩 543 万超范围使用［EB/OL］．http：//sports．sohu．com/20100827/n274512866．shtml，2014 – 5 – 28．

［25］徐州市审计局［EB/OL］．http：//www．xzaudit．gov．cn/news_show_id_5521，2014 – 05 – 30．

［26］揭秘未来十大造富职业 体育传媒等上榜［EB/OL］．http：//www．ce．cn/xwzx/kj/201302/25/t20130225_24139304．shtml，2013 – 2 – 25．

［27］小冰．十一黄金周各省旅游收入排行榜出炉原来是这样的 山东排第一［EB/OL］．http：//mt．sohu．com/20151010/n422893040．shtml，2015 – 10 – 08

附　录

附录一　中华人民共和国体育法

（1995 年 8 月 29 日第八届全国人民代表大会
常务委员会第十五次会议通过）

目　录

第一章　总　则

第一条　为了发展体育事业，增强人民体质，提高体育运动水平，促进社会主义物质文明和精神文明建设，根据宪法，制定本法。

第二条　国家发展体育事业，开展群众性的体育活动，提高全民族身体素质。体育工作坚持以开展全民健身活动为基础，实行普及与提高相结合，促进各类体育协调发展。

第三条　国家坚持体育为经济建设、国防建设和社会发展服务。体育事业应当纳入国民经济和社会发展计划。

国家推进体育管理体制改革。国家鼓励企业事业组织、社会团体和公民兴办和支持体育事业。

第四条　国务院体育行政部门主管全国体育工作。国务院其他有关部门在各自的职权范围内管理体育工作。

县级以上地方各级人民政府体育行政部门或者本级人民政府授权的机构主管本行政区域内的体育工作。

第五条　国家对青年、少年、儿童的体育活动给予特别保障，增进青年、少年、儿童的身心健康。

第六条　国家扶持少数民族地区发展体育事业，培养少数民族体育人才。

第七条　国家发展体育教育和体育科学研究，推广先进、实用的体育科学技术成果，依靠科学技术发展体育事业。

第八条　国家对在体育事业中做出贡献的组织和个人，给予奖励。

第九条　国家鼓励开展对外体育交往。对外体育交往坚持独立自主、平等互利、相互尊重的原则，维护国家主权和尊严，遵守中华人民共和国缔结或者参加的国际条约。

第二章　社会体育

第十条　国家提倡公民参加社会体育活动，增进身心健康。

社会体育活动应当坚持业余、自愿、小型多样，遵循因地制宜和科学文明的原则。

第十一条　国家推行全民健身计划，实施体育锻炼标准，进行体质监测。

国家实行社会体育指导员技术等级制度。社会体育指导员对社会体育活动进行指导。

第十二条　地方各级人民政府应当为公民参加社会体育活动创造必要的条件，支持、扶助群众性体育活动的开展。

城市应当发挥居民委员会等社区基层组织的作用，组织居民开展体育活动。

农村应当发挥村民委员会、基层文化体育组织的作用，开展适合农村特点的体育活动。

第十三条　国家机关、企业事业组织应当开展多种形式的体育活动，举办群众性体育竞赛。

第十四条　工会等社会团体应当根据各自特点，组织体育活动。

第十五条　国家鼓励、支持民族、民间传统体育项目的发掘、整理和提高。

第十六条　全社会应当关心、支持老年人、残疾人参加体育活动。各级人民政府应当采取措施，为老年人、残疾人参加体育活动提供方便。

第三章　学校体育

第十七条　教育行政部门和学校应当将体育作为学校教育的组成部分，培养德、智、体等方面全面发展的人才。

第十八条　学校必须开设体育课，并将体育课列为考核学生学业成绩的科目。

学校应当创造条件为病残学生组织适合其特点的体育活动。

第十九条　学校必须实施国家体育锻炼标准，对学生在校期间每天用于体育活动的时间给予保证。

第二十条　学校应当组织多种形式的课外体育活动，开展课外训练和体育竞赛，并根据条件每学年举行一次全校性的体育运动会。

第二十一条　学校应当按照国家有关规定，配备合格的体育教师，保障体育教师享受与其工作特点有关的待遇。

第二十二条　学校应当按照国务院教育行政部门规定的标准配置体育场地、设施和器材。

学校体育场地必须用于体育活动，不得挪作他用。

第二十三条　学校应当建立学生体格健康检查制度。教育、体育和卫生行政部门应当加强对学生体质的监测。

第四章　竞技体育

第二十四条　国家促进竞技体育发展，鼓励运动员提高体育运动技术水平，在体育竞赛中创造优异成绩，为国家争取荣誉。

第二十五条　国家鼓励、支持开展业余体育训练，培养优秀的体育后备人才。

第二十六条　参加国内、国际重大体育竞赛的运动员和运动队，应当按照公平、择优的原则选拔和组建。具体办法由国务院体育行政部门规定。

第二十七条　培养运动员必须实行严格、科学、文明的训练和管理，对运动员进行爱国主义、集体主义和社会主义教育，以及道德和纪律教育。

第二十八条　国家对优秀运动员在就业或者升学方面给予优待。

第二十九条　全国性的单项体育协会对本项目的运动员实行注册管理。经注册的运动员，可以根据国务院体育行政部门的规定，参加有关的体育竞赛和运动队之间的人员流动。

第三十条　国家实行运动员技术等级、裁判员技术等级和教练员专业技术职务等级制度。

第三十一条　国家对体育竞赛实行分级分类管理。

全国综合性运动会由国务院体育行政部门管理或者由国务院体育行政部门会同有关组织管理。

全国单项体育竞赛由该项运动的全国性协会负责管理。

地方综合性运动会和地方单项体育竞赛的管理办法由地方人民政府制定。

第三十二条　国家实行体育竞赛全国纪录审批制度。全国纪录由国务院体育行政部门确认。

第三十三条　在竞技体育活动中发生纠纷，由体育仲裁机构负责调解、仲裁。

体育仲裁机构的设立办法和仲裁范围由国务院另行规定。

第三十四条　体育竞赛实行公平竞争的原则。体育竞赛的组织者和运动员、教练员、裁判员应当遵守体育道德，不得弄虚作假、营私舞弊。

在体育运动中严禁使用禁用的药物和方法。禁用药物检测机构应当对禁用的药物和方法进行严格检查。

严禁任何组织和个人利用体育竞赛从事赌博活动。

第三十五条　在中国境内举办的重大体育竞赛，其名称、徽记、旗帜及吉祥物等标志按照国家有关规定予以保护。

第五章　体育社会团体

第三十六条　国家鼓励、支持体育社会团体按照其章程，组织和开展体育活动，推动体育事业的发展。

第三十七条　各级体育总会是联系、团结运动员和体育工作者的群众性体育组织，应当在发展体育事业中发挥作用。

第三十八条　中国奥林匹克委员会是以发展和推动奥林匹克运动为主要任务的体育组织，代表中国参与国际奥林匹克事务。

第三十九条　体育科学社会团体是体育科学技术工作者的学术性群众组织，应当在发展体育科技事业中发挥作用。

第四十条　全国性的单项体育协会管理该项运动的普及与提高工作，代表中国参加相应的国际单项体育组织。

第六章　保障条件

第四十一条　县级以上各级人民政府应当将体育事业经费、体育基本建设资金列入本级财政预算和基本建设投资计划，并随着国民经济的发展逐步增加对体育事业的投入。

第四十二条　国家鼓励企业事业组织和社会团体自筹资金发展体育事业，鼓励组织和个人对体育事业的捐赠和赞助。

第四十三条　国家有关部门应当加强对体育资金的管理，任何组织和个人不得挪用、克扣体育资金。

第四十四条　县级以上各级人民政府体育行政部门对以健身、竞技等体育活动为内容的经营活动，应当按照国家有关规定加强管理和监督。

第四十五条　县级以上地方各级人民政府应当按照国家对城市公共体育设施用地定额指标的规定，将城市公共体育设施建设纳入城市建设规划和土地利用总体规划，合理布局，统一安排。

城市在规划企业、学校、街道和居住区时，应当将体育设施纳入建设规划。

乡、民族乡、镇应当随着经济发展，逐步建设和完善体育设施。

第四十六条　公共体育设施应当向社会开放，方便群众开展体育活动，对学生、老年人、残疾人实行优惠办法，提高体育设施的利用率。

任何组织和个人不得侵占、破坏公共体育设施。因特殊情况需要临时占用体育设施的，必须经体育行政部门和建设规划部门批准，并及时归还；按照城市规划改变体育场地用途的，应当按照国家有关规定，先行择地新建偿还。

第四十七条　用于全国性、国际性体育竞赛的体育器材和用品，必须经国务院体育行政部门指定的机构审定。

第四十八条　国家发展体育专业教育，建立各类体育专业院校、系、科，培养运动、训练、教学、科学研究、管理以及从事群众体育等方面的专业人员。

国家鼓励企业事业组织、社会团体和公民依法举办体育专业教育。

第七章　法律责任

第四十九条　在竞技体育中从事弄虚作假等违反纪律和体育规则的行为，由体育社会团体按照章程规定给予处罚；对国家工作人员中的直接责任人员，依法给予行政处分。

第五十条　在体育运动中使用禁用的药物和方法的，由体育社会团体按照章

程规定给予处罚；对国家工作人员中的直接责任人员，依法给予行政

处分。

第五十一条　利用竞技体育从事赌博活动的，由体育行政部门协助公安机关责令停止违法活动，并由公安机关依照治安管理处罚条例的有关规定给予处罚。

在竞技体育活动中，有贿赂、诈骗、组织赌博行为，构成犯罪的，依法追究刑事责任。

第五十二条　侵占、破坏公共体育设施的，由体育行政部门责令限期改正，并依法承担民事责任。

有前款所列行为，违反治安管理的，由公安机关依照治安管理处罚条例的有关规定给予处罚；构成犯罪的，依法追究刑事责任。

第五十三条　在体育活动中，寻衅滋事、扰乱公共秩序的，给予批评、教育并予以制止；违反治安管理的，由公安机关依照治安管理处罚条例的规定给予处罚；构成犯罪的，依法追究刑事责任。

第五十四条　违反国家财政制度、财务制度，挪用、克扣体育资金的，由上级机关责令限期归还被挪用、克扣的资金，并对直接负责的主管人员和其他直接责任人员，依法给予行政处分；构成犯罪的，依法追究刑事责任。

第八章　附　则

第五十五条　军队开展体育活动的具体办法由中央军事委员会依照本法制定。

第五十六条　本法自 1995 年 10 月 1 日起施行。

附录二　中华人民共和国公共文化服务保障法

（2016 年 12 月 25 日第十二届全国人民代表大会
常务委员会第二十五次会议通过）

目　录

第一章　总则

第一条　为了加强公共文化服务体系建设，丰富人民群众精神文化生活，传承中华优秀传统文化，弘扬社会主义核心价值观，增强文化自信，促进中国特色社会主义文化繁荣发展，提高全民族文明素质，制定本法。

第二条　本法所称公共文化服务，是指由政府主导、社会力量参与，以满足公民基本文化需求为主要目的而提供的公共文化设施、文化产品、文化活动以及其他相关服务。

第三条　公共文化服务应当坚持社会主义先进文化前进方向，坚持以人民为中心，坚持以社会主义核心价值观为引领；应当按照"百花齐放、百家争鸣"的方针，支持优秀公共文化产品的创作生产，丰富公共文化服务内容。

第四条　县级以上人民政府应当将公共文化服务纳入本级国民经济和社会发展规划，按照公益性、基本性、均等性、便利性的要求，加强公共文化设施建设，完善公共文化服务体系，提高公共文化服务效能。

第五条　国务院根据公民基本文化需求和经济社会发展水平，制定并调整国家基本公共文化服务指导标准。

省、自治区、直辖市人民政府根据国家基本公共文化服务指导标准，结合当地实际需求、财政能力和文化特色，制定并调整本行政区域的基本公共文化服务实施标准。

第六条　国务院建立公共文化服务综合协调机制，指导、协调、推动全国公共文化服务工作。国务院文化主管部门承担综合协调具体职责。

地方各级人民政府应当加强对公共文化服务的统筹协调，推动实现共建共享。

第七条　国务院文化主管部门、新闻出版广电主管部门依照本法和国务院规定的职责负责全国的公共文化服务工作；国务院其他有关部门在各自职责范围内负责相关公共文化服务工作。

县级以上地方人民政府文化、新闻出版广电主管部门根据其职责负责本行政区域内的公共文化服务工作；县级以上地方人民政府其他有关部门在各自职责范围内负责相关公共文化服务工作。

第八条　国家扶助革命老区、民族地区、边疆地区、贫困地区的公共文化服务，促进公共文化服务均衡协调发展。

第九条　各级人民政府应当根据未成年人、老年人、残疾人和流动人口等群体的特点与需求，提供相应的公共文化服务。

第十条　国家鼓励和支持公共文化服务与学校教育相结合，充分发挥公共文化服务的社会教育功能，提高青少年思想道德和科学文化素质。

第十一条　国家鼓励和支持发挥科技在公共文化服务中的作用，推动运用现代信息技术和传播技术，提高公众的科学素养和公共文化服务水平。

第十二条　国家鼓励和支持在公共文化服务领域开展国际合作与交流。

第十三条　国家鼓励和支持公民、法人和其他组织参与公共文化服务。

对在公共文化服务中作出突出贡献的公民、法人和其他组织，依法给予表彰和奖励。

第二章　公共文化设施建设与管理

第十四条　本法所称公共文化设施是指用于提供公共文化服务的建筑物、场地和设备，主要包括图书馆、博物馆、文化馆（站）、美术馆、科技馆、纪念馆、体育场馆、工人文化宫、青少年宫、妇女儿童活动中心、老年人活动中心、乡镇（街道）和村（社区）基层综合性文化服务中心、农家（职工）书屋、公共阅报栏（屏）、广播电视播出传输覆盖设施、公共数字文化服务点等。

县级以上地方人民政府应当将本行政区域内的公共文化设施目录及有关信息予以公布。

第十五条　县级以上地方人民政府应当将公共文化设施建设纳入本级城乡规划，根据国家基本公共文化服务指导标准、省级基本公共文化服务实施标准，结合当地经济社会发展水平、人口状况、环境条件、文化特色，合理确定公共文化设施的种类、数量、规模以及布局，形成场馆服务、流动服务和数字服务相结合的公共文化设施网络。

公共文化设施的选址，应当征求公众意见，符合公共文化设施的功能和特点，有利于发挥其作用。

第十六条　公共文化设施的建设用地，应当符合土地利用总体规划和城乡规划，并依照法定程序审批。

任何单位和个人不得侵占公共文化设施建设用地或者擅自改变其用途。因特殊情况需要调整公共文化设施建设用地的，应当重新确定建设用地。调整后的公共文化设施建设用地不得少于原有面积。

新建、改建、扩建居民住宅区，应当按照有关规定、标准，规划和建设配套的公共文化设施。

第十七条　公共文化设施的设计和建设，应当符合实用、安全、科学、美观、环保、节约的要求和国家规定的标准，并配置无障碍设施设备。

第十八条　地方各级人民政府可以采取新建、改建、扩建、合建、租赁、利用现有公共设施等多种方式，加强乡镇(街道)、村(社区)基层综合性文化服务中心建设，推动基层有关公共设施的统一管理、综合利用，并保障其正常运行。

第十九条　任何单位和个人不得擅自拆除公共文化设施，不得擅自改变公共文化设施的功能、用途或者妨碍其正常运行，不得侵占、挪用公共文化设施，不得将公共文化设施用于与公共文化服务无关的商业经营活动。

因城乡建设确需拆除公共文化设施，或者改变其功能、用途的，应当依照有关法律、行政法规的规定重建、改建，并坚持先建设后拆除或者建设拆除同时进行的原则。重建、改建的公共文化设施的设施配置标准、建筑面积等不得降低。

第二十条　公共文化设施管理单位应当按照国家规定的标准，配置和更新必需的服务内容和设备，加强公共文化设施经常性维护管理工作，保障公共文化设施的正常使用和运转。

第二十一条　公共文化设施管理单位应当建立健全管理制度和服务规范，建立公共文化设施资产统计报告制度和公共文化服务开展情况的年报制度。

第二十二条　公共文化设施管理单位应当建立健全安全管理制度，开展公共文化设施及公众活动的安全评价，依法配备安全保护设备和人员，保障公共文化设施和公众活动安全。

第二十三条　各级人民政府应当建立有公众参与的公共文化设施使用效能考核评价制度，公共文化设施管理单位应当根据评价结果改进工作，提高服务质量。

第二十四条　国家推动公共图书馆、博物馆、文化馆等公共文化设施管理单位根据其功能定位建立健全法人治理结构，吸收有关方面代表、专业人士和公众参与管理。

第二十五条　国家鼓励和支持公民、法人和其他组织兴建、捐建或者与政府部门合作建设公共文化设施，鼓励公民、法人和其他组织依法参与公共文化设施的运营和管理。

第二十六条　公众在使用公共文化设施时，应当遵守公共秩序，爱护公共设施，不得损坏公共设施设备和物品

第三章　公共文化服务提供

第二十七条　各级人民政府应当充分利用公共文化设施，促进优秀公共文化产品的提供和传播，支持开展全民阅读、全民普法、全民健身、全民科普和艺术普及、优秀传统文化传承活动。

第二十八条　设区的市级、县级地方人民政府应当根据国家基本公共文化服务指导标准和省、自治区、直辖市基本公共文化服务实施标准，结合当地实际，制定公布本行政区域公共文化服务目录并组织实施。

第二十九条　公益性文化单位应当完善服务项目、丰富服务内容，创造条件向公众提供免费或者优惠的文艺演出、陈列展览、电影放映、广播电视节目收听收看、阅读服务、艺术培训等，并为公众开展文化活动提供支持和帮助。

国家鼓励经营性文化单位提供免费或者优惠的公共文化产品和文化活动。

第三十条　基层综合性文化服务中心应当加强资源整合，建立完善公共文化服务网络，充分发挥统筹服务功能，为公众提供书报阅读、影视观赏、戏曲表演、普法教育、艺术普及、科学普及、广播播送、互联网上网和群众性文化体育活动等公共文化服务，并根据其功能特点，因地制宜提供其他公共服务。

第三十一条　公共文化设施应当根据其功能、特点，按照国家有关规定，向公众免费或者优惠开放。

公共文化设施开放收取费用的，应当每月定期向中小学生免费开放。

公共文化设施开放或者提供培训服务等收取费用的，应当报经县级以上人民政府有关部门批准；收取的费用，应当用于公共文化设施的维护、管理和事业发展，不得挪作他用。

公共文化设施管理单位应当公示服务项目和开放时间；临时停止开放的，应当及时公告。

第三十二条　国家鼓励和支持机关、学校、企业事业单位的文化体育设施向公众开放。

第三十三条　国家统筹规划公共数字文化建设，构建标准统一、互联互通的公共数字文化服务网络，建设公共文化信息资源库，实现基层网络服务共建共享。

国家支持开发数字文化产品，推动利用宽带互联网、移动互联网、广播电视网和卫星网络提供公共文化服务。

地方各级人民政府应当加强基层公共文化设施的数字化和网络建设，提高数字化和网络服务能力。

第三十四条　地方各级人民政府应当采取多种方式，因地制宜提供流动文化服务。

第三十五条　国家重点增加农村地区图书、报刊、戏曲、电影、广播电视节目、网络信息内容、节庆活动、体育健身活动等公共文化产品供给，促进城乡公共文化服务均等化。

面向农村提供的图书、报刊、电影等公共文化产品应当符合农村特点和需求，提高针对性和时效性。

第三十六条　地方各级人民政府应当根据当地实际情况，在人员流动量较大的公共场所、务工人员较为集中的区域以及留守妇女儿童较为集中的农村地区，配备必要的设施，采取多种形式，提供便利可及的公共文化服务。

第三十七条　国家鼓励公民主动参与公共文化服务，自主开展健康文明的群众性文化体育活动；地方各级人民政府应当给予必要的指导、支持和帮助。

居民委员会、村民委员会应当根据居民的需求开展群众性文化体育活动，并协助当地人民政府有关部门开展公共文化服务相关工作。

国家机关、社会组织、企业事业单位应当结合自身特点和需要，组织开展群众性文化体育活动，丰富职工文化生活。

第三十八条　地方各级人民政府应当加强面向在校学生的公共文化服务，支持学校开展适合在校学生特点的文化体育活动，促进德智体美教育。

第三十九条　地方各级人民政府应当支持军队基层文化建设，丰富军营文化体育活动，加强军民文化融合。

第四十条　国家加强民族语言文字文化产品的供给，加强优秀公共文化产品的民族语言文字译制及其在民族地区的传播，鼓励和扶助民族文化产品的创作生产，支持开展具有民族特色的群众性文化体育活动。

第四十一条　国务院和省、自治区、直辖市人民政府制定政府购买公共文化服务的指导性意见和目录。国务院有关部门和县级以上地方人民政府应当根据指导性意见和目录，结合实际情况，确定购买的具体项目和内容，及时向社会公布。

第四十二条　国家鼓励和支持公民、法人和其他组织通过兴办实体、资助项目、赞助活动、提供设施、捐赠产品等方式，参与提供公共文化服务。

第四十三条　国家倡导和鼓励公民、法人和其他组织参与文化志愿服务。

公共文化设施管理单位应当建立文化志愿服务机制，组织开展文化志愿服务活动。

县级以上地方人民政府有关部门应当对文化志愿活动给予必要的指导和支持，并建立管理评价、教育培训和激励保障机制。

第四十四条　任何组织和个人不得利用公共文化设施、文化产品、文化活动以及其他相关服务，从事危害国家安全、损害社会公共利益和其他违反法律法规的活动。

第四章　保障措施

第四十五条　国务院和地方各级人民政府应当根据公共文化服务的事权和支出责任，将公共文化服务经费纳入本级预算，安排公共文化服务所需资金。

第四十六条　国务院和省、自治区、直辖市人民政府应当增加投入，通过转移支付等方式，重点扶助革命老区、民族地区、边疆地区、贫困地区开展公共文化服务。

国家鼓励和支持经济发达地区对革命老区、民族地区、边疆地区、贫困地区的公共文化服务提供援助。

第四十七条　免费或者优惠开放的公共文化设施，按照国家规定享受补助。

第四十八条　国家鼓励社会资本依法投入公共文化服务，拓宽公共文化服务资金来源渠道。

第四十九条　国家采取政府购买服务等措施，支持公民、法人和其他组织参与提供公共文化服务。

第五十条　公民、法人和其他组织通过公益性社会团体或者县级以上人民政府及其部门，捐赠财产用于公共文化服务的，依法享受税收优惠。

国家鼓励通过捐赠等方式设立公共文化服务基金，专门用于公共文化服务。

第五十一条　地方各级人民政府应当按照公共文化设施的功能、任务和服务人口规模，合理设置公共文化服务岗位，配备相应专业人员。

第五十二条　国家鼓励和支持文化专业人员、高校毕业生和志愿者到基层从事公共文化服务工作。

第五十三条　国家鼓励和支持公民、法人和其他组织依法成立公共文化服务领域的社会组织，推动公共文化服务社会化、专业化发展。

第五十四条 国家支持公共文化服务理论研究，加强多层次专业人才教育和培训。

第五十五条 县级以上人民政府应当建立健全公共文化服务资金使用的监督和统计公告制度，加强绩效考评，确保资金用于公共文化服务。任何单位和个人不得侵占、挪用公共文化服务资金。

审计机关应当依法加强对公共文化服务资金的审计监督。

第五十六条 各级人民政府应当加强对公共文化服务工作的监督检查，建立反映公众文化需求的征询反馈制度和有公众参与的公共文化服务考核评价制度，并将考核评价结果作为确定补贴或者奖励的依据。

第五十七条 各级人民政府及有关部门应当及时公开公共文化服务信息，主动接受社会监督。

新闻媒体应当积极开展公共文化服务的宣传报道，并加强舆论监督。

第五章 法律责任

第五十八条 违反本法规定，地方各级人民政府和县级以上人民政府有关部门未履行公共文化服务保障职责的，由其上级机关或者监察机关责令限期改正；情节严重的，对直接负责的主管人员和其他直接责任人员依法给予处分。

第五十九条 违反本法规定，地方各级人民政府和县级以上人民政府有关部门，有下列行为之一的，由其上级机关或者监察机关责令限期改正；情节严重的，对直接负责的主管人员和其他直接责任人员依法给予处分：

(一)侵占、挪用公共文化服务资金的；

(二)擅自拆除、侵占、挪用公共文化设施，或者改变其功能、用途，或者妨碍其正常运行的；

(三)未依照本法规定重建公共文化设施的；

(四)滥用职权、玩忽职守、徇私舞弊的。

第六十条 违反本法规定，侵占公共文化设施的建设用地或者擅自改变其用途的，由县级以上地方人民政府土地主管部门、城乡规划主管部门依据各自职责责令限期改正；逾期不改正的，由作出决定的机关依法强制执行，或者依法申请人民法院强制执行。

第六十一条 违反本法规定，公共文化设施管理单位有下列情形之一的，由其主管部门责令限期改正；造成严重后果的，对直接负责的主管人员和其他直接责任人员，依法给予处分：

(一)未按照规定对公众开放的；

（二）未公示服务项目、开放时间等事项的；

（三）未建立安全管理制度的；

（四）因管理不善造成损失的。

第六十二条　违反本法规定，公共文化设施管理单位有下列行为之一的，由其主管部门或者价格主管部门责令限期改正，没收违法所得，违法所得五千元以上的，并处违法所得两倍以上五倍以下罚款；没有违法所得或者违法所得五千元以下的，可以处一万元以下的罚款；对直接负责的主管人员和其他直接责任人员，依法给予处分：

（一）开展与公共文化设施功能、用途不符的服务活动的；

（二）对应当免费开放的公共文化设施收费或者变相收费的；

（三）收取费用未用于公共文化设施的维护、管理和事业发展，挪作他用的。

第六十三条　违反本法规定，损害他人民事权益的，依法承担民事责任；构成违反治安管理行为的，由公安机关依法给予治安管理处罚；构成犯罪的，依法追究刑事责任。

第六章　附则

第六十四条　境外自然人、法人和其他组织在中国境内从事公共文化服务的，应当符合相关法律、行政法规的规定。

第六十五条　本法自 2017 年 3 月 1 日起施行。

附录三　中共中央国务院关于进一步加强和改进新时期体育工作的意见

1984 年，党中央在总结建国以来特别是改革开放后我国体育工作基本经验的基础上，发出了《关于进一步发展体育运动的通知》(中发〔1984〕20 号)，提出了加快我国体育事业发展的指导思想、主要任务和工作措施。近 20 年来，各级党委、政府和体育系统在《通知》精神指导下，大力开展全民健身活动，推行"奥运争光计划"，群众体育蓬勃开展，人民体质普遍增强。竞技体育全面登上世界体育舞台，在国际赛场上屡创佳绩。我国的体育事业取得了举世瞩目的成就，对促进经济发展和社会进步起到了重要作用。但是也应该看到，目前我国人均体育场地、人均体育消费和经常参加体育活动的人数，与世界发达或较发达国家相比，仍处在较低水平；地区之间、城乡之间体育发展程度差距较大；竞技体育优势项目不多，后备力量不足。全面客观地分析当前的体育形势，并研究采取相应的对策，是加快体育事业发展的前提。随着新世纪的到来，我国已进入全面建设小康社会、加快推进社会主义现代化的新的发展阶段。2001年，北京成功赢得 2008 年奥运会举办权，这充分反映了我国改革开放的丰硕成果，对推动新世纪我国经济和社会发展，形成全方位、多层次、宽领域对外开放格局，提高我国的国际地位，都将产生深远的影响。

筹备和举办 2008 年奥运会及残疾人奥运会，既是北京市和体育界的大事，也是全国人民的盛事；既是难得的历史机遇，也面临新的挑战。抓住机遇，迎接挑战，努力把 2008 年奥运会和残疾人奥运会办成历史上最出色的一届奥运会，加快我国体育事业的全面发展，满足广大人民群众日益增长的体育文化需求，并借此推动我国社会主义物质文明建设和精神文明建设的发展，是全党、各级政府和全国各族人民的一项共同任务。各级党委、政府要以此为契机，进一步加强和改进新时期体育工作。现对此提出以下意见。

一、充分认识体育在经济、社会发展中的重要地位和作用

(一)体育是社会发展与人类文明进步的一个标志，体育事业发展水平是一个国家综合国力和社会文明程度的重要体现。在现代化建设的进程中，体育伴随着经济、社会的发展而发展。我国社会主义现代化建设的根本目的是满足广大人民群众日益增长的物质文化需要。经济越发展，社会越进步，人们强身健体的意识就越强烈，体育的地位就越重要，作用就越显著。

(二)体育作为一种群众广泛参与的社会活动，不仅可以增强人民体质，也

有助于培养人们勇敢顽强的性格、超越自我的品质、迎接挑战的意志和承担风险的能力，有助于培养人们的竞争意识、协作精神和公平观念。高水平竞技体育对丰富人们的文化生活，弘扬集体主义、爱国主义精神，增强国家和民族的向心力、凝聚力，都有着不可缺少的作用。我国体育健儿在奥运会和世界性大赛中表现出来的拼搏精神，激发了我国人民的爱国热情和民族自豪感，鼓舞了我国人民战胜困难，奋发向上。

（三）体育是促进友谊、增强团结的重要手段。通过体育活动，能够扩大人们的情感交流，增进人与人之间的相互了解，改善人际关系，建立健康、合理的生活方式，创造文明、和谐的社会环境。国际间的体育交往，能够促进国家与国家之间、人民与人民之间的相互理解，有益于人类社会的"团结、友谊、进步"。

（四）当今世界，体育产业的发展明显加快，已经成为国民经济新的增长点。作为第三产业的组成部分，加快体育产业的发展是建立社会主义市场经济体制的需要，符合我国经济结构战略性调整的要求，对于扩大内需、拉动经济增长，实现现代化建设发展目标，有着明显的推动作用。

二、新时期发展体育事业的指导思想、工作方针和总体要求

（五）高举邓小平理论伟大旗帜，全面贯彻党在社会主义初级阶段的基本路线和基本纲领，认真实践江泽民同志"三个代表"重要思想，以举办 2008 年奥运会为契机，以满足广大人民群众日益增长的体育文化需求为出发点，把增强人民体质、提高全民族整体素质作为根本目标，积极开创体育工作新局面，为实现新世纪我国经济、社会发展的战略目标和中华民族的伟大复兴做出应有的贡献。

（六）坚持体育为人民服务、为社会主义现代化建设服务的方针，坚持普及与提高相结合，实现群众体育与竞技体育的协调发展和相互促进；坚持以改革促发展，强化体育制度创新，努力推进体育体制改革和运行机制转变，增强体育发展的活力和后劲；坚持依法行政，加强体育工作的法制建设，依靠科技力量，保障体育事业持续、健康发展。

（七）从我国国情出发，坚持体育事业与经济、社会协调发展。群众体育以全民健身为目标，广泛开展体育活动，不断提高全民族的健康水平；竞技体育以重大国际比赛，特别是奥运会取得优异成绩为目标，合理布局，提高水平；平衡区域体育发展格局，在鼓励经济发达地区率先实现体育现代化的同时，抓住西部大开发的有利时机，继续实施援建全民健身设施的"雪炭工程"，积极扶持中西部地区和少数民族地区发展体育事业，发挥多民族人才资源优势，努力

促进区域体育的共同发展；增加政府对体育事业投入，充分发挥社会力量，积极发展体育产业，做好体育彩票发行销售和使用管理；注重无形资产开发和新运动项目开拓，为发展体育产业注入新的活力。

三、大力推进全民健身计划，构建多元化体育服务体系

（八）继续实施《全民健身计划纲要》。开展全民健身活动，增强人民体质，是体育工作的根本任务，是利国利民、功在当代、利在千秋的事业。体育工作一定要把提高全民族的身体素质摆在突出位置。

（九）努力构建群众性的多元化体育服务体系。随着国民经济的发展和人民物质文化生活水平的提高，要逐步改善群众性体育运动条件，为广大人民群众提供必要的体育设施和体育服务；根据不同区域、不同人群的不同需求，坚持体育服务的多元化，适应各方面的体育健身需要，保障广大人民群众享有基本的体育服务；注重区域体育、城乡体育共同发展，加大对中西部地区和农村体育事业发展的支持力度。

（十）构建群众性体育服务体系，着重抓好三个环节：一是建设好群众健身场地，方便群众就地就近参加体育活动；二是健全群众体育活动组织，建立社会体育指导工作队伍和社会化的群众体育网络，完善国民体质监测系统；三是举办经常性群众体育活动，丰富群众文化生活。群众体育工作应努力做到亲民、便民、利民。

（十一）构建群众性体育服务体系，要抓住四个重点：青少年体育以学校为重点，农村体育以乡镇为重点，城市体育以社区为重点，军队体育以连队为重点。各地区、各有关部门应各司其职，采取切实有效的措施，充分发挥学校、社区、乡镇和连队的聚集效应、辐射功能和带动作用，增加体育锻炼的吸引力和凝聚力，推动全民健身活动的普遍开展。各类学校要培养学生德、智、体、美全面发展，提高体育教学质量，确保学生体育课程和课余活动时间，把具有健康体魄作为青少年将来报效祖国和人民的基础条件。各行业、机关、企事业单位和乡镇、社区要把组织群众开展体育活动纳入工作范围，充分利用文化体育设施的综合服务功能，在组织网络、活动内容和服务方式上积极探索符合时代要求的基层体育发展模式。

（十二）构建群众性体育服务体系，要坚持政府支持与社会兴办相结合。政府重点支持公益性体育设施建设，群众性体育组织和体育活动以社会兴办为主，鼓励、支持企事业单位和个人兴办面向大众的体育服务经营实体，积极引导群众的体育消费，大力培育体育市场，加强规范管理，逐步形成有利于体育产业发展的社会氛围。

四、全面实施竞技体育发展战略，进一步提升我国竞技运动水平

（十三）举办2008年奥运会是一个系统工程。各有关地区、部门和有关方面要密切配合，开拓创新，把筹备和举办奥运会作为推动我国经济、社会发展的难得机遇，作为提高我国竞技运动水平和国际大型赛事组织能力的大舞台，作为学习国际体育事务、掌握现代体育运作方式的大学校，作为锤炼体育队伍思想、业务素质的大熔炉，进一步提高我国在国际体坛的地位和声望。同时，要重视和支持残疾人运动员的选拔、集训、组团、参赛等工作，按照国际惯例，确保2008年残疾人奥运会的圆满成功。

（十四）制定新时期奥运争光计划。以新世纪我国在奥运会等重大国际比赛中取得优异成绩为目标，进一步发挥社会主义制度的优越性，坚持和完善举国体制，明确中央和地方发展竞技体育的责任，充分调动中央和地方以及社会各方面的积极性，在充分发挥竞争机制的基础上，把全国的体育资源更好地整合起来。重视体育科学技术研究工作，不断提高体育运动训练的科学化程度和体育决策的科学化水平，全面提升我国在国际体坛的竞争实力，发挥竞技体育的多元功能。

（十五）密切跟踪世界竞技体育新动向，结合我国实际，科学部署竞技体育发展战略。巩固原有的优势项目，拓展新的优势项目，争取在田径、游泳项目中有较明显突破，不断提高球类等集体项目的竞技水平。要坚持从实际出发，调整项目结构，完善项目布局，努力提高成功率。

（十六）举办好全国运动会和国内其他赛事。全国运动会是推动我国竞技体育发展的重要环节，要全面、科学安排国内各项赛事，改革完善竞赛制度，充分发挥竞赛的功能和效益，为实现"奥运战略"目标服务。举办赛事要弘扬中华体育精神，有利于出成绩、出人才，有利于促进社会稳定和民族团结。

（十七）加强高水平运动队建设。要把提高运动技术水平与培养有理想、有道德、有文化、有纪律的新一代体育队伍结合起来，深入、持久地开展爱国主义、集体主义和革命英雄主义教育，反对极端个人主义、享乐主义、拜金主义和各种歪风邪气。努力抓好运动训练和文化教育，开拓培养高水平运动员、教练员的新途径，为优秀运动员、教练员升学深造创造条件，提高运动队伍的科学文化素质。体育后备人才培养关系到竞技体育的持续发展，要认真抓好业余运动队伍训练，注意发现和培养新的人才。体育、财政、人事、劳动保障等部门要研究制定非职业化运动队优秀运动员退役就业安置的政策措施，尽快建立对优秀运动员的激励机制和伤残保险制度，解除运动员的后顾之忧。

五、继续深化体育体制改革，促进运行机制转换

（十八）为适应社会主义市场经济的发展，深化我国体育管理体制改革势在必行。要明确政府和社会的事权划分，实行管办分离，把不应由政府行使的职能转移给事业单位、社会团体和中介组织。体育行政部门要把工作重点转移到贯彻国家方针、政策，研究制定体育行业政策和发展规划，依法加强行业管理和提供服务上来。

（十九）利用筹备 2008 年奥运会的有利时机，充分发挥国家体育总局、中华全国体育总会和中国奥委会的作用。要根据我国的国情，汲取国外的成功经验，逐步理顺各级体育组织之间的关系，分工合作，形成新时期有利于体育事业发展的组织架构和适应社会主义市场经济要求的运作方式。

（二十）深化运动项目管理体制改革，提高规范化管理水平。要按照责权利统一的原则，进一步明确各级体育管理部门的职责，处理好相互之间的工作关系。各运动项目管理单位要加强自身建设，建立健全科学的工作机制和合理的规章制度，分期分批进行单项协会实体化改革。

（二十一）社会各界对体育事业的赞助，对拓宽资金投入渠道、活跃体育活动起了积极作用，符合市场经济的要求和国际惯例。要研究、制定有关政策措施，鼓励社会力量对体育赛事、公益性体育机构和公共体育设施建设的支持。要加强对赞助活动的管理和监督，充分调动企事业单位和个人的积极性，保障和维护其正当权益。

（二十二）积极推进体育工作运行机制的转换。要深入实际，研究新情况，解决新问题，加快体育的制度创新、管理创新，建立有利于竞争协作和灵活高效的运行机制。要努力开发体育无形资产，加强对商业性赛事的管理，大力发展体育产业，积极培育体育市场，不断增强体育发展的动力和后劲。

六、切实加强对体育工作的组织领导

（二十三）体育事业是社会主义物质文明建设和精神文明建设事业的重要组成部分，必须加强党的建设，坚持以邓小平理论和"三个代表"重要思想为指导，不断增强党在体育领域的号召力和凝聚力，确保党的路线、方针、政策的贯彻落实，确保体育事业沿着中国先进文化的前进方向持续发展。

（二十四）各级党委、政府要把发展体育事业作为促进人民身体健康，提高全民族整体素质，维护社会稳定，推动经济、社会可持续发展的大事，纳入国民经济和社会发展规划。在机构改革进程中，体育机构只能加强，不能削弱。要深入进行调查研究，通过统筹规划、政策引导、组织协调、提供服务，建立灵

活高效的调控机制，充分发挥各级工会、共青团、妇联、各行业和社会各界办体育的积极性。

（二十五）各级政府要增加对体育事业的投入。群众性体育事业属于公益性事业，县级以上人民政府要按照《中华人民共和国体育法》的规定，将体育事业经费、基本建设资金列入本级财政预算和基本建设投资计划，并随着国民经济的发展逐步增加对体育事业的投入，确保体育事业经费随着财政收入的增长逐步增加。

（二十六）各级政府要重视体育设施建设，加强城乡公共体育设施规划。新建的非营利性体育设施，地方政府可以采用划拨方式提供用地。新建居民小区、经济开发区和学校必须配套建设相应的体育设施。公共体育设施要向社会开放，正确处理好公益性和经营性的关系。收费标准要充分考虑人民群众的经济承受能力。学校、机关、企事业单位的体育设施也要努力实现社会共享。严禁侵占、破坏体育设施。要将体育场馆建设成为健康、科学、文明的阵地。

（二十七）加强法制建设，将体育工作纳入法制化轨道。要按照有关法律法规的规定，参照国际上的成功经验，结合我国国情，抓紧研究制定加强违禁药物管理、规范俱乐部制竞赛等方面的法规，并严格执行。

（二十八）加强体育队伍的作风建设，切实纠正不正之风，清除腐败行为。体育队伍的作风建设，关系到我国体育事业的健康、持续发展，是代表先进文化前进方向的重要标志。某些地方存在的不遵守竞赛规则、扰乱赛场秩序和其他各种腐败行为，是对"公平、公正、公开"竞赛原则的背离，与公民道德建设背道而驰。体育界和全社会要切实加强对体育队伍的思想道德教育和监督管理，坚决反对使用违禁药物和训练、竞赛中的一切不轨举动，坚决与体育领域各种不正之风和腐败行为作斗争，切实维护体育竞赛的公正性和纯洁性。

（二十九）进一步加强体育宣传报道工作。新闻舆论对促进体育事业的繁荣发展具有重要作用。要坚持正确的舆论导向，弘扬中华体育精神，普及体育科学知识，倡导健康、科学、文明的生活方式，维护社会稳定，为推动体育事业健康发展营造良好的舆论环境。

附录四　全民健身条例

(2009 年 8 月 19 日国务院第 77 次常务会议通过)

第一章　总则

第一条　为了促进全民健身活动的开展，保障公民在全民健身活动中的合法权益，提高公民身体素质，制定本条例。

第二条　县级以上地方人民政府应当将全民健身事业纳入本级国民经济和社会发展规划，有计划地建设公共体育设施，加大对农村地区和城市社区等基层公共体育设施建设的投入，促进全民健身事业均衡协调发展。

国家支持、鼓励、推动与人民群众生活水平相适应的体育消费以及体育产业的发展。

第三条　国家推动基层文化体育组织建设，鼓励体育类社会团体、体育类民办非企业单位等群众性体育组织开展全民健身活动。

第四条　公民有依法参加全民健身活动的权利。

地方各级人民政府应当依法保障公民参加全民健身活动的权利。

第五条　国务院体育主管部门负责全国的全民健身工作，国务院其他有关部门在各自职责范围内负责有关的全民健身工作。

县级以上地方人民政府主管体育工作的部门(以下简称体育主管部门)负责本行政区域内的全民健身工作，县级以上地方人民政府其他有关部门在各自职责范围内负责有关的全民健身工作。

第六条　国家鼓励对全民健身事业提供捐赠和赞助。

自然人、法人或者其他组织对全民健身事业提供捐赠的，依法享受税收优惠。

第七条　对在发展全民健身事业中做出突出贡献的组织和个人，按照国家有关规定给予表彰、奖励。

第二章　全民健身计划

第八条　国务院制定全民健身计划，明确全民健身工作的目标、任务、措施、保障等内容。

县级以上地方人民政府根据本地区的实际情况制定本行政区域的全民健身实施计划。

制定全民健身计划和全民健身实施计划，应当充分考虑学生、老年人、残疾人和农村居民的特殊需求。

第九条　国家定期开展公民体质监测和全民健身活动状况调查。

公民体质监测由国务院体育主管部门会同有关部门组织实施；其中，对学生的体质监测由国务院教育主管部门组织实施。

全民健身活动状况调查由国务院体育主管部门组织实施。

第十条　国务院根据公民体质监测结果和全民健身活动状况调查结果，修订全民健身计划。

县级以上地方人民政府根据公民体质监测结果和全民健身活动状况调查结果，修订全民健身实施计划。

第十一条　全民健身计划由县级以上人民政府体育主管部门会同有关部门组织实施。县级以上地方人民政府应当加强组织和协调，对本行政区域全民健身计划实施情况负责。

县级以上人民政府体育主管部门应当在本级人民政府任期届满时会同有关部门对全民健身计划实施情况进行评估，并将评估结果向本级人民政府报告。

第三章　全民健身活动

第十二条　每年8月8日为全民健身日。县级以上人民政府及其有关部门应当在全民健身日加强全民健身宣传。

国家机关、企业事业单位和其他组织应当在全民健身日结合自身条件组织本单位人员开展全民健身活动。

县级以上人民政府体育主管部门应当在全民健身日组织开展免费健身指导服务。

公共体育设施应当在全民健身日向公众免费开放；国家鼓励其他各类体育设施在全民健身日向公众免费开放。

第十三条　国务院体育主管部门应当定期举办全国性群众体育比赛活动；国务院其他有关部门、全国性社会团体等，可以根据需要举办相应的全国性群众体育比赛活动。

地方人民政府应当定期举办本行政区域的群众体育比赛活动。

第十四条　县级人民政府体育主管部门应当在传统节日和农闲季节组织开展与农村生产劳动和文化生活相适应的全民健身活动。

第十五条　国家机关、企业事业单位和其他组织应当组织本单位人员开展工间(前)操和业余健身活动；有条件的，可以举办运动会，开展体育锻炼测验、体质测定等活动。

第十六条 工会、共青团、妇联、残联等社会团体应当结合自身特点，组织成员开展全民健身活动。

单项体育协会应当将普及推广体育项目和组织开展全民健身活动列入工作计划，并对全民健身活动给予指导和支持。

第十七条 基层文化体育组织、居民委员会和村民委员会应当组织居民开展全民健身活动，协助政府做好相关工作。

第十八条 鼓励全民健身活动站点、体育俱乐部等群众性体育组织开展全民健身活动，宣传科学健身知识；县级以上人民政府体育主管部门和其他有关部门应当给予支持。

第十九条 对于依法举办的群众体育比赛等全民健身活动，任何组织或者个人不得非法设置审批和收取审批费用。

第二十条 广播电台、电视台、报刊和互联网站等应当加强对全民健身活动的宣传报道，普及科学健身知识，增强公民健身意识。

第二十一条 学校应当按照《中华人民共和国体育法》和《学校体育工作条例》的规定，根据学生的年龄、性别和体质状况，组织实施体育课教学，开展广播体操、眼保健操等体育活动，指导学生的体育锻炼，提高学生的身体素质。

学校应当保证学生在校期间每天参加1小时的体育活动。

第二十二条 学校每学年至少举办一次全校性的运动会；有条件的，还可以有计划地组织学生参加远足、野营、体育夏(冬)令营等活动。

第二十三条 基层文化体育组织、学校、家庭应当加强合作，支持和引导学生参加校外体育活动。

青少年活动中心、少年宫、妇女儿童中心等应当为学生开展体育活动提供便利。

第二十四条 组织大型全民健身活动，应当按照国家有关大型群众性活动安全管理的规定，做好安全工作。

第二十五条 任何组织或者个人不得利用健身活动从事宣扬封建迷信、违背社会公德、扰乱公共秩序、损害公民身心健康的行为。

第四章 全民健身保障

第二十六条 县级以上人民政府应当将全民健身工作所需经费列入本级财政预算，并随着国民经济的发展逐步增加对全民健身的投入。

按照国家有关彩票公益金的分配政策由体育主管部门分配使用的彩票公益金，应当根据国家有关规定用于全民健身事业。

第二十七条 公共体育设施的规划、建设、使用、管理、保护和公共体育设施管理单位提供服务，应当遵守《公共文化体育设施条例》的规定。

公共体育设施的规划、建设应当与当地经济发展水平相适应，方便群众就近参加健身活动；农村地区公共体育设施的规划、建设还应当考虑农村生产劳动和文化生活习惯。

第二十八条　学校应当在课余时间和节假日向学生开放体育设施。公办学校应当积极创造条件向公众开放体育设施；国家鼓励民办学校向公众开放体育设施。

县级人民政府对向公众开放体育设施的学校给予支持，为向公众开放体育设施的学校办理有关责任保险。

学校可以根据维持设施运营的需要向使用体育设施的公众收取必要的费用。

第二十九条　公园、绿地等公共场所的管理单位，应当根据自身条件安排全民健身活动场地。县级以上地方人民政府体育主管部门根据实际情况免费提供健身器材。

居民住宅区的设计应当安排健身活动场地。

第三十条　公园、绿地、广场等公共场所和居民住宅区的管理单位，应当对该公共场所和居民住宅区配置的全民健身器材明确管理和维护责任人。

第三十一条　国家加强社会体育指导人员队伍建设，对全民健身活动进行科学指导。

国家对不以收取报酬为目的向公众提供传授健身技能、组织健身活动、宣传科学健身知识等服务的社会体育指导人员实行技术等级制度。县级以上地方人民政府体育主管部门应当免费为其提供相关知识和技能培训，并建立档案。

国家对以健身指导为职业的社会体育指导人员实行职业资格证书制度。以对高危险性体育项目进行健身指导为职业的社会体育指导人员，应当依照国家有关规定取得职业资格证书。

第三十二条　经营高危险性体育项目的，应当符合下列条件，并向县级以上人民政府体育主管部门提出申请：

（一）相关体育设施符合国家标准；

（二）具有达到规定数量的取得国家职业资格证书的社会体育指导人员和救助人员；

（三）具有相应的安全保障制度和措施。

县级以上人民政府体育主管部门应当自收到申请之日起 30 日内进行实地核查，做出批准或者不予批准的决定。批准的，应当发给许可证；不予批准的，应当书面通知申请人并说明理由。

申请经营高危险性体育项目的，应当持县级以上人民政府体育主管部门的批准文件，到工商行政管理部门依法办理相关登记手续。

国务院体育主管部门应当会同有关部门制定、调整高危险性体育项目目录，经国务院批准后予以公布。

第三十三条　国家鼓励全民健身活动组织者和健身场所管理者依法投保有关责任保险。

国家鼓励参加全民健身活动的公民依法投保意外伤害保险。

第三十四条　县级以上地方人民政府体育主管部门对高危险性体育项目经营活动，应当依法履行监督检查职责。

第五章　法律责任

第三十五条　学校违反本条例规定的，由县级以上人民政府教育主管部门按照管理权限责令改正；拒不改正的，对负有责任的主管人员和其他直接责任人员依法给予处分。

第三十六条　未经批准，擅自经营高危险性体育项目的，由县级以上地方人民政府体育主管部门按照管理权限责令改正；有违法所得的，没收违法所得；违法所得不足3万元或者没有违法所得的，并处3万元以上10万元以下的罚款；违法所得3万元以上的，并处违法所得2倍以上5倍以下的罚款。

第三十七条　高危险性体育项目经营者取得许可证后，不再符合本条例规定条件仍经营该体育项目的，由县级以上地方人民政府体育主管部门按照管理权限责令改正；有违法所得的，没收违法所得；违法所得不足3万元或者没有违法所得的，并处3万元以上10万元以下的罚款；违法所得3万元以上的，并处违法所得2倍以上5倍以下的罚款；拒不改正的，由原发证机关吊销许可证。

第三十八条　利用健身活动从事宣扬封建迷信、违背社会公德、扰乱公共秩序、损害公民身心健康的行为的，由公安机关依照《中华人民共和国治安管理处罚法》的规定给予处罚；构成犯罪的，依法追究刑事责任。

第三十九条　县级以上人民政府及其有关部门的工作人员在全民健身工作中玩忽职守、滥用职权、徇私舞弊的，依法给予处分；构成犯罪的，依法追究刑事责任。

第六章　附　则

第四十条　本条例自2009年10月1日起施行。

附录五　全民健身计划(2016—2020 年)

国发〔2016〕37 号

　　全民健康是国家综合实力的重要体现,是经济社会发展进步的重要标志。全民健身是实现全民健康的重要途径和手段,是全体人民增强体魄、幸福生活的基础保障。实施全民健身计划是国家的重要发展战略。在党中央、国务院正确领导下,过去五年,经过各地各有关部门和社会各界的共同努力,覆盖城乡、比较健全的全民健身公共服务体系基本形成,为提供更加完备公共体育服务、建设体育强国奠定坚实基础。今后五年,面对人民群众日益增长的体育健身需求、全面建成小康社会的目标要求、推动健康中国建设的机遇挑战,需要更加准确把握新时期全民健身发展内涵的深刻变化,不断开拓发展新境界,使其成为健康中国建设的有力支撑和全面建成小康社会的国家名片。为实施全民健身国家战略,提高全民族的身体素质和健康水平,制定本计划。

一、总体要求

　　(一)指导思想。全面贯彻党的十八大和十八届三中、四中、五中全会精神,紧紧围绕“四个全面”战略布局和党中央、国务院决策部署,牢固树立和贯彻落实创新、协调、绿色、开放、共享的发展理念,以增强人民体质、提高健康水平为根本目标,以满足人民群众日益增长的多元化体育健身需求为出发点和落脚点,坚持以人为本、改革创新、依法治体、确保基本、多元互促、注重实效的工作原则,通过立体构建、整合推进、动态实施,统筹建设全民健身公共服务体系和产业链、生态圈,提升全民健身现代治理能力,为全面建成小康社会贡献力量,为实现中华民族伟大复兴的中国梦奠定坚实基础。

　　(二)发展目标。到 2020 年,群众体育健身意识普遍增强,参加体育锻炼的人数明显增加,每周参加 1 次及以上体育锻炼的人数达到 7 亿,经常参加体育锻炼的人数达到 4.35 亿,群众身体素质稳步增强。全民健身的教育、经济和社会等功能充分发挥,与各项社会事业互促发展的局面基本形成,体育消费总规模达到 1.5 万亿元,全民健身成为促进体育产业发展、拉动内需和形成新的经济增长点的动力源。支撑国家发展目标、与全面建成小康社会相适应的全民健身公共服务体系日趋完善,政府主导、部门协同、全社会共同参与的全民健身事业发展格局更加明晰。

二、主要任务

（三）弘扬体育文化，促进人的全面发展。普及健身知识，宣传健身效果，弘扬健康新理念，把身心健康作为个人全面发展和适应社会的重要能力，树立以参与体育健身、拥有强健体魄为荣的个人发展理念，营造良好舆论氛围，通过体育健身提高个人的团队协作能力。引导发挥体育健身对形成健康文明生活方式的作用，树立人人爱锻炼、会锻炼、勤锻炼、重规则、讲诚信、争贡献、乐分享的良好社会风尚。

将体育文化融入体育健身的全周期和全过程，以举办体育赛事活动为抓手，大力宣传运动项目文化，弘扬奥林匹克精神和中华体育精神，挖掘传承传统体育文化，发挥区域特色文化遗产的作用。树立全民健身榜样，讲述全民健身故事，传播社会正能量，发挥体育文化在践行社会主义核心价值观、弘扬中华民族传统美德、传承人类优秀文明成果和提升国家软实力等方面的独特价值和作用。

（四）开展全民健身活动，提供丰富多彩的活动供给。因时因地因需开展群众身边的健身活动，分层分类引导运动项目发展，丰富和完善全民健身活动体系。大力发展健身跑、健步走、骑行、登山、徒步、游泳、球类、广场舞等群众喜闻乐见的运动项目，积极培育帆船、击剑、赛车、马术、极限运动、航空等具有消费引领特征的时尚休闲运动项目，扶持推广武术、太极拳、健身气功等民族民俗民间传统和乡村农味农趣运动项目，鼓励开发适合不同人群、不同地域和不同行业特点的特色运动项目。

激发市场活力，为社会力量举办全民健身活动创造便利条件，发挥网络等新兴活动组织渠道的作用，完善业余体育竞赛体系。鼓励举办不同层次和类型的全民健身运动会，设立残疾人组别，促进健全人与残疾人体育运动融合开展。支持各地、各行业结合地域文化、农耕文化、旅游休闲等资源，打造具有区域特色、行业特点、影响力大、可持续性强的品牌赛事活动。推动各级各类体育赛事的成果惠及更多群众，促进竞技体育与群众体育全面协调发展。重视发挥健身骨干在开展全民健身活动中的作用，引导、服务、规范全民健身活动健康发展。

（五）推进体育社会组织改革，激发全民健身活力。按照社会组织改革发展的总体要求，加快推动体育社会组织成为政社分开、权责明确、依法自治的现代社会组织，引导体育社会组织向独立法人组织转变，推动其社会化、法治化、高效化发展，提高体育社会组织承接全民健身服务的能力和质量。

积极发挥全国性体育社会组织在开展全民健身活动、提供专业指导服务等方面的龙头示范作用。加强各级体育总会作为枢纽型体育社会组织的建设，带动各级各类单项、行业和人群体育组织开展全民健身活动。加强对基层文化体育组织的指导服务，重点培育发展在基层开展体育活动的城乡社区服务类社会组织，鼓励基层文化体育组织依法依规进行登记。推进体育社会组织品牌化发展并在社区建设中发挥作用，形成架构清晰、类型多样、服务多元、竞争有序的现代体育社会组织发展新局面。

（六）统筹建设全民健身场地设施，方便群众就近就便健身。按照配置均衡、规模适当、方便实用、安全合理的原则，科学规划和统筹建设全民健身场地设施。推动公共体育设施建设，着力构建县（市、区）、乡镇（街道）、行政村（社区）三级群众身边的全民健身设施网络和城市社区 15 分钟健身圈，人均体育场地面积达到 1.8 平方米，改善各类公共体育设施的无障碍条件。

有效扩大增量资源，重点建设一批便民利民的中小型体育场馆，建设县级体育场、全民健身中心、社区多功能运动场等场地设施，结合基层综合性文化服务中心、农村社区综合服务设施建设及区域特点，继续实施农民体育健身工程，实现行政村健身设施全覆盖。新建居住区和社区要严格落实按"室内人均建筑面积不低于 0.1 平方米或室外人均用地不低于 0.3 平方米"标准配建全民健身设施的要求，确保与住宅区主体工程同步设计、同步施工、同步验收、同步投入使用，不得挪用或侵占。老城区与已建成居住区无全民健身场地设施或现有场地设施未达到规划建设指标要求的，要因地制宜配建全民健身场地设施。充分利用旧厂房、仓库、老旧商业设施、农村"四荒"（荒山、荒沟、荒丘、荒滩）和空闲地等闲置资源，改造建设为全民健身场地设施，合理做好城乡空间的二次利用，推广多功能、季节性、可移动、可拆卸、绿色环保的健身设施。利用社会资金，结合国家主体功能区、风景名胜区、国家公园、旅游景区和新农村的规划与建设，合理利用景区、郊野公园、城市公园、公共绿地、广场及城市空置场所建设休闲健身场地设施。

进一步盘活存量资源，做好已建全民健身场地设施的使用、管理和提档升级，鼓励社会力量参与现有场地设施的管理运营。完善大型体育场馆免费或低收费开放政策，研究制定相关政策鼓励中小型体育场馆免费或低收费开放。确保公共体育场地设施和符合开放条件的企事业单位、学校体育场地设施向社会开放。

（七）发挥全民健身多元功能，形成服务大局、互促共进的发展格局。结合"健康中国 2030"等总体发展战略，以及科技、教育、文化、卫生、养老、助残等事业发展，统筹谋划全民健身重大项目工程，发挥全民健身在促进素质教育、文化繁荣、社会包容、民生改善、民族团结、健身消费和大众创业、万众创新等方面的积极作用。

充分发挥全民健身对发展体育产业的推动作用，扩大与全民健身相关的体育健身休闲活动、体育竞赛表演活动、体育场馆服务、体育培训与教育、体育用品及相关产品制造和销售等体育产业规模，使健身服务业在体育产业中所占比重不断提高。鼓励发展健身信息聚合、智能健身硬件、健身在线培训教育等全民健身新业态。充分利用"互联网＋"等技术开拓全民健身产品制造领域和消费市场，使体育消费在居民消费支出中所占比重不断提高。

（八）拓展国际大众体育交流，引领全民健身开放发展。坚持"请进来、走出去"，拓展全民健身理论、项目、人才、设备等国际交流渠道，推动全民健身向更高层次发展。

搭建全民健身国际交流平台，加强国际间互动交流。传播和推广全民健身发展过程中的中国理念、中国故事、中国人物、中国标准、中国产品，发出中国声音，提升国际影响力，有效发挥全民健身在推广中国文化、提升国家形象和增强国家软实力等方面的独特作用。

（九）强化全民健身发展重点，着力推动基本公共体育服务均等化和重点人群、项目发展。依法保障基本公共体育服务，推动基本公共体育服务向农村延伸，以乡镇、农村社区为重点促进基本公共体育服务均等化。坚持普惠性、保基本、兜底线、可持续、因地制宜的原则，重点扶持革命老区、民族地区、边疆地区、贫困地区发展全民健身事业。

将青少年作为实施全民健身计划的重点人群，大力普及青少年体育活动，提高青少年身体素质。加强学校体育教育，将提高青少年的体育素养和养成健康行为方式作为学校教育的重要内容，保证学生在校的体育场地和锻炼时间，把学生体质健康水平纳入工作考核体系，加强学校体育工作绩效评估和行政问责。全面实施青少年体育活动促进计划，积极发挥"青少年阳光体育大会"等青少年体育品牌活动的示范引领作用，使青少年提升身体素质、掌握运动技能、培养锻炼兴趣，形成终身体育健身的良好习惯。推进老年宜居环境建设，统筹规划建设公益性老年健身体育设施，加强社区养老服务设施与社区体育设施的功能衔接，提高使用率，支持社区利用公共服务设施和社会场所组织开展适合老年人的体育健身活动，为老年人健身提供科学指导。进一步加大对国家全民健身助残工程的支持力度，采取优惠政策，推动残疾人康复体育和健身体育广泛开展。开展职工、农民、妇女、幼儿体育，推动将外来务工人员公共体育服务纳入属地供给体系。加大对社区矫正人员等特殊人群的全民健身服务供给，使其享受更多社会关爱，在融入社会方面增加获得感和满足感。

加快发展足球运动和冰雪运动。着力加大足球场地供给，把建设足球场地纳入城镇化和新农村建设总体规划，因地制宜鼓励社会力量建设小型、多样化的足球场地。广泛开展校园足球活动，抓紧完善常态化、纵横贯通的大学、高中、初中、小学四级足球竞赛体系。积极倡导和组织行业、社区、企业、部队、

残疾人、中老年、五人制、沙滩足球等形式多样的民间足球活动,举办多层级
足球赛事,不断扩大足球人口规模,促进足球运动蓬勃发展。大力推广普及冰
雪运动,利用筹备和举办北京 2022 年冬奥会和冬残奥会的契机,实施群众冬季
运动推广普及计划。支持各地建设和改建多功能冰场和雪场,引导社会力量进
入冰雪运动领域,推进冰雪运动进景区、进商场、进社区、进学校,扶持花样滑
冰、冰球、高山滑雪等具有一定群众基础的冰雪健身休闲项目,打造品牌冰雪
运动俱乐部、冰雪运动院校和一系列观赏性强、群众参与度高的品牌赛事活
动。积极培育冰雪设备和运动装备产业,推动其发展壮大。鼓励各地依托当地
自然人文资源开展形式多样的冰雪运动,实现 3 亿人参与冰雪运动,使冰雪运
动的群众基础更加坚实。

三、保障措施

(十)完善全民健身工作机制。通过强化政府主导、部门协同、全社会共同
参与的全民健身组织架构,推动各项工作顺利开展。政府要按照科学统筹、合
理布局的原则,做好宏观管理、政策制定、资源整合分配、工作监督评估和协
调跨部门联动;各有关部门要将全民健身工作与现有政策、目标、任务相对接,
按照职责分工制定工作规划、落实工作任务;智库可为有关全民健身的重要工
作、重大项目提供咨询服务,并在顶层设计和工作落实中发挥作用;社会组织
可在日常体育健身活动的引导、培训、组织和体育赛事活动的承办等方面发挥
作用,积极参与全民健身公共服务体系建设。以健康为主题,整合基层宣传、
卫生计生、文化、教育、民政、养老、残联、旅游等部门相关工作,在街道、乡
镇层面探索建设健康促进服务中心。

(十一)加大资金投入与保障。建立多元化资金筹集机制,优化投融资引导
政策,推动落实财税等各项优惠政策。县级以上地方人民政府应当将全民健身
工作相关经费纳入财政预算,并随着国民经济的发展逐步增加对全民健身的投
入。安排一定比例的彩票公益金等财政资金,通过设立体育场地设施建设专项
投资基金和政府购买服务等方式,鼓励社会力量投资建设体育场地设施,支持
群众健身消费。依据政府购买服务总体要求和有关规定,制定政府购买全民健
身公共服务的目录、办法及实施细则,加大对基层健身组织和健身赛事活动等
的购买比重。完善中央转移支付方式,鼓励和引导地方政府加大对全民健身的
财政投入。落实好公益性捐赠税前扣除政策,引导公众对全民健身事业进行捐
赠。社会力量通过公益性社会组织或县级以上人民政府及其部门用于全民健身
事业的公益性捐赠,符合税法规定的部分,可在计算企业所得税和个人所得税
时依法从其应纳税所得额中扣除。

（十二）建立全民健身评价体系。制定全民健身相关规范和评价标准，建立政府、社会、专家等多方力量共同组成的工作平台，采用多层级、多主体、多方位的方式对全民健身发展水平进行立体评估，注重发挥各类媒体的监督作用。把全民健身评价指标纳入精神文明建设以及全国文明城市、文明村镇、文明单位、文明家庭和文明校园创建的内容，将全民健身公共服务相关内容纳入国家基本公共服务和现代公共文化服务体系。进一步明确全民健身发展的核心指标、评价标准和测评方法，为衡量各地全民健身发展水平提供科学依据。出台全国全民健身公共服务体系建设指导标准，鼓励各地结合实际制定全民健身公共服务体系建设地方标准，推进全民健身基本公共服务均等化、标准化。鼓励各地依托特色资源，积极创建体育特色城市、体育生活化街道（乡镇）和体育生活化社区（村）。继续完善全民健身统计制度，做好体育场地普查、国民体质监测以及全民健身活动状况调查数据分析，结合卫生计生部门的营养与慢性病状况调查等，推进全民健身科学决策。

（十三）创新全民健身激励机制。搭建更加适应时代发展需求的全民健身激励平台，拓展激励范围，有效调动城乡基层单位和个人的积极性，发挥典型示范带动作用。推行《国家体育锻炼标准》，颁发体育锻炼标准证书、证章，有条件的地方可通过试行向特定人群或在特定时段发放体育健身消费券等方式，建立多渠道、市场化的全民健身激励机制。鼓励对体育组织、体育场馆、全民健身品牌赛事和活动等的名称、标志等无形资产的开发和运用，引导开发科技含量高、拥有自主知识产权的全民健身产品，提高产品附加值。对支持和参与全民健身、在实施全民健身计划中作出突出贡献的组织机构和个人进行表彰。

（十四）强化全民健身科技创新。制定并实施运动促进健康科技行动计划，推广"运动是良医"等理念，提高全民健身方法和手段的科技含量。开展国民体质测试，开发应用国民体质健康监测大数据，研究制定并推广普及健身指导方案、运动处方库和中国人体育健身活动指南，开展运动风险评估，大力开展科学健身指导，提高群众的科学健身意识、素养和能力水平。推动移动互联网、云计算、大数据、物联网等现代信息技术手段与全民健身相结合，建设全民健身管理资源库、服务资源库和公共服务信息平台，使全民健身服务更加便捷、高效、精准。利用大数据技术及时分析经常参加体育锻炼人数、体育设施利用率，进行运动健身效果综合评价，提高全民健身指导水平和全民健身设施监管效率。推进全民健身场地设施创新，促进全民健身场地设施升级换代，为群众提供更加便利、科学、安全、灵活、无障碍的健身场地设施。积极支持体育用品制造业创新发展，采用新技术、新材料、新工艺，提高产品科技含量，增加产品品种，提升体育用品的质量水平和品牌影响力。鼓励企业参与全民健身科技创新平台和科学健身指导平台建设，加强全民健身科学研究和科学健身指导。

（十五）加强全民健身人才队伍建设。树立新型全民健身人才观，发挥人才在推动全民健身中的基础性、先导性作用，努力培养适应全民健身发展需要的组织、管理、研究、健康指导、志愿服务、宣传推广等方面的人才队伍。创新全民健身人才培养模式，加大对民间健身领军示范人物的发掘和扶持力度，重视对基层管理人员和工作人员中榜样人物的培育。将全民健身人才培养与综治、教育、人力资源社会保障、农业、文化、卫生计生、工会、残联等部门和单位的人才教育培训相衔接，畅通各类人才培养渠道。加强竞技体育与全民健身人才队伍的互联互通，形成全民健身与学校体育、竞技体育后备人才培养工作的良性互动局面，为各类体育人才培养和发挥作用创造条件。发挥互联网等科技手段在人才培训中的作用，加大对社会化体育健身培训机构的扶持力度。

（十六）完善法律政策保障。推动在《中华人民共和国体育法》修订过程中进一步完善全民健身的相关内容，依法保障公民的体育健身权利。推动加快地方全民健身立法，加强全民健身与精神文明、社区服务、公共文化、健康、卫生、旅游、科技、养老、助残等相关制度建设的统筹协调，完善健身消费政策，将加快全民健身相关产业与消费发展纳入体育产业和其他相关产业政策体系。建立健全全民健身执法机制和执法体系，做好全民健身中的纠纷预防与化解工作，利用社会资源提供多样化的全民健身法律服务。完善规划与土地政策，将体育场地设施用地纳入城乡规划、土地利用总体规划和年度用地计划，合理安排体育用地。鼓励保险机构创新开发与全民健身相关的保险产品，为举办和参与全民健身活动提供全面风险保障。

四、组织实施

（十七）加强组织领导与协调。各地要加强对全民健身事业的组织领导，建立完善实施全民健身计划的组织领导协调机制，确保全民健身国家战略深入推进。要把全民健身公共服务体系建设摆在重要位置，纳入当地国民经济和社会发展规划及基本公共服务发展规划，把相关重点工作纳入政府年度民生实事加以推进和考核，构建功能完善的综合性基层公共服务载体。

（十八）严格过程监管与绩效评估。县级以上地方人民政府要制定本地《全民健身实施计划（2016—2020 年）》，做好任务分工和监督检查，并在 2020 年对《全民健身实施计划（2016—2020 年）》实施情况进行全面评估。建立全民健身公共服务绩效评估指标体系，定期开展第三方评估和社会满意度调查，对重点目标、重大项目的实施进度和全民健身实施计划推进情况进行专项评估，形成包括媒体在内的多方监督机制。

附录六　公共文化体育设施条例

（2003 年 6 月 18 日国务院第 12 次常务会议通过）

第一章　总则

第一条　为了促进公共文化体育设施的建设，加强对公共文化体育设施的管理和保护，充分发挥公共文化体育设施的功能，繁荣文化体育事业，满足人民群众开展文化体育活动的基本需求，制定本条例。

第二条　本条例所称公共文化体育设施，是指由各级人民政府举办或者社会力量举办的，向公众开放用于开展文化体育活动的公益性的图书馆、博物馆、纪念馆、美术馆、文化馆（站）、体育场（馆）、青少年宫、工人文化宫等的建筑物、场地和设备。

本条例所称公共文化体育设施管理单位，是指负责公共文化体育设施的维护，为公众开展文化体育活动提供服务的社会公共文化体育机构。

第三条　公共文化体育设施管理单位必须坚持为人民服务、为社会主义服务的方向，充分利用公共文化体育设施，传播有益于提高民族素质、有益于经济发展和社会进步的科学技术和文化知识，开展文明、健康的文化体育活动。

任何单位和个人不得利用公共文化体育设施从事危害公共利益的活动。

第四条　国家有计划地建设公共文化体育设施。对少数民族地区、边远贫困地区和农村地区的公共文化体育设施的建设予以扶持。

第五条　各级人民政府举办的公共文化体育设施的建设、维修、管理资金，应当列入本级人民政府基本建设投资计划和财政预算。

第六条　国家鼓励企业、事业单位、社会团体和个人等社会力量举办公共文化体育设施。

国家鼓励通过自愿捐赠等方式建立公共文化体育设施社会基金，并鼓励依法向人民政府、社会公益性机构或者公共文化体育设施管理单位捐赠财产。捐赠人可以按照税法的有关规定享受优惠。

国家鼓励机关、学校等单位内部的文化体育设施向公众开放。

第七条　国务院文化行政主管部门、体育行政主管部门依据国务院规定的职责负责全国的公共文化体育设施的监督管理。

县级以上地方人民政府文化行政主管部门、体育行政主管部门依据本级人民政府规定的职责，负责本行政区域内的公共文化体育设施的监督管理。

第八条　对在公共文化体育设施的建设、管理和保护工作中做出突出贡献的单位和个人，由县级以上地方人民政府或者有关部门给予奖励。

第二章　规划和建设

第九条　国务院发展和改革行政主管部门应当会同国务院文化行政主管部门、体育行政主管部门，将全国公共文化体育设施的建设纳入国民经济和社会发展计划。

县级以上地方人民政府应当将本行政区域内的公共文化体育设施的建设纳入当地国民经济和社会发展计划。

第十条　公共文化体育设施的数量、种类、规模以及布局，应当根据国民经济和社会发展水平、人口结构、环境条件以及文化体育事业发展的需要，统筹兼顾，优化配置，并符合国家关于城乡公共文化体育设施用地定额指标的规定。

公共文化体育设施用地定额指标，由国务院土地行政主管部门、建设行政主管部门分别会同国务院文化行政主管部门、体育行政主管部门制定。

第十一条　公共文化体育设施的建设选址，应当符合人口集中、交通便利的原则。

第十二条　公共文化体育设施的设计，应当符合实用、安全、科学、美观等要求，并采取无障碍措施，方便残疾人使用。具体设计规范由国务院建设行政主管部门会同国务院文化行政主管部门、体育行政主管部门制定。

第十三条　建设公共文化体育设施使用国有土地的，经依法批准可以以划拨方式取得。

第十四条　公共文化体育设施的建设预留地，由县级以上地方人民政府土地行政主管部门、城乡规划行政主管部门按照国家有关用地定额指标，纳入土地利用总体规划和城乡规划，并依照法定程序审批。任何单位或者个人不得侵占公共文化体育设施建设预留地或者改变其用途。

因特殊情况需要调整公共文化体育设施建设预留地的，应当依法调整城乡规划，并依照前款规定重新确定建设预留地。重新确定的公共文化体育设施建设预留地不得少于原有面积。

第十五条　新建、改建、扩建居民住宅区，应当按照国家有关规定规划和建设相应的文化体育设施。

居民住宅区配套建设的文化体育设施，应当与居民住宅区的主体工程同时设计、同时施工、同时投入使用。任何单位或者个人不得擅自改变文化体育设施的建设项目和功能，不得缩小其建设规模和降低其用地指标。

第三章　使用和服务

第十六条　公共文化体育设施管理单位应当完善服务条件，建立、健全服务规范，开展与公共文化体育设施功能、特点相适应的服务，保障公共文化体育设施用于开展文明、健康的文化体育活动。

第十七条　公共文化体育设施应当根据其功能、特点向公众开放，开放时间应当与当地公众的工作时间、学习时间适当错开。

公共文化体育设施的开放时间，不得少于省、自治区、直辖市规定的最低时限。国家法定节假日和学校寒暑假期间，应当适当延长开放时间。

学校寒暑假期间，公共文化体育设施管理单位应当增设适合学生特点的文化体育活动。

第十八条　公共文化体育设施管理单位应当向公众公示其服务内容和开放时间。公共文化体育设施因维修等原因需要暂时停止开放的，应当提前 7 日向公众公示。

第十九条　公共文化体育设施管理单位应当在醒目位置标明设施的使用方法和注意事项。

第二十条　公共文化体育设施管理单位提供服务可以适当收取费用，收费项目和标准应当经县级以上人民政府有关部门批准。

第二十一条　需要收取费用的公共文化体育设施管理单位，应当根据设施的功能、特点对学生、老年人、残疾人等免费或者优惠开放，具体办法由省、自治区、直辖市制定。

第二十二条　公共文化设施管理单位可以将设施出租用于举办文物展览、美术展览、艺术培训等文化活动。

公共体育设施管理单位不得将设施的主体部分用于非体育活动。但是，因举办公益性活动或者大型文化活动等特殊情况临时出租的除外。临时出租时间一般不得超过 10 日；租用期满，租用者应当恢复原状，不得影响该设施的功能、用途。

第二十三条　公众在使用公共文化体育设施时，应当遵守公共秩序，爱护公共文化体育设施。任何单位或者个人不得损坏公共文化体育设施。

第四章　管理和保护

第二十四条　公共文化体育设施管理单位应当将公共文化体育设施的名称、地址、服务项目等内容报所在地县级人民政府文化行政主管部门、体育行政主管部门备案。

县级人民政府文化行政主管部门、体育行政主管部门应当向公众公布公共文化体育设施名录。

第二十五条　公共文化体育设施管理单位应当建立、健全安全管理制度，依法配备安全保护设施、人员，保证公共文化体育设施的完好，确保公众安全。

公共体育设施内设置的专业性强、技术要求高的体育项目，应当符合国家规定的安全服务技术要求。

第二十六条　公共文化体育设施管理单位的各项收入，应当用于公共文化体育设施的维护、管理和事业发展，不得挪作他用。

文化行政主管部门、体育行政主管部门、财政部门和其他有关部门，应当依法加强对公共文化体育设施管理单位收支的监督管理。

第二十七条　因城乡建设确需拆除公共文化体育设施或者改变其功能、用途的，有关地方人民政府在作出决定前，应当组织专家论证，并征得上一级人民政府文化行政主管部门、体育行政主管部门同意，报上一级人民政府批准。

涉及大型公共文化体育设施的，上一级人民政府在批准前，应当举行听证会，听取公众意见。

经批准拆除公共文化体育设施或者改变其功能、用途的，应当依照国家有关法律、行政法规的规定择地重建。重新建设的公共文化体育设施，应当符合规划要求，一般不得小于原有规模。迁建工作应当坚持先建设后拆除或者建设拆除同时进行的原则。迁建所需费用由造成迁建的单位承担。

第五章　法律责任

第二十八条　文化、体育、城乡规划、建设、土地等有关行政主管部门及其工作人员，不依法履行职责或者发现违法行为不予依法查处的，对负有责任的主管人员和其他直接责任人员，依法给予行政处分；构成犯罪的，依法追究刑事责任。

第二十九条　侵占公共文化体育设施建设预留地或者改变其用途的，由土地行政主管部门、城乡规划行政主管部门依据各自职责责令限期改正；逾期不改正的，由作出决定的机关依法申请人民法院强制执行。

第三十条　公共文化体育设施管理单位有下列行为之一的，由文化行政主管部门、体育行政主管部门依据各自职责责令限期改正；造成严重后果的，对负有责任的主管人员和其他直接责任人员，依法给予行政处分：

（一）未按照规定的最低时限对公众开放的；

（二）未公示其服务项目、开放时间等事项的；

（三）未在醒目位置标明设施的使用方法或者注意事项的；

（四）未建立、健全公共文化体育设施的安全管理制度的；

（五）未将公共文化体育设施的名称、地址、服务项目等内容报文化行政主管部门、体育行政主管部门备案的。

第三十一条　公共文化体育设施管理单位，有下列行为之一的，由文化行政主管部门、体育行政主管部门依据各自职责责令限期改正，没收违法所得，违法所得 5000 元以上的，并处违法所得 2 倍以上 5 倍以下的罚款；没有违法所得或者违法所得 5000 元以下的，可以处 1 万元以下的罚款；对负有责任的主管人员和其他直接责任人员，依法给予行政处分：

（一）开展与公共文化体育设施功能、用途不相适应的服务活动的；

（二）违反本条例规定出租公共文化体育设施的。

第三十二条　公共文化体育设施管理单位及其工作人员违反本条例规定，挪用公共文化体育设施管理单位的各项收入或者有条件维护而不履行维护义务的，由文化行政主管部门、体育行政主管部门依据各自职责责令限期改正；对负有责任的主管人员和其他直接责任人员，依法给予行政处分；构成犯罪的，依法追究刑事责任。

第六章　附则

第三十三条　国家机关、学校等单位内部的文化体育设施向公众开放的，由国务院文化行政主管部门、体育行政主管部门会同有关部门依据本条例的原则另行制定管理办法。

第三十四条　本条例自 2003 年 8 月 1 日起施行。